솔로몬의 노래, 아가서

THE EXEGESIS OF SONG OF SONGS

한 · 영판

저자 장한국 목사
written by Rev. Han-kook Chang

크리스챤서적

한글판

THE PART I

솔로몬의 노래, 아가서

| 발간사 |

가장 권위 있고 전통 있는 한국 《기독교신문》에 약 1년 9개월간 연재한 필자의 칼럼, 〈'아가서' 솔로몬의 노래〉가 존경하는 최규창 편집국장님의 사랑의 권면, 즉 책 발간을 강력하게 추천하심과 김정미 목사님의 전폭적 물질 헌신으로써 하나님의 특별하신 은혜로 금번에 한영판 책자로 발간하기에 이르렀다. 특히 두 분께 하나님의 크신 축복이 임하기를 주님의 이름으로 축원하는 바이다. 또 진심으로 하나님께 영광 돌린다.

필자는 일찌이 1980년 7월 한국 한얼산기도원에서 사울이 다메섹에서 주님을 만났듯이 나의 옛 사람을 새사람 되게 완전히 변화시킨 역사 이래, 주님이 십자가 지신 그 길을 끝까지 따르게 하시어 순교 제물로 바치게 해 주실 것을 말씀으로, 성령으로, 또 요한복음 21장 18절로 베드로에게 주신 주님의 말씀처럼 나도 성령으로 깨닫게 하셨다. 즉 앞으로 주님의 증인으로 진리를 증거하다가 순교로 마지막 생을 마치게 될 것을 받아 가지고 오늘날 하루하루 살고 있다. 그러던 중 장기간의 기도와 금식, 깊숙한 성경 묵상 등을 거치면서 결국 그토록 사모했던 요한계시록을 깨우쳐 주시어 증거하게 되었다. 이에 더하여 요한계시록 19장 7-8절의 어린양의 아내(재림하시는 그리스도의 신부)와 그 혼인 잔치에 청함을 받은 자가 부르게 되는 노래가 있음과 그 노래 중의 중요한 부분이 곧 아가서가 되고 있음을 깨닫게 되었다. 그러면서 과거에 몰랐던 아가서가 영적으로 활짝 열리면서 "나의 신부야, 나의 신부야"(아 4:8)

하고 내게 부르시는 주님의 음성을 믿음으로, 영으로 듣는 자리에까지 세워 주셨다. 그리고 지금으로부터 34년 전 1991년 2월에 최초로 이 아가서를 증거하기에 이르렀다.

아가서는 1장 1절에서 나와 있듯이 솔로몬의 노래이며 히브리어 원문 쉬르 하쉬림(שִׁר הַשִּׁרִים)이니 '노래 중의 노래'라는 뜻이다. 성령을 통하여 하나님의 지혜로 충만함받은 솔로몬은 1,005편이나 되는 솔로몬의 노래들(왕상 4:32)을 불렀다. 또 더욱더 성령의 깊은 영감과 신비함을 담고 있는 이 솔로몬의 아가서는 그간 학자들의 통전적 해석인 솔로몬 결혼의 역사적 사실의 모형으로 본 모형적 해석, 또는 인간의 깊고 고상한 순결의 사랑의 비유적 해석 등의 견해들이 많다. 하지만 이와 달리 필자는 이 아가서가 성령 하나님이 솔로몬을 통하여 그리스도와의 사랑, 특히 초림뿐만 아니라 재림하시는 신랑 되신 그리스도와의 지고지순한 아가페 사랑을 계시한다고 본다. 즉 솔로몬이 그리스도의 신부의 자리에서 하나님을 찬양하며 노래하고 있다.

그러므로 이 아가서는 성경 전체, 즉 요한계시록까지 깨닫게 하신 이후에 비로소 이 아가서의 깊고 참된 신랑 예수와 신부와의 영교와 사랑, 찬양 등을 성령으로 경험하며 온전히 소화해 낼 수 있다고 본다. 따라서 아가서와 성경의 다른 부분과 서로 짝이 완전하게 들어맞는다. 또 그리스도의 신부의 신앙 성숙과 온전함의 단계 단계를 자신 속에 계신 성령 하나님의 역사하심으로 아가서 본문 말씀들을 통해서 체험해 갈 수 있다고 본다. 먼저 본인에게 이러한 경험들을 주신 것은 물론이다. 할렐루야!

본『솔로몬의 노래, 아가서(THE EXEGESIS OF SONG OF SONGS)』는 신약 성경의 스테판 원문 사본을 기준하여 번역한 킹제임스의 구약성경을 똑같이 아가서 본문으로 삼았음을 특별히 밝혀 드린다. 아무쪼록 본서 출간으로 인해 주님의 사랑하시는 많은 분들이 은혜받으시고 영적으로 큰 유익이 되시기를 간절히 바라마지 않는다.

2025. 9. 12. 예장진리총회 사무실에서

총회장 장한국 목사 씀.

| 목차 |

| 서론 |

아가서와 함께 시편, 잠언, 전도서, 예레미야 애가 등은 시가서로서 노래로 찬양하는 책들이다. 지금도 이스라엘에서는 신앙 행사 때마다 시가서 책들을 노래로 낭독한다. 히브리인들은 성전에 이 다섯 가지 책들을 비치해 놓고 있는 바, 특별히 잠언서는 성전 뜰에, 전도서는 성소 안에, 아가서는 지성소에 두고 있다. 대제사장이 1년에 한 번 들어가는 지성소에 아가서가 비치된 것을 통해 알 수 있듯이 아가서의 영적인 의미와 깊이를 짐작하게 한다. 자칫 일반 백성들이 읽고 남녀 간의 사랑이나 육적으로 자극하는 그런 책으로 오해하지 않도록 하나님이 세운 대제사장만이 읽게 한 책이다. 오늘날은 예수 그리스도가 성전이고 그리스도 안에서 심령 성전이 된 우리가 하나님과 교제하며 노래하는 것이 될 때 가장 깊고 깊은 속에서의 영적인 사랑의 교제의 노래가 비로소 '아가서'를 부르는 것이다.

신앙의 단계가 요한계시록까지 깨달아진 후에 순교할 자로 녹명이 된 자(신부 성도)가 아가서를 읽으면 온전히 자신과 주님과 영교가 이뤄질 수 있다. 그 이전에는 아무리 아가서를 읽어도 이성적으로 깨닫기 위해 애쓸 뿐 자신의 영속에 실감나게 자기의 것이 되기 어렵다.

먼저 총론적으로 살펴보면, 아가서는 하나님과 신부 성도 간에 깊은 사랑을 나누는 내용이다. 그렇기 때문에 1장에 사랑의 시작이 입맞춤부터 시작된다. 2장은 "보라. 겨울도 지나고 비도 그쳐 사라졌으며 땅에는 꽃들이 피고 새들이 노래하는 때가 왔도다. 산비둘기의 소리가 우리의 땅에서 들리는도다"(2:11-12) 하고 말씀하신다. 환란과 심판의 겨울이 지나고 비도 그쳐 사라졌으며 이제는 꽃들이 피고 새들이 노래하는 때가 왔다는 것이다. 이는 기쁨과 평화, 그토록 소망했던 것들이 실현되는 때가 왔다는 것이다. 이는 곧 주의 재림과 그의 세우신 왕국인 천년왕국이 실현된 때를 말씀하신다. 3장은 신부의 신앙에 선 성도가 재림하실 주님을 계속 찾아다니다가 결국 신랑 예수님을 만나는 장면이 나온다. 4장은 "나의 신부야"(4:8) 하고 신랑 예수님이 신부에게 처음으로 부르시는 호칭이 나온다. 5장은 신부 된 성도가 신랑 예수님을 자랑하며 증거한다. 6장은 신랑 예수님이 신부의 아름다움을 칭찬하며 기뻐하신다. 7장은 합환채가 나온다(7:13). 8장은 결론으로 "네 마음에 인장처럼, 네 팔 위에 인장처럼 나를 새기라"(8:6) 당부하며, 또 바알하몬 포도원(8:11)의 심오한 비밀을 계시한다. 이와 같이 아가서는 신부 신앙으로 확정된, 즉 신부 성도와 그의 남편이 된 신랑 예수님과의 관계에서 이루어지는 영적 교제와 찬송으로 이루어졌다.

제1장

서로 만난 신랑 신부의 사랑의 시작

1. 이는 솔로몬의 노래라

아가서는 솔로몬의 노래이다(아 1:1). 히브리 원문 '쉬르 하쉬림(הַשִּׁרִים שִׁר)'이니 '노래 중의 노래'라는 뜻이다. 하나님 지혜로 충만한 솔로몬은 1,005편의 많은 노래들을 불렀다(왕상 4:32). 이 중에서 가장 깊은 영감과 신비함을 담고 있는 것이 아가서이다. 일반적으로 솔로몬이 결혼한 역사적 사실의 모형으로 해석한다. 또는 인간의 깊고 고상한 순결의 사랑을 비유적으로 해석하기도 한다. 그러나 필자는 이 아가서가 성령 하나님이 솔로몬을 통하여 계시한 그리스도의 사랑, 즉 그리스도의 초림뿐만 아니라 재림하시는 예수님과의 지고지순한 아가페 사랑이라고 본다.

아가서와 함께 시편, 잠언, 전도서, 예레미야 애가 등 하나님을 찬양하는 시가서들이 있다. 지금도 이스라엘에서는 종교 행사마다 이 시가서를 낭독하여 노래한다. 그들은 성전에 이 다섯의 시가서를 비치해 놓는다. 잠언서는 성전 뜰에, 전도서는 성소 안에, 그러나 아가서는 특별히 지성소에 비치한다. 이는 아가서의 영적인 의미와 깊이가 어떠함을 가르쳐 준다. 일반 백성들이 아가서를 읽고 자칫 남녀 간의 육적 사랑을 자극하는 그런 책으로 오해하지 않게 함이다. 오직 하나님이 세운 종인 제사장들만이 읽게 한 아가서이다. 오늘날 신약시대의 우리들은 예수 그리스도의 피로 인하여 하늘 지성소에 들어가게 되었다. 거기에서 영적으로 하나님과 깊이 영교하며 노래하는 것이 곧 아가서로 계시됐다고 본다. 즉 장성한 그리스도인들이 성령의 감화 감동으로 주님의 사랑을 깊이 깨닫고 그 사랑을 찬양하는 것이다. 아가서 본문에서 "나의 신부야"라고 주님이 여러 번 부르신다. 이 신부는 누구를 말하는가? 주 재림 시 어린양의 혼인 잔치에 그리스도 신부로 청함을 받은 자들이라고 본다. 즉 혼인식의 주인공인 신랑 예수님과 그 신부이다. 이 신부는 희고 깨끗한 세마포를 입은 자라고 하였다(계 19:8). 즉 이들은 순교자를 계시한다. 주 재림 시 첫째 부활한 자들임을 가리킨다. 따라서 오늘날도 이런 순교의 신앙에 올라서 있는 자는 주님이 "나의 신부야"라고 부르시는 것이다.

앞으로 이 강해는 스테판 원문 성경을 번역한 킹제임스성경을 기준하여 강해하고자 한다. 그러면 이제 본격적으로 아가서 1장 1절로 들어가 보겠다.

(아 1:1) 노래들 중의 노래니 이는 솔로몬의 노래라.

아가서는 솔로몬이 노래한 것이라고 여기서 밝히고 있다. 시편에는 다윗의 노래가 있고, 또 출애굽기의 모세의 노래, 또 요한계시록의 14만 4천의 새 노래(계 14:3)들이 있다. 그런데 이 모든 노래들 중에 최고의 노래가 바로 이 솔로몬의 노래요, 이 아가서이다.

아가서의 주인공은 신랑과 신부이다. 신랑은 예수님이요, 신부는 솔로몬이 된다. 솔로몬이 신부의 자리에서 신랑 예수님을 사랑하며 노래하는 이 관계 설정이 바로 1절이다. 그러나 솔로몬을 신랑으로, 또 술람미 여인을 신부로 해석하는 분들도 있다. 그러나 1절에서 정확히 답한다. 즉 솔로몬이 하나님 자리에서 노래한 것이 아니다. 신부 성도의 자리에서 하나님 사랑을 노래한 것이다. 이것이 1절, 곧 솔로몬의 노래다. 솔로몬은 하나님이나 예수님의 자리에 설 수 없다. 오늘날 그리스도인들이 신부 신앙에 섰다면 신부의 노래가 곧 아가서이다.

2. 입 맞추고 또 입 맞추다

앞서 솔로몬이 성도의 자리에서 하나님 사랑을 깨닫고 노래한 것이 아가서임을 깨달았다.

> (아 1:2) 그로 그의 입맞춤으로 내게 입 맞추게 하소서. 이는 당신의 사랑이 포도주보다 나음이니이다.

1절에 솔로몬이 하나님께 노래하는 것이므로 2절의 '내게'는 솔로몬을, '그'와 '당신'은 하나님을 가리킨다. '그로 그의 입맞춤으로 내게 입 맞추게 하소서'는 '입 맞추고 또 입 맞추게 하소서'로 하는 것이 원문에 의한 표현이다. 성도인 솔로몬이 하나님을 사랑하며 그 사랑의 시작이 첫 입맞춤이다. 입맞춤이 한 번으로 끝나지 않고 또 입 맞추고 또 입을 맞춘다. 그 아들에게 입 맞추라. 그렇지 않으면 그가 노하실 것이요, 그가 조금만 격분하셔도 너희가 그 길에서 망하리라. 그를 신뢰하는 모든 사람은 복이 있도다(시 2:12). '그 아들'은 시편 2편 7절의 "너는 내 아들이라 오늘 내가 너를 낳았도다" 하신 하나님의 아들 예수를 가리킨다. 모든 열방이 '그 아들'을 학대하고 죽였지만, 너희는 '그 아들'에게 입 맞추라. 즉 초림 하신 예수, 하나님 아들을 믿고 영접하라는 말씀이다. 이와 같이 처음 입맞춤이 이루어진 자는, 또 그 아들에게 두 번째 입 맞춘다. 이는 재림하실 예수를 맞이하라는 것이다. 우리가 하나님을 사랑하는 표는 그 아들 예수를 믿음으로써 사랑이 시작되며 그것이 첫 입맞춤이다. 또 재림하실 예수님을 사랑하고 맞이하는 것은 두 번째 입

맞추는 것이다. 즉 신부가 신랑을 맞는 것이다. 이는 "당신의 사랑이 포도주보다 나음이니이다", 포도주를 마시고 기뻐했던 때보다 지금 당신의 사랑이 더 황홀하다고 고백한다. 이는 두 번째 입맞춤이요, 재림 후 신랑으로 맞는 그 사랑이 더 크다. 이 포도주는 예수께서 잔을 가지고 축사 후 이는 너희를 위하여 흘리는 나의 새 '언약의 피'(마 26:27-28)라고 하신 그것이다. 즉 속죄 복음을 계시한다. 따라서 예수께서 초림하셔서 세우신 이 새 언약보다 더 지금 당신의 사랑이 크다는 것이다. 즉 재림하실 주님의 엄청난 은혜와 사랑이 더 크도다.

(아 1:3) 당신의 좋은 향기름 내음으로 인하여 당신의 이름이 쏟아 놓은 향기름 같으므로 처녀들이 당신을 사랑하나이다.

'당신의 좋은 향기름'은 예수께서 부어 준 성령을 말한다. 예수님과 두 번째로 입맞춤한 성도는 이제 재림하실 예수께 초점이 맞춰진다. 재림하실 예수를 맞이할 수 있게 부어 주는 '당신의 좋은 향기름'은 곧 일곱 영(계 1:4)이다. '당신의 이름이 쏟아 놓은 향기름'은 예수 이름으로 죄 사함받고, 기도하고 예배한다. 그리고 더 깊은 그분 이름이 곧 쏟아 놓은 향기름이다. 이는 재림하실 예수의 새 이름이니 '만왕의 왕, 만주의 주'를 가리킨다(계 19:16). 성도인 솔로몬이 신부의 자리에 서 있으면 그는 '만왕' 중에 속하게 되고 재림하실 예수는 이 만왕을 다스리는 만왕의 왕이 되신다. '만왕의 왕'의 이름을 가지신 예수가 나를 '만왕'이 되게 하신다. 이들에게 일곱 영을 부어 주셔서 순교케 해 주시니 만왕이 되게 하신다. 이러하니 너무 좋고 너무 황홀한 일이다. 이것이 처녀들이 당신을 사랑한다고 고백하는 말씀이다. '처녀들'은 한밤중에 신랑을 맞이하는 슬기로운 처녀(마 25:2)와 같다.

(아 1:4) 내게 다가오소서. 우리가 당신을 따라 달려가리이다. 왕이 나를 그의 방들로 이끌어 들이셨으니, 우리가 당신 안에서 기뻐하고 즐거워하리이다.

우리가 당신의 사랑을 포도주보다 더 기뻐하리이다. 정직한 자들이 당신을 사랑하나이다.

여기 '왕'은 물론 재림하실 그리스도를 계시한다. 키스하므로 사랑이 시작됐고, 이제 이끌어 그의 깊은 침실로 들이어 깊은 사랑을 나눈다. "우리가 당신 안에서 기뻐하고 즐거워하리이다." 주님의 사랑을 받은 신부 성도가 이같이 노래하는 것이다. '정직한 자들'은 2절의 처녀들이요, 이들이 재림하실 신랑 예수님을 사랑하며 기뻐 노래하는 것이다. 할렐루야.

3. 내가 검어도

입 맞추고 또 입 맞추다. 첫 번째 입맞춤은 초림 주님을, 두 번째는 재림 주님을 맞는 것이다.

(아 1:5) 내가 검어도, 오, 너희 예루살렘의 딸들아, 게달의 장막들처럼 솔로몬의 휘장들처럼 나는 아름다우니라.

나는 하나님 앞에 죄성과 부패성으로 죄가 가득한 자이다. 이것이 검은 자이다. 오직 예수의 피로 죄 사함받은 은혜와 그의 의로 칭의 받아 하나님 앞에 나아간다. 반면에 자기가 율법을 지켜 행함으로써, 사람의 의로 의롭다 여기는 신앙이 예루살렘의 딸들이다. 내가 게달의 장막 같아도(창 25:13), 즉 검은 염소 털로 만든 장막같이 검을지라도 오직 예수, 초림 예수에 입 맞춘 나는 그분의 의로 의롭게 되어 아름답다. 또 나는 솔로몬의 휘장들처럼 아름답다. 이는 솔로몬 궁전의 휘장이 아니다. 이는 그의 육체의 휘장 같다는 것이다. 그럴지라도 그 검은 죄의 몸을 통해서 그리스도의 신부가 되게 하시니 나는 아름다우니라.

(아 1:6) 햇볕이 내게 내리쬠으로 내가 검게 되었다고 나를 흘겨보지 말라. 내 어머니의 자녀들이 내게 노하여 나를 포도원지기로 삼았으나 나는 내 포도원을 지키지 아니하였도다.

'햇볕'은 하나님 말씀(시 84:11; 요 1:4-5)을 상징한다. 하나님 말씀이 내 심령 안에 비취면 나의 추악하고 더러운 것들이 여실히 드러나게 된다. 이것이 검은 것이다. 바로 이토록 죄인인 나이지만 주님께서는 나로 두 번째 입 맞추게 하신다. 즉 재림하실 예수님의 신부 되게 세우실 것이다. 그러므로 나를 흘겨보지 말라는 것이다. 포도원은 교회요, 또 성도의 심령 성전을 상징한다. 오라비의 포도원은 5절의 예루살렘의 딸들과 같은 율법 교회이다. 믿음이 아닌 행함으로 치우치는 교회이다. 두 번째 입맞춤을 한 성도의 포도원은 재림하실 주님과 영교하는 교회이다. 즉 신부 되는 심령 상태를 말한다. 그러나 두 번째 입맞춤을 한 성도가 오라비의 포도원지기가 되었도다. 오라비의 포도원은 행함으로 치우치고 사람의 의로 사는 신앙이다. 이런 신앙에 매여 버렸다는 것이다. 즉 믿음이 아닌 자기 힘으로 열심히 일하고 복 받는다는 신앙에 매여 버린 것이다. 이로 인해 재림하실 예수님과 깊은 영적 교제가 이뤄지지 못하게 된 것이다. 이것이 신부 성도 자신의 포도원을 지키지 아니한 것이다.

(아 1:7) 오, 내 혼이 사랑하는 당신이여, 정오에 당신의 양 떼를 어디에서 먹이시며, 어디에서 쉬게 하시는지 내게 말해 주소서. 어찌하여 내가 길을 벗어나 당신의 동료들의 양 떼들 곁으로 가는 한 마리처럼 되어야 하리이까?

신부 성도가 자기 포도원을 지키지 못해 괴로워한다. 그래서 두 번째 입 맞춘 주님을 찾기 위해 "오, 내 혼이 사랑하는 당신이여" 하며 찾는다. 재림 예수를 맞이할 신부 신앙, 즉 자기의 포도원을 다시 회복하기 위해 그 주를 찾고 있다. 신부 성도로 인도받다가 이처럼 영적 침체 상태로 빠졌도다. 어찌해야 다시 신부 신앙 차원으로 회복될 수 있을까? 이는 당신의 양 떼를 이끄는 목자를 만나면 해결되리라. 바로 정오에 양 떼를 먹이는 곳을 알면 찾으리라. 정오, 낮 12시는 그림자가 없는 시간이다. 사마리아 여인(요 4:6)이 정오에 예수님을 만났다. 나의 영적 상태가 정오가 됨은 내 그림자가 없는 상태이다. 즉 예수로 100% 충만하여 그분만을 의지하면 내 모습이 없어진다. 자기 그림자가 생길수록 그만큼, 이는 자기 모습으로 사는 것이다. 말씀에 사로잡히면 자기 그림자가 없어지고 주 안에서 안식한다. 그런데 자신이 장차 순교할 때 주를 부인하지 아니할까? 불안해하면 아직 정오에 쉬는 곳을 알지 못함이다. '당신의 동료들'이 누구인가? 먼저 초림 예수의 동료는 열두 사도이다. 이들을 통해 초림 예수를 맞이했었다. 이들이 양 떼를 이끄는 예수님의 동료들이었다. 두 번째 입맞춤을 한 재림하실 예수님의 동료는 바로 두 증인이다(계 11:3). 두 증인이 증거하는 말씀을 통하여 재림 예수를 신랑으로 맞이할 수 있다.

4. 여인들 중의 가장 어여쁜 자야

정오에 양 떼를 먹이고 안식하는 그곳으로 가면 재림 예수를 만나리라.

(아 1:8) 오, 너 여자들 중에서 가장 어여쁜 자야, 네가 알지 못하겠거든 양 떼의 발자취를 따라가 목자들의 장막들 곁에서 네 염소 새끼들을 먹이라.

모든 성도들 가운데 재림하실 예수님의 신부 되는 자가 가장 어여쁜 자이다. "여자들 중에서"는 '예루살렘의 딸들'과 '내 어머니의 자녀들'이 포함된다. "네가 알지 못하겠거든 양 떼의 발자취를 따라가"라 함은 무엇인가? 이는 양 떼를 먹이는 곳을 찾지 못했으면 역으로 양 떼의 발자취를 따라가면 찾을 수 있으리라는 것이다. 양들은 목자인 주님의 발자취를 따라서 가기 때문에 양 떼를 따라가면 된다. 어떻게 가능하겠는가? 이는 내 지혜와 내 힘으로가 아니다. 반드시 주님의 말씀이 내게 주어져야 한다. 또 그 말씀을 믿어야 한다. 또 주님이 따라가게 해 주셔야 한다. 그러나 오라비의 포도원지기로 매여 있으면 이렇게 따라갈 수가 없다. 그곳에서 벗어나야 한다. 그리고 네가 알지 못하겠거든, 먼저 양 떼의 발자취를 따라가면 된다. 그다음은 목자들의 장막들 곁에서 네 염소 새끼들을 먹이라고 했다. "네 염소 새끼들을 먹이라"는 말씀은 예수께서 부활하신 후 베드로에게 "내 양들을 먹이라"고 하심과 같다. 그에게 주의 일을 하라는 것이다. 내 양들을 먹이라. 그러면 최종적으로 순교하리라고 하셨다. 내 양들을 먹이지 못하면 순교도 할 수 없다는 뜻이다. 주님의 심정을 알려면 주님이 하셨던 일을 해 보아야 하리라.

(아 1:9) 오, 내 사랑아, 내가 너를 파라오의 병거의 준마 무리에 비교하였노라.

재림하실 예수님을 사랑하고 그리워하는 자, 신부의 신앙으로 세워지길 사모하는 자를 가리켜 8절에 "오, 너 여자들 중에서 가장 어여쁜 자야"라고 하셨다. 9절에는 이러한 자를 예수께서 파라오의 병거의 준마에 비교하신다. 이집트에서 가장 훌륭한 말은 파라오가 타는 병거의 말이다. 말의 입장에서는 이집트의 최고 높은 파라오를 태우는 것이 가장 영광되고 복된 것이리라. 파라오의 준마는 그 영광으로 인해 더 힘 있고 용맹스럽게 천리마같이 달린다. 이와 같이 재림하실 예수님과 입 맞춘 자는 그분의 아내가 되는 영광으로 인하여 기쁘고 행복하다. 그래서 파라오의 준마보다 더 빨리 달리되 지치지 않는다. 세상의 영광인 파라오의 영광보다 하늘나라의 영광인 재림하실 예수님의 영광이 더욱 크기 때문이다. 이는 이스라엘 백성들이 애굽에서 종살이할 때, 애굽 사람보다 이스라엘 백성들이 아기를 더 많이 낳았다. 왜 그런가? 비록 피곤하고 고통스러운 노예 생활이지만 하나님이 더욱 뜨겁게 사랑하게 했기 때문이다. 고통도 피곤도 다 녹아지고 애굽 사람보다 더 많이 사랑하고 아기를 많이 낳은 것이다.

(아 1:10) 네 두 뺨은 보석 줄로, 네 목은 금 목걸이로 아름답도다.

신랑 예수님의 아내가 될 여인의 두 뺨에 보석 줄같이 흘러내려져 있는 것은 바로 긴 머리카락이다. 이는 그리스도 신부의 영적인 모습을 말씀한다. 두 뺨에 길게 흘러내려져 아름답다. 주께서 신부 성도의 머리카락을 보석 줄같이 아름답게 보신다. 왜일까? 머리카락은 지혜를 상징한다. 재림하실 예수가 주실 행복과 영화를 깨닫고 기뻐하고 있는 모습이 너무 아름답기 때문이다. 재림하실 예수님을 깨닫는 지혜로 말미암아 이 세상의 어떤 좋은 것도 다 초월하고 오직 그분이 주시는 행복과 영광으로만 기뻐하는 네 모습이 너무도 아름답구나, 이렇게 주님께서 칭찬하신다. 목은 목숨을 상징한다. 신부 성도가 살아가고 있는 목숨은 금 면류관을 받는 순교 신앙이다. 그들은 장차의 순교를 아주 기쁘게 여기며 살고 있다. 주께서 그런 성도의 중심을 보시고 참으로 "네 목은 금 목걸이로 아름답구나!"라고 말씀하신다. 우리들의 목숨이 바로 이와 같이 되기를 소망한다.

5. 우리가 너를 위해 금 사슬을 만들리

'여자들', 즉 모든 신자들 가운데서 '가장 어여쁜 자'는 신부 성도를 말한다.

(아 1:11) 우리가 너를 위하여 은 장식이 있는 금 사슬을 만들리라.

'우리'는 성부 · 성자 · 성령 세 분 하나님을, '너'는 신부를 가리킨다. 삼위일체 하나님이 신부 성도를 위하여 은장식이 있는 금 사슬을 만들어 주신다는 말씀이다. '은'은 거룩하고 깨끗함을 상징한다. 삼위일체 하나님이 우리를 거룩하고 깨끗하게 만드는 것은 궁극적으로 그리스도의 형상에 이르기까지 구원해 주시는 것이다. '금 사슬'은 창세기 41장 42절에 파라오가 요셉을 애굽 총리로 세우면서 목에 금 사슬을 걸어 준 것과 같다. 파라오의 금 사슬은 파라오의 영광을 상징하며, 그 영광을 요셉에게 물려준 것이다. 이와 같이 삼위일체 하나님이 그분의 자녀들을 위해 예비해 두신 하늘 영광의 유업이 있다(벧전 1:4). 하나님 자녀들이 그 영광을 상속받아서 영원토록 누리며 행복할 수 있게 '우리(삼위일체 하나님)'가 은같이 깨끗하게 계속 구원을 이루어 주시겠다는 말씀이다. 성자 예수님은 친히 자기 몸을 희생하여 피 흘려 죄를 사해 주셨고, 성령 하나님은 성자 예수가 이뤄 놓으신 구원의 일들을 믿게 하시며 성부 하나님은 영광을 예비하시고 상속해 주시는 분이다. 그러므로 삼위일체 하나님은 성도를 은과 같이 깨끗한 그리스도의 형상에까지 구원해 주실 뿐만 아니라 하나님의 영광인 금 사슬을 상속받게 해 주시는 분이시다.

(아 1:12) 왕이 그의 상에 앉아 계실 때 나의 감송나무가 그 향기를 풍기는도다.

'왕'은 11절의 삼위일체 하나님 중 영광의 주님을 가리키며 왕이 그의 상에 앉아 있는 것은 주님이 음식을 드시는 것을 말한다. "보라, 내가 문 앞에 서서 두드리노라. 누구든지 내 음성을 듣고 그 문을 열면 내가 그에게로 들어가서 그와 함께 먹으며 그도 나와 함께 먹으리라."(계 3:20) 성도가 주님께 영광 돌리며 열매 맺으면 그것이 바로 주님이 기쁘게 드시는 음식이 된다. 주님이 상에 앉아 음식을 드실 때 나의 감송나무가 향기를 발한다고 했다. 주님께서 내게 베푸신 은혜와 주님의 사랑을 경험함으로 인하여 기뻐하고 감사하면 감송나무가 향기를 풍기는 것이 된다. 오직 주님께만 영광 돌리고 찬송하는 것을 말한다. 이는 마리아가 예수님 발 앞에 옥합을 깨뜨려 나드 향을 부어드리는 것과 같다(요 12:3).

그녀가 주님으로부터 받은 사랑이 귀한 나드 향과 같고 그 사랑을 주님께 되돌려 드리는 것이다. 주님께 받은 사랑으로 인해 주님께 영광과 찬송 드리는 것이 옥합을 깨뜨려 나드 향을 주님 발 앞에 되돌려 부어 드리는 것이다.

(아 1:13) 나의 참 사랑하는 자는 내게는 몰약 다발이니, 그가 온 밤을 내 가슴 사이에 누우리라.

'나의 참 사랑하는 자'는 12절의 왕, 곧 영광의 주님을 말한다. 몰약은 장례 관례 때 사용하는 향료인데(요 19:39–40) 썩지 않게 하는 향료이다. '몰약 다발'은 몰약 향이 담긴 작은 주머니로 향수를 대신하여 신부 성도의 가슴 사이에 지니고 있는 것이다. 주님이 내게 몰약 향이 되는 것은 주님이 내게 썩지 않는 향이 되는 것을 말씀한다. 주님이 자기 몸을 깨뜨려 희생하기까지 나를 사랑하신 그 사랑을 내가 받아 가지고 있으면 주님의 몰약 주머니가 내 안에 있는 것이다. 영원히 없어지지 않는 주님의 사랑이 내게 있는 것이다. 여기에 계속되는 사랑이 '그가 온 밤을 내 가슴 사이에 누우리라'이다. 온 밤은 내가 고난을 받고 어려움을 당하는 때를 가리킨다. 또 전 인류적으로 온 밤이 되는 때는 바로 7년 대환란의 때이다. 그때에 주님은 내게 몰약 다발이 되어서 내 가슴 사이에 누우신다는 것이다. 주님의 사랑은 내게 썩지 않는 몰약 향과 같이 없어지지 않고 고난과 환란을 당하는 내 가슴 사이에 끝까지 변함없이 함께하신다는 말씀이다.

6. 주님은 엔게디 포도원의 캠퍼 송이로다

주님은 내게 영원히 썩지 않는 몰약 향이 되신다. 또 온 밤을 이기는 주님의 몰약 주머니가 내게 있도다.

(아 1:14) 나의 사랑하는 이는 내게 엔게디 포도원에 있는 캠퍼 송이로다.

포도원은 교회를 상징한다. 엔게디는 다윗과 그를 따르는 자들이 사울을 피하여 숨었던 엔게디 광야에 있는 요새를 가리킨다(삼상 23:29). 나의 사랑하는 이 예수님이 내게 엔게디 포도원이라는 것은 다윗의 경우와 같이 예수님이 나의 피난처라는 의미이다. 또 요새요, 요새 교회가 되시는 것을 말한다. 신랑 예수님이 나를 신부 되도록 세우시고 보호하시고 승리케 하시는 것이 엔게디 포도원이다. 이는 요한계시록 2장, 3장의 금 촛대 교회이다. 종말에 그리스도 신부 세우는 금 촛대 교회이다. 또 주님은 엔게디 포도원의 캠퍼(고벨화) 송이라고 했다. 캠퍼 송이는 중동 지역에서 자생하는 식물이다. 마치 우리나라에 봉숭아꽃과 비슷하다. 캠퍼 송이는 꽃잎은 노랑, 빨강, 흰색이 있다. 그중에 노란색은 평화를 상징한다. 주님은 내게 노란 캠퍼 송이와 같이 평화·평강이 되심을 가리킨다. 예수님은 멜기세덱의 반차를 좇은 대제사장이시며 평강의 왕이시다. 그분은 먼저 지옥 갈 염려가 없이 구원해 주신 평강이다. 또한 환란 날에 배도하지 않고 믿음으로 승리하게 해 주실 평강이 되신다. 흰색 캠퍼 송이는 성결·거룩을 상징한다. 주님이 우리를 거룩한 존재로, 그리스도의 형상으로 만드시는 분이므로 내게 흰 캠퍼 송이시다. 빨간색 캠퍼 송이는 사랑을 상징한다. 마치 홍보석 같다고 말씀했고 주님의 보혈을 쏟으시어 날 사랑하신다. 또 성령을 부어 주시되 일곱 영으로까지 충만히 부어 주시어 예언의 철장 권세도 주신다. 또 순교도 하게 하시니 사랑의 캠퍼 송이로다.

(아 1:15) 보라, 나의 사랑아, 너는 어여쁘도다. 보라, 너는 어여쁘며 너는 비둘기의 눈을 가졌도다.

주님이 성도를 보고 어여쁘다고 말씀하신다. 성도가 그리스도 안에 거하여 그리스도의 것이 되면 어여쁘게 보신다. 우리 자신은 죄악과 부패성만 나오는 존재다. 그러나 내가 주님 안에, 주님이 내 안에 계셔서 주님의 마음·생각·성품으로 일치되어 가면 주님이 어여쁘게 보시는 것이다. 내 안에 예수가 계시므로 나의 신앙이 자라고, 내 안에 주님이 엔게디 포도원의 캠퍼 송이가 되시어 나를 순교케 하신다. 주님이 내게 신랑이 되면 주님이 "오, 나의 사랑아. 너는 어여쁘고 아름답구나" 하시는 것이다. 어여쁜 성도의 눈이 비둘기의 눈과 같다는 것은 비둘기의 속성을 통해 영적 진리를 드러내는 것이다. 예수께서 제자들을 내보내는 것이 마치 양을 이리들 가운데로 보냄과 같다. 그러므로 너희는 뱀처럼 슬기롭고 비둘기처럼 순수하라고 말씀하신다(마 10:16). 제자들을 이리들 가운데로 보내는 것은 거짓 선지자들이 양의 옷을 입고 양들의 영적 생명을 죽이는 이리들에게로 보내는 것이다. 보냄받은 제자들이 사명 감당하다가 이리들에 의해 죽임당하지만 끝까지 신앙 정절을 지키는 것이 비둘기처럼 순결한 것이다. 이와 같이 나의 사랑하는 어여쁜 자는 비둘기의 눈을 가져서 순결한 신앙 안목으로, 신앙의 절개가 있다는 것이다. 눈은 몸의 등불이라고 하였다. 네 눈이 순전하면 네 온몸이 빛으로 가득 찰 것이다. 만일 네 눈이 악하면 네 온 몸도 어두워질 것이라고 했다. 우리가 그리스도의 눈을 가지면 순전한 눈이 된다. 비둘기의 눈을 가지면 예수님의 눈을 가진 것이다. 예수님은 아버지의 계명을 지키되 대속 제물로 십자가에 희생하시기까지 신실하셨고 순종하셨다. 그러나 우리의 믿음은 어떠한가? 환경과 상황에 따라 많이 바뀐다. 처음 믿을 때와 중간, 끝이 다른 경우가 많다. 우리 모두는 주님이 칭찬하시는 비둘기 눈을 가지기를 바란다.

7. 우리 집의 들보는 백향목이요, 서까래는 잣나무로다

주님이 내게 신랑이 되면 "오, 나의 사랑아. 너는 어여쁘고 아름답구나"라고 찬탄하신다.

(아 1:16) 보라. 너는 어여쁘며, 나의 사랑하는 자야. 참으로 사랑스러우니, 우리의 침상도 푸르도다.

'우리의 침상'은 신랑 예수님과 신부 성도가 함께 사용하는 침상을 말한다. 침상에 들기 전에 입맞춤으로 사랑이 시작되었고(1:2) 목자를 찾아가고 또 집을 짓는 단계를 거쳐 왔다. 침상이 푸르다는 것은 생명이 자라고 약동하며 충만하다는 영적 의미가 담겨 있다. 하나님의 보좌가 녹보석 같다(계 4:3)고 말씀한다. 이는 하나님의 보좌는 영광의 보좌임을 가리킨다. 그 보좌를 우리에게 보여 주시는 것은 아버지의 영광을 그의 자녀인 우리에게 입혀 주실 것을 말씀하신다. 장차 우리가 하늘나라에서 받은 영광이 받은 그대로 있는 것이 아니라 항상 푸르른 녹색－녹음 짙어 가는 한여름의 초목의 성장성－과 같이 기하급수적으로 계속 자라나는 영광을 말한다.

재림하실 신랑 예수님은 영광의 주님이시다. 그분은 고난받고 십자가에 죽임당했다. 그 결과 부활의 영광을 받으셨다. 우리도 주님의 발자취를 따르면 반드시 7년 환란 날에 신앙 정절을 지킴으로 순교하게 된다. 순교는 내 의지로 하는 것이 아니라 주님이 순교케 해 주시는 것이다. 그러면 주 재림 때 첫째 부활의 영광(계 20:4-6)을 받게 된다. 그러므로 부활의 영광으로 오시는 주님과 함께 누워 있는 침상이 되는 나는 첫째 부활의 영광을 받은 자라야 한다. 첫째 부활의 영광이 성도에게는 최고의 영광된 복이다. 성도의 부활 순서가 있는데－고린도전서 15장에 주 재림 때 부활하는 자들이 있고 그 다음은 나중이다－주님 재림 때 순교자들이 첫째 부활 하여 주님과 함께 오는 자들로서 신랑 예수님의 신부가 된다. 바울은 이것을 더 좋은 부활로 증거했다(히 11:35). 그러므로 첫째 부활의 영광을 영원히 누리는 영생이 곧 녹보석같이 푸르른 것이다.

(아 1:17) 우리 집의 들보들은 백향목이요, 우리의 서까래들은 잣나무로다.

우리 집은 그리스도와 성도가 함께 사는 집을 가리킨다. 복되고 환희가 넘치는 어린양의 혼인 잔치 자리에 나는 순교를 통하여 첫째 부활의 영광을 입은 신부가 되고, 재림하시는 영광의 주님은 신랑이 되어 우리 집이 되는 것이다. 백향목은 흰색의 향나무로서 천 년까지 산다. 우리 집의 대들보가 백향목이라는 것은 우리 집이 천 년간 향을 발한다는 것이다. 7년 환란 때 하나님의 말씀과 예수의 증거로 인해 순교한 성도들이 주님이 재림하실 때 첫 번째 부활 하여 천 년 동안 주님과 함께 왕 노릇 하며 열매 맺는 삶을 살 때 감사 찬송하는 것이 향이다. 재림하신 주님과 첫째 부활 한 신부 성도가 천년왕국에서 부활체로 사는 기쁨과 행복의 날들을 우리 집의 대들보로 계시한다. 우리의 최고 소망은 '우리 집의 대들보는 백향목'이어야 하고, 믿음의 실상도 '우리 집의 대들보는 백향목'이어야 한다. 또한 '우리의 서까래들은 잣나무'라고 했다. 잣나무는 성전 재료가 된다. 노아 방주도 잣나무로 지었다. 잣나무는 하늘을 향해 곧게 뻗고 부러질지언정 휘어지지 않으며 물에 잘 썩지 않는 나무이다. 이는 잣나무의 특성과 같은 진리의 특성을 계시하는 것이다. 하늘을 향해 곧게 자라는 것은 하나님이 예비하신 영광을 바라보며 생명 길로만 나아가는 진리 특성을 가리키며 잣나무가 휘어지거나 구부러지지 않는 것은 신앙의 정절이 있어서 비진리와 타협하지 않는 진리의 특성을 가리킨다. 또한 물에 썩지 않는다는 것도 세상의 유혹에 빠지지 않는 진리 특성을 말한다. 이와 같은 진리는 곧 첫째 부활의 영광에 이르게 하는 말씀을 가리킨다. 오늘날 예수 믿고 성령의 전(殿)이 된 성도가 성전이고 성도가 모인 교회가 성전이다. 우리의 심령 성전을 잣나무의 특성과 같은 진리의 특성으로 만들라는 것이다. 즉 첫째 부활에 이르게 하는 말씀이 우리의 서까래가 되며 우리 집의 재료가 되어야 한다는 것이다.

제2장

겨울도 지나고 비도 그쳤으니 속히 돌아오소서
(환란 후의 주 재림을 사모하는 신부 계시)

1. 가시나무 가운데 백합화

오늘날 예수를 믿은 우리는 성령의 성전이 되었다. 이 심령 성전을 백향목과 잣나무로 지으리라. 즉 첫째 부활의 진리의 말씀으로 지으리라.

(아 2:1) 나는 샤론의 장미요, 골짜기의 백합화로다.

'샤론'은 엘리야가 이적을 베푼 갈멜산에서부터 욥바 사이에 있는 비옥한 평야이다. 이는 파종한 후에 발로 물 대어 농사하는 애굽 땅과 다르다. 그곳은 하늘에서의 비만을 흡수하는 땅이다. 위에서 내려 주시는 하나님의 은혜와 사랑만을 받는 자이다. 오직 그것으로 만족하며 위에 계신 하나님만 앙망하는 자이다. 하나님께로부터 받은 은혜가 샤론의 평야같이 많으면 그만큼 하나님께 감사 찬송 하는 것이 샤론의 장미이다. 이는 재림하실 주님을 신랑으로 맞이하는 신부의 신앙에 올라선 자이다. 그는 하나님이 주신 은혜가 한량없이 많다. 왜 그럴까? 그는 모든 일과 모든 것들을 무조건 하나님이 허락하신 은혜로 받기 때문이다. 그러므로 신부 된 자는 "나는 사론의 장미다"라고 고백하는 것이다. 그러나 오늘날 우리 그리스도인들은 어떠한가? 우리가 깨닫지 못하여 하나님의 은혜를 은혜로 받지 아니하는 경우가 너무나도 많지 않은가?

실제로 올바로 우리가 깨닫기만 한다면 얼마나 하나님의 은혜를 한량없이 많이 받았는지 알게 된다. 즉 "나는 샤론의 장미이다"라고 고백하리라. '골짜기'는 낮은 곳을 가리킨다. 그리고 백합화는 꽃 중에 향기가 가장 진동하는 백색의 꽃이다. "나는 골짜기의 백합화로다"라고 고백한다. 이는 바로 자신이 가장 낮고, 낮은 데서 향기를 최고로 발하고 있도다 하는, 즉 신부의 신앙 모습을 가리킨다. 내가 골짜기에 위치해 있다는 것은 자신이 낮아져서 아주 곤경에 처한 상태에 있다는 것이다. 자신을 최대한 낮추고 더 낮아지므로 겸손과 온유가 충만하다. 오직 신랑이 되는 주님만을 지극히 높이면 최고로 향기를 발하는 백합화가 되는 것이다. 이와 같은 다니엘 3장의 사드락, 메삭, 아벳느고가 골짜기의 백합화이다. 최고로 주님을 높이고 높이되 자신들은 최고로 낮아지고 낮아진 것이 바로 풀무 불에까지 떨어지게 된 것이다. 이같이 우리가 골짜기의 백합화가 되면 주님의 이름을 지극히 높이는 자로서 결국 100% 순교하게 되리라.

(아 2:2) 가시나무 가운데 백합화처럼 나의 사랑도 딸들 가운데 그러하도다.

'딸들'은 아가서 1장 5절의 예루살렘의 딸들이다. 예수 믿는 신자들을 지칭한다. 예수를 믿는 대다수의 교인 중에 신부 성도는 특별한 다른 무엇이 있다는 것이다. 신부 성도는 주님을 위해 자기의 목숨을 초개같이 버리는 자이다. 그래서 "내 사랑은 가시나무 가운데 백합화처럼 특별하다"고 말하는 것이다. 가시나무 가운데 백합화가 있으면 바람이 불 때 가시나무가 백합화를 사방에서 찌르게 된다. 문맥상 '가시나무'와 '딸들'은 동격이다. 딸, 즉 육적 신앙을 가진 자들이 신부 성도를 핍박하고 괴롭게 하여 가시처럼 찌르는 자가 될 것이다. 백합화는 바로 가시나무에 찔림을 당하는 신부 성도를 계시하는 것이다. 신부 성도인 백합화는 주님의 사랑을 가장 많이 받아서 주님을 가장 잘 알고 있다. 그러므로 주님을 위해서 자기의 목숨을 기쁨으로 바치는 것이다. 우리가 가시나무 가운데 백합화가 되면 7년 환란 되기 전까지 순교자의 명부에 녹명이 된다(계 13:8). 환란의 바람이 세차게 불수록 육적 신앙인인 가시나무가 백합화를 더욱 찔러 대는 것이다. 장차 종말에 주 재림 전에 있을 7년 환란에 들어가면 배도 신자와 교회들의 핍박이 심해지리라. 그러면 백합화는 향기를 더욱 토해 내게 된다. 혹독한 고문을 당해도 마침내 목 베임을 당할지라도 할렐루야 찬송이 터진다. 오직 신랑 예수의 사랑으로 찬송하며 이겨 낸다. 이 말씀을 통해 우리의 신앙을 잘 점검해 보시기 바란다.

2. 그분은 사과나무 같도다

우리가 골짜기의 백합화가 되면 주님의 이름을 지극히 높이는 자로서 순교하게 되리라.

> **(아 2:3)** 숲의 나무들 가운데 사과나무처럼 나의 사랑하는 이도 아들들 가운데 그러하도다. 내가 큰 기쁨으로 그의 그늘 아래 앉았으니, 그의 과일은 내 입에 달콤하였도다.

"나의 사랑하는 주님은 숲의 나무들 가운데 사과나무처럼 특별하다"고 고백하고 있다. 여기 '숲의 나무들'과 '아들들'은 동격이다. 이는 훌륭한 사람들, 즉 성인으로 칭송받는 사람들을 지칭한다. 이런 사람들이 숲의 나무들같이 많다는 것이다. 공자, 맹자와 같은 성인이나 훌륭한 철학자, 신학자가 숲의 나무들, 즉 아들들을 가리킨다. 그러나 숲에 속한 나무들은 씨가 없고 사과 열매에는 씨가 있다. 그 씨는 영생에 관한 것을 의미한다. 내게 영생을 주시는 분을 사과나무로 비유한 것이다. 내 영혼을 살려 주시고, 내 영혼에 하늘나라의 영생을 주시는 주님이 사과나무와 같다는 것이다. 성인군자들의 훌륭한 교훈과 가르침이 내 영혼을 살리지 못하고 영생이 되지는 못한다. 그러므로 그들은 내 신랑이 되지 못한다. 숲의 나무들 가운데 진정으로 내 영혼을 살리며 영생을 주시고 나를 영원히 책임져 주는 나의 참 신랑은 누구인가? 바로 사과나무인 주님이시다. 그분은 나에게 첫째 부활의 영광을 보여 주시고 그 영광이 영생이 되도록 나를 영원히 책임져 주시고 또 복되게 하시는 유일한 분이다. 이는 바로 숲의 모든 나무들 가운데 사과나무뿐이다. 주님의 존재가 내게 사과나무이며, 주님의 말씀도 내게 사과나무인 것이다. 주님이 내게 이러한 분량과 위치로 다가와 계신지 점검해 보아야 한다. "내 몸이 아플 때 찾고 의지했던 그 주님이 병을 낫게 해 주셨다. 내 마음에 평안을 얻기 위해 찾았던 그 주님이 평안을 주셨다. 내가 가난하고 어려울 때 형편을 피게 해 주셨다"라고 하는 주님은 사과나무가 아닌 것이다. 사과나무인 예수님이 그늘이 되어 주시고 나는 그 그늘 아래 앉아서 큰 기쁨으로 있다는 것은 사과나무 같은 주님이 친히 나와 함께 임마누엘 하심이다. 내게 임마누엘 하신 그분 안에서 내가 평안히 안식을 누리고 있는 것이 그분의 그늘 아래 앉아 있는 것이 되므로 근심, 걱정, 염려, 수고할 필요가 없다. 그래서 기쁜 것이다. 주님이 나와 멀리 떨어져 있는데 내가 아무리 예수님이 나의 신랑이라고 외쳐도 소용이 없는 것이다. 사과나무의 열매로 내 입에 달콤하니 사과나무인 예수님이 내게 임마누엘 하여 계시고 그분 안에서 평안과 안식을 누릴 때 큰 기쁨이요, 찬송이 터진다. 그것이 결국 열매가 된다. 감사와 찬송의 열매를 맺게 되면 주님은 그것을 받으시고 내게 영원히 누릴 영광으로 입혀 주신다. 그것이 내게 달콤한 과일이다. 그러나 세상의 복으로 기뻐하는 사람은 쓴 것을 단것으로 잘못 알고 있는 것이다(사 5:20).

(아 2:4) 그가 나를 잔칫집으로 안내하였으니, 내 위에 나부끼는 그의 깃발은 사랑이었도다.

신부에게 가장 좋은 잔칫집은 혼인 잔치 자리이다. 신랑 예수님이 나를 신부로 데리러 오셔서 신랑 예수님과 신부인 내가 혼인식을 하는 것이 최고의 잔치이다. 잔칫집에 초대된 모든 사람들이 신부의 머리부터 발끝까지 닿는 눈부신 하얀 드레스와 면사포를 쓰고 신랑 예수님과 함께 입장하는 찬란한 모습을 보게 된다. '깃발'은 전쟁에서 이긴 나라가 승리의 깃발을 꽂는 것이다. 나의 사랑하는 사람은 내 위에 나부끼는 깃발과 같다는 것은 나의 사랑하는 분이 나를 승리하게 해 주시는 분이라는 것이다. 거짓된 것, 악한 것을 깨뜨려 부수고 계속 이기게 해 주시는 분이 나의 사랑하는 자이다. 그분이 나를 어디까지 승리하게 해 주실까? 환란 날에 적그리스도까지도 승리하게 해 주신다. 그래서 결국 육신은 적그리스도에게 목 베임당하지만 영적으로는 승리하는 것이다. 그러므로 나의 사랑하는 사람은 내 위에 나부끼는 깃발과 같다는 것이다.

3. 건포도 되게 하시는 주님

내게 첫째 부활의 영광을 보여 주시고 그 영광이 내게 영생이 되도록 책임져 주시는 사과나무 같은 주님이시다.

(아 2:5) 건포도 과자로 나에게 힘을 돋우고 사과로 나를 위로해 주소서. 내가 사랑으로 병이 났나이다.

포도 송이를 며칠 동안 상온에 두면 썩어 버리고 만다. 그러나 물 포도를 햇볕에 바싹 말리면 건포도가 된다. 건포도는 썩지 않는다. 세상에서 돈 많이 벌고 건강하게 영화를 누리며 사는 것은 물기 있는 포도와 같다. 물기가 있으니 풍성하다. 그러나 그것은 물기 있는 포도와 같이 금방 썩고 마는 것이다. 주님은 내게 있는 세상적인 좋은 것들을 바싹 말려서 건포도 같은 과자로 만들어 주시는 분이시다. 또한 이것을 통해 환란과 어려움 중에서도 오히려 우리를 하나님을 찬송하는 자로 만드시는 분이다. 욥에게 갑절의 복과 영생의 참된 복을 주시기 위해서 하나님께서 욥을 바싹 말려 주신다. 이는 욥을 건포도 되게 하신 역사이다. 즉 광야에서 큰 바람이 불어 욥 집의 네 모퉁이를 치니 무너졌다. 욥의 일곱 아들과 세 딸을 죽게 하셨다. 부인도 욥을 떠났다. 더욱이 욥 자신의 몸에는 악창이 나고 피부암으로 죽을 지경에 놓이게 되었다. 욥의 친구들과 종까지도 그를 떠났다. 욥의 세 친구가 찾아와서 오히려 욥을 계속 찌르는 도구가 되었다. 하나님께서 이 모든 일들을 통해 욥을 건포도 되게 하신 것이다. 건포도 된 욥은 그것으로 멸망했는가? 아니다. 결국 전보다 갑절의 복을 받았다. 하늘의 영광을 모두 받아 누리는 자가 되었다. 주님이 우리를 건포도 되게 하시려고 바싹 말리는 역사를 할 때 원성이 나오고 불평이 나온다면? 이는 아직 건포도가 안 된 것이다. 그러나 재림하시는 그리스도의 신부는 반드시 주님께서 그를 욥과 같이 건포도 되게 하신다. 어떤 환란과 고난이 와도 오히려 찬송하는 자로 만드신다. 그 다음은 "사과로 나를 위로해 주소서" 하게 된다. 여기서 사과는 3절과 같은 사과나무는 아니다. 4절에 잔칫집으로 인도함 받는 신부에게의 사과는, 환란 시에 고문당해도 기쁨이 터지고 죽이는 사형장에서도 찬송이 넘쳐 늘 감사와 찬송이 터지게 하는 것이다. 이것이 사과로 나를 위로해 주시는 것이다. 이는 7년 환란 중에 순교당하는 과정을 말하는 것이다. 그럴 때 사과로 나를 위로해 주시는 분이 주님이시다. 그분이 나로 기쁨과 찬송으로 영광 돌리며 순교케 해 주시는도다.

"내가 사랑으로 병이 났나이다"라는 말씀은 무엇인가? 내가 예수님을 병이 날 정도로 사랑하면 좋은 것일까? 좋은 것 같으나 그렇지 않다. 주님은 이것이 나의 계명이니 "내가 너희를 사랑한 것 같이 너희도 서로 사랑하라"(요 15:12)고 하셨다. 주님이 나를 사랑하시는 그 사랑이 내 안에 있어서 그 주님의 사랑으로 이웃을 사랑하고 주님을 사랑하면 절대로 병이 나지 않는다. 그러나 사랑의 주체가 내가 된다면, 그래서 내가 주님을 사랑한다면 상사병이 난다. 이렇게 병이 났을 때 신랑이 되시는 주님은 그냥 내버려 두지 않으시고 6-7절 말씀대로 해 주신다.

(아 2:6) 그의 왼손이 내 머리 아래 있고 그의 오른손이 나를 껴안는도다.

주님의 왼손을 베개 삼듯이 신부 성도 머리 아래 두고 주님의 오른손은 신부를 꼭 껴안는다. 주님이 신부의 몸 위에서 신부를 휘감듯 껴안아 주심으로 한 몸이 된 것이다. 이는 영적으로써 먼저 세례를 통해 그리스도와 하나로 연합된 그리스도의 것으로서 출발해서 마침내 그리스도의 신부 신앙 차원까지 세워지게 되는 것이다. 신부는 주님 품 안에서 사랑과 은혜를 더욱 받음으로써 상사병도 낫고, 미숙했던 부분도 온전하게 익어진다. 이제는 주님으로 말미암아 열매 맺을 수 있는 몸이 되었다. 할렐루야!

4. 노루들과 들사슴들로 부탁한다

주님은 나를 욥처럼 건포도 되게 하시어 순교하기까지 감사·찬송하게 하신다.

(아 2:7) 오, 너희 예루살렘의 딸들아, 내가 노루들과 들사슴들로 너희에게 부탁하노니 그가 원하기까지는 내 사랑을 흔들지도 말고 깨우지도 말라.

예루살렘의 딸들은 신부 성도가 아닌 육적 신자들을 지칭하는 것이다. 신부 성도가 사랑하는 이를 노루와 들사슴으로 비유하고 있다. 노루와 들사슴 같은 주님이 원하기까지는 절대 내 사랑을 흔들지도 말고 깨우지도 말라고 부탁하고 있다. 노루와 사슴은 조금만 부스럭거려도 금방 알아차리고 날렵하게 도망가고 만다. 주님이 노루와 들사슴 같으시니, 그분이 지금 나를 껴안아서 하나로 결합된 상태이니 방해하지 말라는 것이다. 그러면 주님이 언제까지 신부 성도와 이 같은 한 몸 된 상태를 원하실까? 주님이 내게 들어오셔서 주님의 진리의 사랑을 깨우쳐 나의 아귀까지 채우시되 내가 진리를 증거하는 자가 되기까지 원하신다. 여기서 왜 주님을 노루나 들사슴으로 비유하였는가? 이는 그들의 특성인 굽이 갈라진 것, 약초만 먹는 것, 맑은 물을 마시는 것에 비유한 것이다. 즉 노루와 사슴이 굽이 갈라진 것은 레위기 11장에서 설명하고 있는 거룩한 것에 속함을 뜻한다. 이와 같이 주님은 거룩한 분이시며 나를 거룩하게 하시는 분이시다. 또 노루가 땅을 밟지 않고 바위와 바위 사이로 뛰어다니는 것처럼 주님은 우리의 반석이 되신다. 노루는 약초만 먹고 자라서 몸 전체가 사람에게 약이 되는 것과 같이 주님은 우리를 살리는 영이 되신다. 또 맑은 물만 마시는 노루와 같이 주님은 진리의 생수가 되신다. 그리고 예수님의 피는 우리의 죄를 영원히 사해 주셨다. 그의 피를 힘입은 자에게 성령을 부어 주시고 계속하여 일곱 영까지 충만케 부어 주신다.

(아 2:8) 내 사랑하는 이의 목소리로다! 보라, 그가 산들 위로 뛰며 작은 산들 위로 가볍게 뛰며 오는도다.

내 사랑하는 이의 목소리는 주님의 목소리이다. 주님의 음성은 육신의 귀에 들리는 그런 소리가 아니다. 영의 귀로만 들을 수 있다. 예수를 믿고 성령을 받은 사람은 성령을 통하여 우리 심령에 세미하게 주님의 말씀과 뜻을 성령으로 깨우쳐 주시는 것이다. 이것이 내 사랑하는 이의 목소리이다. 우리 안에 예수님이 계시고 성령이 계시는데, 다른 곳에서 주님의 음성을 들으려고 애쓰는 자는 그 사람 안에 과연 예수님이 계실지 의심이 된다. 엘리야에게 세미한 음성이 들리듯이, 내 안에 계신 예수님이 부어 주신 성령이 예수 안에 아버지가 계시고 아버지 안에 예수님이 계심을 알게 하신다. 즉 삼위일체 하나님이 내 안에 계심을 성령이 깨우쳐 주신다. 또 내가 알고 있는 몇 마디의 말씀만을 일일이 깨우쳐 주는 차원이 아니라 인격자이신 주님이 인격자인 내게 인격적으로 교제하며 모든 것을 깨우쳐 주시는 것이다. 성령을 통해서 대화하듯

말이다. 첫 번째로 깨우쳐 주시는 것이 무엇인가? 하나님의 아들 예수 그리스도께서 죄 있는 육신의 모양을 입고 오셔서 나를 위해 십자가에 못 박혀 피 흘리셨다는 것이다. 나를 죄에서 구원해 주셨다는 것을 성령으로 알려 주신다. 우리의 신앙생활은 이것으로부터 출발하는 것이다.

5. 산들을 거쳐 빨리 뛰어오신 주님

주님이 노루, 들사슴 같으시니 그 품 안에서 사랑받는 이 상황을 방해 말라고 부탁한다.

(아 2:9) 나의 사랑하는 이는 노루나 어린 사슴 같나니, 보라, 그가 우리의 벽 뒤에 서서 창문으로 들여다보며 창살을 통해 몸을 내보이는도다.

주님이 노루나 어린 사슴같이 산들 위로 가볍게 뛰어서 신부 자신에게 왔다고 신부가 고백한다. 이는 주님의 목소리로 내게 깨우쳐 주신 것을 통해 알게 된 것이다. 주님이 나를 구원해 주시기 위해 성경에 계시된 산들을 거쳐서 여기까지 빨리 뛰어오셨다. 하나님의 구원 역사는 성경 안에서 큰 산봉우리들로 이어진 파노라마와 같다. 좋은 소식들을 가져오며 화평을 선포하고 번영의 기쁜 소식을 가져오며 구원을 선포하여 시온을 향하여 말하기를 "네 하나님이 통치하시는도다" 하는 자의 발이 산들 위에 있을 때 어찌 그리도 아름다운가!(사 52:7) 기쁜 소식을 전하는 자의 발이 있는 산, 즉 말씀이 나오는 곳이 산들이다.

우리는 예수 안에서 영적인 유대인이다. 그러므로 우리의 신앙의 뿌리는 믿음의 조상 아브라함으로부터 출발한다. 여호와 하나님이 아브라함을 순교 신앙으로 세울 때 모리아 산에서 세우셨다. 이는 그가 이삭을 제단에 바칠 때 "이제야 네가 나를 경외하는 줄 아노라"고 말씀하시며 아브라함을 그 산에서 믿음의 조상으로 온전하게 세우셨다. 그리고 그분이 아담에게 가죽옷을 입혀 준 곳이 어디인가? 에덴동산이다. 동산 안에서 양을 제물로 바치게 했으니 양의 가죽옷이 생긴 것이다. 에덴동산의 이 제단은 눈에 보이지 않는다. 에덴동산에서 주님이 '지극히 높으신 하나님의 제사장 멜기세덱'으로 계시면서 선악과를 따 먹고 죽었던 아담과 그와 함께 된 미리 아신 자들의 영들을 구원해 주신 표징이 곧 가죽옷 입은 것이다. 또 모세가 율법을 받은 산은 시내 산이다. 하나님의 말씀, 즉 율법을 받아서 이스라엘이 하나님 앞에 복된 생활을 하게 한 곳이 시내 산이다. 주님이 이러한 산들, 즉 에덴동산을 거쳐 모리아 산으로, 시내 산으로, 그 산들을 거쳐서 뛰어오신 것이다. 그리고 작은 산들인 속죄·구원하신 갈보리 산, 즉 시온 산으로 우리에게 오셨다. 에덴동산부터 주님이 초림 하신 때까지 4천 년이 걸렸다. 하루가 천 년 같고 천 년을 하루같이 주님은 4천 년을 나흘로 여기듯이 빨리 뛰어오셨다. 또 예수님 초림 이후 2천 년이 흘렀으니 6천 년을 6일로 여기듯이 노루나 들사슴같이 내게 빨리 오신 것이다. 마치 아사헬의 발이 노루처럼 빨랐던 것처럼(삼하 2:18) 주님이 나를 구원하신 후, 또 보기 위해서 이처럼 빨리 뛰어오신 것이다. 7절과 8절에 내 사랑하는 이의 목소리는 주님을 사슴으로 비유했다. 이는 내게 말씀하시는 소리가 아주 아름다운 소리로 임하는 것을 비유로 말씀한다. 창세기 49장 21절에 야곱이 납달리를 축복할 때, "너는 풀린 암사슴같이 아름다운 말을 한다"고 했다.

오늘 우리가 듣고 있는 주님의 음성 가운데 가장 아름답고, 가장 달콤한 말은 무엇인가? 주님이 나를 데리러 오신다는 말씀이다. 주님이 내게 첫째 부활의 영광을 입혀서 신부로 데리러 오신다는 말씀이다. 주님이 나를 보기 위해 급히 달려오셨으니 나는 주님을 기쁘게 맞이하면 된다. 그런데 주님이 우리의 벽 뒤에 서 계신다. 주님과 나 사이에 벽이 가로막혀 있다. 이 벽은 죄악의 벽을 상징한다. 또 주님은 창살을 통해 나를 보고 계신다. 왜 창살이 놓여 있을까? 전폭적으로 내가 주님 안에,

주님이 내 안에 계신 온전한 신부로 아직 세워지지 못한 것이기 때문이다. 벽 너머로, 창살 틈으로 주님의 음성이 들린다. 어렴풋이 주님이 보이는 것 같지만 주님 안으로 들어가 한 몸이 되지는 못하고 있다. 내가 첫째 부활의 영광에 이르게 하는 진리를 들었으나 아직도 죽임을 당한 어린양의 생명책(계 13:8)에 녹명되지 못하고 있다. 이는 절대적으로 주님의 말씀을 믿지 않고 있다는 반증이 된다.

6. 겨울도 지나고 비도 그쳤으니

주님의 음성 가운데 가장 아름답고, 달콤한 말씀은 나를 신부로 데리러 오신다는 말씀이다.

(아 2:10) 나의 사랑하는 이가 내게 일러 말하기를 "나의 사랑, 나의 어여쁜 자야, 일어나 떠나자."

9절에서 발생된 문제점들을 10-12절에서 고쳐 주시면서 신앙을 바르게 세워 가신다. "일어나 떠나자" 하는 것은 주님이 주저앉아 있는 자에게 말씀하시는 것이다. 앉은뱅이는 다윗 성에 들어오지 못한다고 했다(삼하 5:8). 다윗 성은 그리스도가 재림하셔서 세우시는 천년왕국의 그림자로 계시한 것이다. 신부로 세우시는 과정에서 영적 상태가 주저앉아 있는 자이나 그 중심은 어여쁜 자이다. 재림 주님을 신랑으로 맞이하고 그분과 함께 천년왕국의 기업을 받는 자가 되려면 주저앉아 있으면 안 된다. 그렇기 때문에 일으키신다. "나의 어여쁜 자야, 일어나서 함께 가자"고 말씀하신다. 9절에서 보여 준 바 뭉개고 앉아 있는 신앙에서 탈피해 첫째 부활의 영광의 자리로 함께 나아가자는 것이다.

(아 2:11-12) 보라, 겨울도 지나고 비도 그쳐 사라졌으며, 땅에는 꽃들이

피고 새들이 노래하는 때가 왔도다. 산비둘기의 소리가 우리의 땅에서 들리는도다.

11-12절의 내용은 장차 될 일을 예언한 것이다. 9절에서 주님과 함께 일어나 떠난 자에게 해당된다. '보라'는 영적인 눈으로 보고 깨달으라는 말씀이다. '겨울도 지나고'는 영적인 의미가 담겨 있다. 봄에는 복음의 씨를 받아서 예수를 믿게 된다. 여름에는 성령 충만함을 받아 계속 열매를 맺어 간다. 가을에는 결실이 되고, 겨울에는 결실된 것을 저장하는 것이다. 우리는 여름과 같은 지금의 은혜 시대 때 결실하여 순교의 신앙에 세워진다. 그리하여 대환란의 겨울에 순교케 된다.

요한계시록의 내용은 그 핵심이 일곱 인으로 봉한 책을 뗄 때 전개되는 일들이요, 곧 환란 날의 사건들이다. 이 계시록의 말씀이 이루어지는 때가 곧 겨울이다. 비도 그쳐 사라졌다는 말씀은 하나님의 진노, 심판의 때가 끝났다는 의미이다. 노아 홍수 때 내린 비는 심판의 비였다. 이윽고 7년 환란과 하나님의 심판이 끝난 후 땅에는 꽃들이 피고 새들이 노래하는 때가 왔도다. 주의 재림으로 세워지는 새 하늘 새 땅, 즉 천년왕국의 때를 가리킨다. 모든 것이 꽁꽁 얼고 푸르른 것이 전혀 없는 겨울이 지나면 봄이 오듯이, 이 겨울의 7년 환란이 지나면 에덴동산같이 새롭게 회복되는 때가 오리라. 땅에는 꽃들이 핀다. 바로 이 땅에 꽃이 피는 것이 나와 직접 관계됨을 믿고 깨달아야 한다. 꽃이 피는 것은 내가 영광을 입은 존재가 될 것을 계시한다. 그리고 새들이 노래하는 것은 내가 새처럼 노래하는 자가 될 것을 계시한다. 즉 내가 입게 될 영광으로 인해 새와 같이 노래하리라. 두 날개로 날갯짓하며 찬송하며 감사드리는 것을 말한다. 산비둘기의 소리가 들린다. 이는 주님이 재림하신 이후에 천년왕국에서 기뻐하는 소리를 가리킨다. 비둘기같이(마 10:16) 신앙의 정절을 끝까지 지켜 순교함으로써 천년왕국의 복을 받게 됐으니 기뻐하며 찬송하는 것을 말한다.

'우리의 땅'의 '우리'는 아가서 1장 11절의 '우리'와 같다. 즉 삼위일체 하나님을 가리킨다. 하나님 아버지가 이미 영광, 즉 천년왕국의 분깃을 내게 주려고 예비하신 그대로 다 이루어졌으니 아버지의 뜻이 이루어진 것이다. 이것이 아버지의 땅이다. 또 예수님 안에서 이루셨다. 주님의 피로 우리의 죄들을 사해 주셨다. 또 주님의 이름으로 성령을 부어 주시고, 일곱 단계까지 성령 충만케 하시어 일곱 영까지 부어 주신다. 환란 날에 이 일곱 영으로 순교케 해서 천년왕국의 복을 받게 해 주셨으니 주님의 땅이 된 것이다. 또 성령인 일곱 영으로 순교케 하여 구원해 주셨으므로 성령 하나님의 땅이 된 것이다. 이와 같이 삼위일체 하나님의 땅, 즉 우리의 땅이 되었다. 천년왕국의 복을 받게 된 자가 곧 우리의 땅이다.

7. 나로 네 용모를 보게 하라

우리는 앞서 겨울이 지나고 비가 그치자 꽃이 피고 비둘기 소리가 우리 땅에 들린다는 것을 영적으로 잘 깨달았다. 즉 장차 있을 환란과 주 재림과 천년왕국의 신비한 비밀들이다.

> (아 2:13) 무화과나무는 푸른 무화과들을 내고 포도 넝쿨은 부드러운 포도로 좋은 향기를 내는도다. 나의 사랑, 나의 어여쁜 자야, 일어나 떠나자 하였도다.

'무화과나무'는 구약의 이스라엘을 상징한다. 이들이 구원의 열매를 내는 것은 무화과나무로서 푸른 무화과 열매를 내는 것이다. 또 포도 넝쿨은 참 포도나무이신 예수님, 참 포도나무에 붙은 넝쿨은 제자들을 가리킨다. 또 제자와 같은 신앙인, 순교한 자들을 가리킨다. 부드러운 포도로 좋은 향기를 내는 것은 만왕의 왕이신 재림하신 주께 찬송하며 영광 돌리는 것을 말한다. "일어나 떠나자"는 '함께 떠나자'고 말씀하심과 같다. 앞의 10절에 앉은뱅이처럼 앉아만 있는 신부에게 "일어나서 함께 떠나자"라고 말씀하셨다. 그 단계를 거쳐 온 것이 13절이다. 본문에 "함께 떠나자"는 영적으로 계속해서 성도의 신앙을 진전시키시는 주님의 역사를 계시한다. 궁극적으로 주님과 함께 천년왕국에 들어갈 수 있도록 그곳으로 주님과 함께 떠나자는 말씀이다.

(아 2:14) 바위틈과 가파른 산 은밀한 곳에 있는 오, 나의 비둘기야, 나로 네 용모를 보게 하고 나로 네 음성을 듣게 하라. 네 음성은 달콤하고 네 용모는 아름다움이라.

"오, 나의 비둘기야"는 주님이 사랑하는 성도를 부르는 호칭이다. 여기서 신부 성도 될 자의 호칭이 바뀐 것은 신앙이 더 발전된 것을 의미한다. 마태복음 10장 16절에 주님께서 제자들에게 비둘기처럼 순수하라고 말씀했다. 즉 비둘기는 신부의 신앙 정절을 가리킨다. 주님이 사랑하는 신부는 '죽으면 죽으리라'는 신앙 정절로 끝까지 주님을 따르는 중심이 되면 "오, 나의 비둘기야"라고 부르시는 것이다. 바위틈과 가파른 산 은밀한 곳에서는 깎아진 절벽 밑의 검푸른 파도가 출렁이는 것을 볼 수 있다. 그 바위틈 은밀한 곳은 악한 들짐승과 바다의 짐승으로부터 피할 수 있는 피난처로서 안성맞춤이다. 이와 같은 피난처는 곧 예수님을 가리킨다. 예수를 피난처로 삼고 있는 자는 풀무 불이나 사자 굴에 들어갈지라도 끝까지 신앙 정절을 지킨다. 우리의 피난처가 어디인가? 참 피난처는 바로 예수 그리스도 안에 들어가 있는 것이다. "나로 네 용모를 보게 하라" 하심은 신부의 용모는 이 사람 저 사람에게 보여 주는 것이 아니기 때문이다. 신부 얼굴에 면사포를 쓴 것과 같이 가리워서 오직 신랑 예수에게만 보여 준다. 신랑 예수님만이 신부의 얼굴 위에 있는 베일을 벗겨서 보실 수 있다. 그럼, 왜 신랑 예수님이 신부의 얼굴을 보려고 하는가? 얼굴은 그 사람의 모든 것을 대표한다. 온몸으로 열매 맺고 이긴 것의 결과는 얼굴에 영광이 나타난다. 사람 인격의 대표는 얼굴이기 때문이다. 주님께서 신부의 용모를 보기 원하시는 것은 네 자신의 온몸(인격)이 변화된 모습을 보기 원하신다는 것이다.

지금까지 성도의 신앙 변화의 마디마디가 있었다. 내 포도원을 지키지 못했던 때가 있었고 내가 사랑하므로 병이 났던 때도 있었다. 앉은뱅이처럼 신앙의 침체기도 맞았었다. 그럴 때마다 주님께서 일으켜 주셨다. 주님과 한 몸 되어 주님의 사랑을 채워 주셨다. 계속하여 변화시키는 역사를 해 주셨다. 이제 얼마나 변화됐는지 신부의 모습을 보려고 하시는 것이다. 주님은 온전한 그리스도 신부의 인격으로 변화된 아름다운 모습을 보기 원하신다. 또 주님은 신부의 음성 듣기를 원하신다. 음성은 사상을 의미한다. 주님 없이는 못 산다고 울고불고하던 상사병이 고쳐진 것이다. 즉 인본적인 신앙에서 신본적인 신앙으로 바뀌진 것이다. 그 신부의 사상을 보고 싶다는 것이다.

8. 그가 백합꽃들 가운데서 양 떼를 먹이신다

주님이 사랑하는 신부가 죽으면 죽으리라는 신앙 정절로 끝까지 주님을 따르는 중심이 되면 "오, 나의 비둘기야"라고 호칭하신다.

(아 2:15) 우리를 위하여 여우들, 포도 넝쿨을 망치는 작은 여우들을 잡으라. 우리의 포도 넝쿨에는 부드러운 포도가 있음이라.

'우리'는 신랑과 신부를 가리키지 않고 1장 11절의 '우리'와 같이 삼위일체 하나님을 가리킨다. 하나님은 포도원을 세우시는 분이다. 포도원은 심령 천국인 심령 포도원이 있고, 진리 공동체로 모인 교회 포도원이 있으며, 더 나아가 하나님 아버지가 계신 천국이 있다. 아버지가 독생자를 세상에 보내 주셨다. 독생자가 피 흘려 자기 백성의 구속을 이루신 후 영광을 받으신 주가 되시어 교회를 먼저 세우셨다. 교회 안에 '우리' 즉 삼위일체 하나님이 계신다. 예수님이 이루신 모든 일들은 아버지의 구원의 뜻이 성취되는 것이다. 이는 성령으로 성도들에게 예수의 구원이 해당되도록 적용시켜 구원 역사를 이루고 계신다. 이것이 '우리'가 포도 넝쿨을 가꾸는 것이다. 그런데 포도원에 여우가 넘어 들어온 것이다. 에스겔 13장 4절에 거짓 선지자를 여우로 비유하셨다. 거짓 종을 통해서 나오는 거짓 교훈, 미혹의 역사들이 여우다. 우리 심령의 포도원을 허는 작은 여우는 내 신앙을 미혹하여 넘어지게 하려는 악한 역사다. 나를 죄짓게 만들고 거짓된 것으로 미혹하는 역사가 여우다. 여우로 인하여 나의 심령 포도원이 허물어질 수 있으니 그 여우를 잡으라는 것이다. 이는 죄짓게 하는 요소를 없애 버리고, 또 내 속에 있는 미혹의 기질도 없애 버리라는 것이다.

포도원의 머리는 예수님이시다. 예수 안에서 그분을 절대적으로 의지하고 그분의 말씀에 사로잡히면 미혹될 수 없다. 하와가 아담의 말에 절대적으로 순종하면 뱀의 말에 유혹받지 않는 것이다. 교회 포도원을 허는 작은 여우는 교회에 가만히 들어와 거짓으로 미혹시키는 역사를 말한다. 우리가 첫째 부활의 진리로 살고 있는데 이 신앙을 허물어뜨리려는 악한 역사가 포도원에 들어온 여우이니 그런 것들을 잡아 버리라는 것이다. 에베소 교회에 자칭 사도라 하지만 거짓 것을 말하는 그들을 시험하여 그들이 거짓말쟁이임을 찾아낸 것과 같이(계 2:2) 교회 안의 작은 여우를 잡으라는 것이다.

(아 2:16) 나의 사랑하는 이는 내 것이요, 나는 그의 것이니 그가 백합꽃들 가운데서 양 떼를 먹이는도다.

"나의 사랑하는 이는 내 것이요, 나는 그의 것"이라고 했다. 우리 중심과 신앙이 이렇게 되어야 한다. 그리스도가 나의 전부가 되고 나의 전부가 그리스도의 것이 되면 주님과 나 사이에 부모나 아내, 자녀나 그 어떤 것도 끼일 수가 없다. 예수 그리스도의 이름으로 세례(롬 6:3-5)를 받아 그리스도와 하나로 연합이 된 자로서 그의 것이다. 자신은 그리스도의 소유가 됨으로써 그분이 원하는 대로 이끌림받게 된다. 그리스도가 핍박을 받고 욕을 먹었으니 그리스도의 것이 된 나도 그와 똑같이 핍박받고 욕먹는 것이 된다. 부모와 남편과 아내, 자식, 직장, 돈이 나와 주님 사이에 끼이면 나는 온전히 주님의 것이 될 수 없다. 주님은 나를 100% 지배하고 소유하기를 원하시고 나의 100%를 주님께 바치기를 원하신다. 여기에 0.01%라도 다른 것이 끼이면 주님은 나에 대하여 거룩한 질투를 하시는 것이다. 나의 사랑하는 이가 백합꽃들 가운데서 양 떼를 먹이는 것은 주님이 백합꽃들 가운데서 목양하는 것을 말한다. 2장 2절에 "가시나무 가운데 백합화 같도다"는 신부 자신의 신앙 모습을 고백한 것이다. 가시가 찌르는 것과 같은 고통과 더 나아가 피 흘림이 있어도 기뻐하며 찬송하는 자가 되면 백합꽃으로서 가시나무 가운데 있는 것이다. 즉 나의 사랑하는 이가 백합꽃들 가운데서 양 떼를 먹이는 것은 그리스도의 신부를 배출하는 목양을 하시는 것이다.

9. 날이 기울고 그림자가 사라질 때

포도원을 망치는 작은 여우를 잡으라. 교회에 가만히 들어온 여우, 내 심령 포도원에 있는 여우가 무엇인지 깨달았다. 그리고 이 여우를 잡자.

(아 2:17) 날이 기울고 그림자가 사라지면 돌아오소서, 나의 사랑하는 사람이여, 당신은 벧엘 산 위의 노루나 어린 사슴 같나이다.

날이 기울고 그림자가 사라지는 것은 낮, 즉 은혜 시대가 끝나고 어둠의 때인 7년 환란이 도래하는 것을 가리킨다. 어둠의 권세자인 적그리스도가 나타나 통치하는 때는 7년 환란의 때이다. '돌아오소서'는 주의 재림을 말씀한다. 신부 신앙에 선 자는 재림하실 신랑 예수를 "나의 사랑하는 사람이여"라고 부른다. 노루나 어린 사슴을 아가서에서 여러 상징으로 사용한다. 하지만 여기서는 속히 재림하시는 신랑 예수를 상징적으로 표현하고 있다. 내게 재림하실 신랑 예수는 어느 시점에 만나는가? 7년 환란이 끝난 후 심판 주로 오시는 그때를 가리킴이 아니다. 그보다 빨리 7년 환란 중 전 3년 반 안에 순교하는 바로 그때이다.

당신은 벧엘 산의 노루 같다. 이 벧엘 산은 창세기 28장 19절에 야곱이 꿈에 여호와를 만난 곳이다. 그가 돌베개를 기둥으로 세우고 그 위에 기름을 부었던 곳이다. 이 벧엘 산을 야곱이 하나님의 전, 하늘의 문이라는 뜻으로 벧엘이라 불렀다. 이와 같이 주님을 만난 곳, 주님이 계신 곳이 곧 성전이다. 그러므로 내가 주님과 함께 있으면 그곳이 벧엘 산이다. 주님이 공중으로 재림하시면 그곳이 성전이 된다. 그곳에서 공중 혼인 잔치가 벌어진다. 공중 혼인 잔치 자리로 빨리 재림하셔서 나의 신랑이 되어 주소서. 속히 그 혼인식에 참여하기를 바란다.

제3장

왕관 쓰고 연기 기둥같이 오시는 신랑을 보라
(만왕의 왕으로 오실 재림 예수 모습 계시)

1. 넓은 문, 큰길과 신부 성도

(아 3:1) 내가 밤에 내 침상에서 내 혼이 사랑하는 그를 찾았도다. 내가 그를 찾았으나 그를 발견하지 못하였도다.

밤에 자기의 침상에서 주님을 찾았으나 그분을 발견하지 못하는 것은 당연하다. 이는 자신의 영적 상태가 어두운 밤이 되고 있기 때문이다. 예수님은 빛이시기 때문에 그분 안에 있으면 항상 낮이다. 또한 진리의 사랑 안에 있으면 낮에 속한 자다. 그러나 밤에 침상에서 허겁지겁 그분을 찾는 것은 자신 속에 어두움이 있다는 것을 가리킨다. 왜일까? 앞서 2장 15절의 작은 여우로 인해 영적 안일함과 나태함에 빠진 것이다. "내가 그를 찾았으나 그를 발견하지 못하였도다." 이는 신부 성도가 신랑 예수님과의 영적 교제가 깨진 것을 의미한다. 그러나 주님이 나의 전부요, 나의 남편으로 모시고 살면 그분을 얼마나 자랑스럽게 여기고 나가서 말하겠는가? 자기 남편 되는 예수를 증거하고 자랑하리라. 그분의 진리의 사랑 안에 거하며 그분 안에 살면 빛 가운데 있는 자가 된다. 또 그 신랑 예수를 증거하는 자리에 계속 서 있으면 밤에 침상에 있는 자가 되지 않는다.

(아 3:2) 내가 이제 일어나서 성읍의 거리를 돌아다니며 내 혼이 사랑하는 그를 거리와 큰길에서 찾으리니, 내가 그를 찾았으나 그를 발견하지 못하였도다.

2장까지 신랑 예수와 신령한 관계를 맺으며 호흡을 같이했었다. 하지만 그분을 침상에서 어둠 가운데 있으므로 찾지 못했으니 신부 성도의 심정은 어찌 괴롭지 않겠는가? 너무 애를 태우며 이제 벌떡 일어나 성읍을 돌아다니며 거리와 큰길에서 찾는다. 주님이 어디 계실까? 그러나 주님은 큰길, 큰 성읍에 안 계신다. 주님은 제자들에게 "좁은 문으로 들어가라" 하셨다. 생명으로 인도하는 문은 좁고 그 길이 협소하여 그 길을 찾는 자가 적다. 나를 신부 되게 하여 데리러 오실 신랑 예수님이 인도하는 길이 좁고 협착한 길이다. 그런데 큰길에서 찾았으니 주를 만날 수 없었다. 큰 성읍은 큰 교회다. 일반적으로 세상 복을 많이 받았다고 하는 큰 교회요, 신부를 배출하는 교회가 아니다. 그러나 그곳에 가서 신랑 예수를 찾고 찾았으니 어찌 발견할 수 있으랴?

좁은 문으로 들어가라. 그 길은 좁고 협착하니라. 이는 신부 될 성도가 가야 할 길이다.

(아 3:3) 성읍을 순찰하는 파수꾼들을 만나, 내가 그들에게 묻기를 당신들은 내 혼이 사랑하는 그를 보았는가?

'성읍을 순찰하는 파수꾼들'은 2절의 거리와 큰길이 있는 큰 성읍의 파수꾼들이다. 즉 그 성읍(교회)의 종들을 가리킨다. 큰 교회의 목회자들에게 가서 상담한다. 자신은 지금 은혜가 떨어졌고 예수님과 영적 교제의 생활이 끊어졌다. 너무나도 괴로우니 어떻게 해야 회복할 수 있으리오? 또 큰 교회 행사와 세미나도 열심히 참석하며 안간힘을 써 본다. 그러나 그들에게서 아무런 답도 얻지 못했다. 신부 성도가 잃어버린 신랑 예수를 큰 성읍의 파수꾼들은 아예 알지도 못한다. 그러하니 어찌 그분을 찾아 줄 수 있겠는가? 큰 성읍의 파수꾼들은 아예 신랑 예수님과 교제도 없다. 그러므로 신부 성도의 신앙 회복을 지도해 줄 수가 없다. 그들은 신랑 예수님이신 그분을 맞이할 비밀을 전혀 알지 못한다.

(아 3:4) 내가 그들을 지나치자마자 내 혼이 사랑하는 그를 만났으니, 내가 그를 붙들고 내 어머니의 집, 나를 잉태한 어머니의 방으로 그를 데려올 때까지 놓지 아니하였도다.

"내가 그들을 지나치자마자"는 성읍을 지키는 파수꾼들을 떠났다는 것이다. 완전히 그 성읍을 나와 버린 것이다. 그러자마자 비로소 내 혼이 사랑하는 주님을 만나게 된 것이다. 넓은 문, 큰길에서 떠나야만 내 혼이 사랑하는 그를 만날 수 있다. 동방박사들이 별을 통해 유대인의 왕, 메시아가 태어난 것을 깨닫고 갔다. 그들이 어디로 갔는가? 일반적으로 왕은 왕궁에 있다고 생각한다. 그들도 유대 땅에 도착해서 곧바로 헤롯 왕궁으로 들어갔다. 그런데 예수님은 왕궁에 계시지 않았다. 박사들이 정신을 차리고 헤롯 왕궁의 예루살렘을 떠나자마자 예수께로 인도하는 그의 별을 다시 보게 되었다. 다시 그 별의 인도를 받아 아기 예수님을 맞이하게 되었다. 이처럼 자신의 인간적인 생각과 지식과 방법을 완전히 떠나게 되었을 때에야 순수하게 하나님 말씀의 인도를 받을 수 있다. 이것이 곧 내 혼이 사랑하는 그를 만났다는 것이다. 그리하여 내가 그를 붙들었다. 바로 전에 나는 어떠했는가? 내가 밤에 침상에서 주님을 찾았으나 그분은 안 계셨다. 나의 영적 상태가 어두운 밤인 고로 신령한 교제를 하던 그분을 잃어버렸도다. 밥도 먹히지 않고 잠도 오지 않는 괴로운 상태에 빠졌도다. 미친 듯이 그분을 찾고 헤맸도다. 그러다가 그 주님을 어렵사리 찾았으니 이 얼마나 귀한 것인가? 다시는 그분을 절대 놓치지 않으리라 다짐한다. 그리고 그분의 품속에 들어가 그분 안에 있으리라. 현재 우리의 신앙생활은 어떠한가? 설렁설렁, 여유 만만하게 하고 있지는 않은가? 그렇다면 우리의 신앙은 쑥쑥 자라나지 않는다.

장차 재림하실 예수님을 나의 신랑으로 모시고 있는가? 그분 안에 깊이 들어가서 그분에게 파묻혀 그분만을 꽉 붙잡고 있어야 된다. 그리고 영원히 그분과 떨어지지 않겠다는 필사적인 각오가 있어야만 한다. 여러분이 주님을 사모하여 산봉우리마다 다니면서 목에 피가 나도록 기도해 보았는가? 그리하지 못했다면 그만큼 덜 목마른 것이다. 낮에는 일하면서 밤에는 40일 작정하여 철야기도를 해 보았는가? 몇 날 며칠을 금식하면서, 아니 40일 금식까지 하면서 그분을 찾으려고 했는가? 이러한 사모하는 열정이 있어야 한다. 목숨보다 더 귀한 것을 찾으려고 발버둥 쳐야 한다. 이런 중심으로 도전하여 영적 성숙을 하라는 것이다. 우리들은 지금 진리를 찾기 위해, 또 자신의 모든 것 되시는 주님을 위하여 무엇을 하는가? 그분과 깊이 교제하기 위해 얼마나 전심전력하였는가? 이런 부분에서 한번 깊이 우리 자신을 성찰해 봐야 하리라. 이러므로 그분과 신령한 교제를 되찾을 수 있게 될 것이다. 할렐루야!

2. 내 사랑을 흔들지 말라

큰 도성, 큰 길로 달리며 신랑 되신 주님을 찾았으나 찾기는커녕 봉변만 당한다. 어렵사리 다시 되찾은 그분을 꼭 붙잡았다. 그리고 4절 하반절에서 그분을 놓지 아니하였다. 내 어머니의 집, 나를 잉태한 어머니의 방으로 그를 데려올 때까지 놓지 아니하였도다. '내 어머니의 집'은 어머니가 자녀를 잉태하고 낳은 곳을 의미한다. 아가서의 주인공인 신부 성도를 낳은 곳이다. 최초로 신부 되게 한 교회가 '어머니의 집'이다. 그러면 누가 신부 되게 낳았는가? 성령이시다. 성령이 신부 교회로 인도하여 거기서 나를 신부 되게 한 것이다. 즉 성령이 어머니와 같이 역사한 것이다. '나를 잉태한 어머니의 방'은 어디인가? 그 방은 '내 어머니의 집'에 들어가야 있다. 또 성령께서 우리를 어머니의 집인 신부 교회, 즉 요한계시록 2장, 3장의 일곱 금 촛대 교회로 인도하신다. 그리고 신부 되게 하는 말씀을 주시고 믿게 하여 순교 신앙으로 세워지기까지 잉태하여 세우는 것이다. 여기가 바로 우리를 잉태하여 낳은 방이 된다. 나를 순교 신앙으로 세워지기까지 성령님이 낳는 역사를 하시는 곳이 '어머니의 방'이다. 또 옛 사람이었던 우리를 성령이 중생케 한 곳이 '어머니의 방'이다. 동정녀 마리아가 예수님을 잉태한 것도 성령이 잉태케 한 것이다. 그러므로 실제로 우리에게 '어머니의 집'은 어디인가? 종말의 일곱 금 촛대 교회로 인도받은 것이 '어머니의 집'이다. 또 우리를 잉태한 방은 어디인가? 일곱 금 촛대 교회에서 말씀을 듣고 계속 신앙이 자라면서 순교 신앙으로 세워진 것을 말한다. 신앙이 온전히 회복된 신부 성도가 신랑 예수를 꼭 붙들고 자기를 잉태한 '어머니의 방'으로 왔다. 이는 순교 신앙으로 세운 그곳으로 돌아와서 영원히 그곳을 떠나지 않음이라. 이는 또다시 신랑을 잃어버릴 염려가 없게 된 것을 말한다.

(아 3:5) 오, 너희 예루살렘의 딸들아, 내가 노루들과 들사슴들로 너희에게 부탁하노니, 그가 원하기까지는 내 사랑을 흔들지도 말고 깨우지도 말라.

여기 예루살렘의 딸들은 아가서의 주인공인 신부 성도와 구별된다. 그들은 아가서 1장 5절에서 살펴보았듯이 육적 신앙에 속한 성도들이다. 또 '내가'는 신부 성도를 가리킨다. 그가 원하기까지는, 즉 신랑 예수님이 원하기까지는 내 사랑을 흔들지도 말고 깨우지도 말라고 했다. 이는 4절에 신부 성도가 잃어버렸던 신랑 예수님을 찾아서 그분과 잉태한 방에 함께 있는 상태이다. 다시는 밤에 침상에서 잃어버릴 염려가 없게 하리라. 이는 그분의 사랑을 신부 성도의 심령의 아귀까지 채우는 일을 예수님이 하심을 뜻한다. 그래서 그분과 신부 성도가 온전히 하나가 되면 얼마든지 자기 남편, 즉 신랑 예수를 나가서 거침없이 자랑하며 증거할 수 있으리라. 그러나 육적 신앙에 머물러 있는 예루살렘의 딸들은 자기 남편을 증거하지도, 자랑하지도 못한다. 왜냐하면 그들은 그러한 영적 신앙 체험이 없기 때문이다. 즉 신랑 예수님을 구체적으로 경험한 것이 없기 때문이다. 예루살렘의 딸들에게 깨우지 말라고 부탁하는 것은 이들이 방해하기 때문이다. 마치 이스마엘이 이삭을 조롱한 것과 같이 말이다. 이처럼 육적인 성도들이 영적인 성도들을 방해하고 핍박한다. 그래서 노루나 들사슴으로 부탁한다고 했다. 이는 신부 성도에게 지금 은혜 베푸시는 신랑 예수님을 마치 노루와 사슴으로 비유한 것이다. 이는 내 남편이신 그분의 사랑에 내가 푹 빠져들리라, 그리하여 내 속에 그분의 사랑이 가득 채워지기를 바라노라, 그리된다면 내가 나가서 그분을 자랑하며, 증거 하는 데에 부족함이 없으리라, 이렇게 해 주시는 주님이 바로 노루와 들사슴 같다는 것이다. 노루나 들사슴이 귀가 밝아서 세미한 소리에도 놀라서 급히 달아나지 않느냐? 그러하니 예루살렘의 딸들아 내 사랑을 방해하지 말라는 것이다.

3. 연기 기둥 같은 분

신부 성도에게 은혜 베푸시는 신랑 예수님을 노루와 사슴에 비유하신다. 이는 내 속에 그분의 사랑이 가득 채워지기를 바란다, 그리된다면 내가 나가서 그분을 자랑하며 증거하리라, 이렇게 해 주시는 분이 바로 노루와 들사슴 같다는 것이다.

(아 3:6) 연기 기둥과도 같이, 몰약과 유향과 상인들의 모든 향료로 향내를 내며 광야에서 오는 이가 누구인가?

5절까지 남편인 예수님의 사랑으로 신부 성도의 심령에 아귀까지 충만하게 채워진 이후가 6절이다. 그래서 그분은 내게 연기 기둥과도 같이 오신다고 말씀한 것이다. 연기 기둥은 무엇인가? 구름 기둥을 가리킨다. 연기가 자욱하면 구름 기둥이 되는 것이다. 출애굽기 13장에 이스라엘 백성들을 구름 기둥으로 인도하셨다. 또 성막을 지었을 때(출 40장)와 솔로몬 성전을 지었을 때(대하 5:13-14)에도 성전 안에 구름이 가득했다. 그리고 요한계시록 15장 8절에 성전 안에 하나님의 영광과 권세로부터 나오는 연기로 가득 찼다고 했다. 연기, 즉 구름은 하나님의 영광과 권세를 상징한다. 이와 같이 신랑 되시는 예수님이 연기 기둥과 같이 광야에서 오시는 것은 영광의 주님이 영광스럽게 내게 오신다는 말씀이다.

또 몰약과 유향과 향료로 향내를 내며 오시는 분이 내 신랑 되시는 예수님이시다. 몰약은 썩지 않게 하는 향료로서 죽음과 관련된다. 예수님은 몰약 향내를 내며 오시는 주님이시다. 예수님이 유월절 양으로서 자신을 제물로 십자가에 피 흘림으로 자기 백성을 구원한 것이다. 즉 영원 속죄 구원을 이루신 것이다. 이것이 몰약 향이다. 또 유향은 기도를 의미한다. 예수로 말미암아 대속의 은혜를 받은 자는 예수의 이름으로 기도하게 된다. 예수의 피로 죄 사함받고 거룩한 성전이 된 자는 하나님 앞에 기도하는 신앙생활을 한다. 예수님께 기도하면 응답하실 뿐만 아니라 나를 온전케 해 주신다. 나를 온전케 하시는 것은 결국은 신부 되게 하시는 것을 가리킨다. 그러므로 신부 신앙에 서 있는 나를 데리러 오시는 분이 누구인가? 몰약과 유향과 모든 향료로 향내를 내며 광야에서 오시는 신랑 예수님이다.

'광야에서 오시는 이'는 신랑 예수님이다. 여기서 광야는 짐승들이 우글대는 곳으로 표현한 것이다. 예수님이 연기 기둥과 같이 영광 중에 오실 때 광야의 짐승들이 대적한다. 짐승 중에 우두머리는 적그리스도요, 다음은 거짓 선지자와 그와 함께하는 음녀 교회들과 적그리스도의 군대가 해당된다. 주님이 재림하실 때 여섯 번째 대접이 쏟아지고 아마겟돈 전쟁이 있다(계 16:12 이하). 그때에 짐승들이 한 자리에 모두 모인다. 즉 적그리스도, 거짓 선지자, 땅의 왕들이 모여서 재림하시는 그리스도를 대적할 때 주님의 입에서 예리한 칼이 나와서 그들을 멸하고 재림하신다(계 19:14-21). 이렇게 연기 기둥과 같이, 몰약과 유향의 향내를 내며 광야에서 오시는 분은 내 남편이고 만왕의 왕 · 만주의 주가 되시는 주님이시다. 아가서는 요한계시록을 깨닫고 난 후에 상고해야 수월하다. 요한계시록을 기록한 사도 요한은 아가서를 먼저 깨달았고 그 후 예수님의 계시를 받아서 요한계시록을 남겼다. 오늘 우리에게 요한계시록이 없었다면 우리는 아가서를 증거받아도 확인할 길이 없게 되는 것이다. 우리는 사도 요한과 반대로 계시록을 먼저 깨달은 후에 아가서를 상고하니까 쉽게 소화가 될 수 있는 것이다.

4. 그의 어가를 보라

연기 기둥과 같이, 몰약과 유향의 향내를 내며 광야에서 오시는 분이시여! 영광과 권능으로 오시는 만왕의 왕 · 만주의 주이시여! 그분이 나의 남편이 되시도다.

(아 3:7) 그의 침상을 보라, 그것은 솔로몬의 것이로다. 이스라엘의 용사 중에서 육십 명의 용사가 그것을 호위하였는데

"그의 침상을 보라"는 것은 실제로 잠자는 침상을 가리키는 것이 아니다. 6절에서 연기 기둥같이, 몰약 향내를 내며 광야에서 오시는 분, 즉 재림하시는 주님을 보라는 것이다. 그의 침상은 9-10절에 금과 은으로, 레바논 나무로 만든 병거라고 말씀하신다. 그러므로 7절의 그의 침상과 9절의 병거는 똑같은 것이다. 왕이 행차할 때 타는 화려한 수레(어가)이다. 이는 신랑 예수님이 영광 중에 찬란하게 오시는 것을 표현한 것이다. "그의 침상을 보라"는 것은, 곧 그의 어가(御駕)를 보라는 것과 같다. 아가서 1, 2장을 거쳐 3장에 이른 신부 성도는 자기 남편인 다시 오실 예수님이 하나님 보좌 우편에서 얼마나 찬란하게 행차하시는가를 보라는 것이다. "그것은 솔로몬의 것이로다"라고 하신다. 이는 실제

사람인 과거 솔로몬 왕을 일컫는 것이 아니라 왕좌인 솔로몬의 왕위를 계시한 것이다. 마치 마태복음 1장 1절에 예수님의 족보에 예수님을 다윗의 아들이라고 소개한 것과 같다. 실제로 다윗의 아들은 솔로몬이었다. 예수님은 다윗보다 먼저 계신 분이며 다윗의 주가 되신다. 따라서 다윗 왕은 그림자이고 실상은 예수님이 왕으로 오실 것을 예표로 계시하여 "다윗의 아들이다"라고 한 것이다.

'평강'이라는 이름을 가진 솔로몬은 온 이스라엘을 통치하면서 주변 나라로부터는 조공을 받으며 영화를 누린 왕이었다. 이와 같이 예수께서 영광과 권능으로 다시 오실 것을 계시한다. 이미 서두에서 언급한 바와 같이 아가서는 솔로몬이 신부 성도의 자리에서 하나님을 찬양하는 노래임을 깨달았다. 그가 신부 성도의 자리에서 또 주님을 남편으로 모시며 찬양하는 노래이다. 또 남편이 되시는 주님이 자기를 데리러 오시는 것을 영안으로 보며 노래하고 있다. 신부 성도인 솔로몬에게 예수님이 그의 남편으로 영광 중에 행차하시는 것이다. 「룻기서」는 룻이 솔로몬과 같이 그리스도의 신부의 자리에서 그리스도의 예표인 보아스 신랑과 결혼하는 것을 말씀하신다. 요컨대 만왕의 왕으로 재림하시는 주님은 임금님의 어가처럼 화려하고 찬란하게 영광 가운데 오신다. 그것은 바로 솔로몬의 것, 즉 그리스도의 것이다. 또 "이스라엘의 용사 중에서 육십 명의 용사가 호위하는도다", 이는 주님이 재림하실 때 함께 오는 무리들을 계시한다. 이들은 천사들을 지칭한 것인가? 아니면 부활하여 함께 오는 그리스도의 신부들을 지칭하는가? 성경에서 천사들을 이스라엘이라 호칭하지 않는다. 오직 예수를 믿는 하나님의 자녀들을 영적 이스라엘로 호칭한다. 그러므로 주 재림 시 부활하여 함께 오는 그리스도의 신부들이 바로 이스라엘의 60명의 용사가 되는 것이다. 또 아가서 6장 8절에 왕후가 60이라고 하였다. 솔로몬 왕의 부인이 60명이라는 말씀은 재림하실 그리스도의 부인이 60명이라는 것을 계시한다. 재림하실 예수님의 왕후 60명은 첫째 부활 한 그리스도의 신부를 계시한다.

이는 요한계시록 19장 14절에 주님과 함께 오는 흰옷 입은 자들을 가리킨다. 따라서 이들은 천사가 아니다. 이들은 바로 7년 대환란 때 하나님의 말씀과 예수의 증거로 인하여 순교한 자들로서 주 재림 시 첫째 부활한 자들이다. 이들이 곧 그리스도의 신부이다(계 19:8, 14). 그들은 희고 깨끗한 세마포를 입었다. 이 흰옷은 요한계시록 6장 11절에 예수님과 하나님의 말씀으로 인해 죽임당한 자들에게 입혀 주시는 옷을 가리킨다. 종말에 사는 우리가 바로 그 60명의 용사 중에 들어가야만 복된 자가 된다. 따라서 이 60명의 용사는 한정된 숫자가 아닌 상징 수이다. 즉 수많은 그리스도의 신부들임을 계시한 것이다.

5. 전쟁에 능숙한 용사들

이스라엘의 용사 중에서 60명의 용사가 누구인가? 이는 주님이 재림하실 때 함께 오는 무리들이다. 곧 첫째 부활 한 그리스도의 신부를 계시한다. 이는 요한계시록 19장 14절에 주님과 함께 오는 흰옷 입은 자들이다. 종말에 사는 우리는 그 60명의 용사 중에 들어가는 복된 자가 되라고 하신다.

(아 3:8) 그들은 모두 칼을 잡고 전쟁에 능숙한 사람들이라. 각자가 그 밤에 두려움으로 인하여 넓적다리에 칼을 찼도다.

이는 7절의 '이스라엘의 용사 중에서 60명의 용사들'을 구체적으로 설명하고 있다. 이들은 전쟁에 능숙한 용사들이다. 에베소서 6장 12절에는 우리의 싸움은 혈과 육에 대한 것이 아니라 공중 권세 잡은 자와 악한 영들과 싸우는 영적 싸움이라고 했다. 우리가 나가서 말씀을 증거할 때 그것을 대적하고 길을 막는 자는 누구인가? 겉으로 보이는 그 모습이 아니라 그를 주관하는 악한 영들이다. 이들이 방해 역사를 한다.

요한계시록 12장 11절에 형제들이 예수의 증거와 하나님 말씀으로 인하여 마귀를 이겼다. 그들은 죽기까지 자기들의 생명을 사랑하지 아니하였다. 이는 그들이 싸움에 능숙함으로 인하여 끝까지 싸워 승리한 것이다. 다시 말해서 대환란 날에 영적 전쟁에서 순교함으로써 최후로 승리한 자들이다. 이들을 가리켜 60명의 용사들, 즉 전쟁에 능숙한 사람들로 계시한 것이다. 또 "그 밤에 두려움으로 인하여 넓적다리에 칼을 찼다"고 했다. 밤은 어둠의 권세가 역사하는 때를 가리킨다. 주님 재림 전에 있는 7년 대환란이 가장 어두운 흑암의 밤이다. 그 밤에 두려움을 이기는 것을 칼로 계시한다. 그리고 칼은 말씀의 검을 가리킨다(엡 6:17). 즉 첫째 부활의 진리의 말씀으로 큰 환란 날에 악한 자를 이긴 것을 가리킨다. 이처럼 재림하실 주님의 신부, 왕후가 되는 말씀의 검으로 영적 싸움에 능숙하여 이긴 자들이다. 우리가 이 자리에 들어가야 된다.

(아 3:9) 솔로몬 왕이 그 자신을 위하여 레바논 나무로 병거를 만들었는데

7절에 '그의 침상을 보라', 즉 왕이 타는 병거를 보라는 것은 재림 주님의 영광을 보라는 말과 같다. 그 병거가 어떻게 만들어졌는가를 말씀하고 있다. 예수님이 자신을 위해서 레바논 나무로 병거를 만들었다고 했다. 이 말씀은 예수님이 재림하실 때 그분의 영광을 바로 그가 자신을 위해 레바논 나무로 만든 병거로 계시하시는 것이다. 레바논 나무는 백향목이나 잣나무를 가리킨다. 이는 모두 성전 재료로 쓰인다. 주님은 이 성전을 헐라, 내가 3일 만에 다시 세우리라 하시는데 이는 부활하신 주님이 성전이 되심을 가리킨다. 그러면 이 레바논 나무는 무엇을 계시하는가? 성전 된 예수님이 영광받으신 것을 계시한다. 이는 예수님이 이 땅에 육신을 입고 오셔서 자기 백성을 구원하신 일들로 인해서 하늘나라에서 영광받으시는 것이다. 예수님이 하나님의 아들이요 하나님이신데 피조물인 종의 형체를 입고 오셔서 고난받고 십자가에 죽임당하셨다. 그러나 부활 승천하시어 하나님 보좌 우편에 좌정하여 영광 중에 계신다. 그리고 구원받은 우리들이 주님의 대속의 은혜와 또한 신부 되게 해 주신 특별하신 사랑을 감사·찬양 드릴 때 주님이 영광받으신다. 이것을 통해 주님의 영광이 계속 더해지게 된다. 이 때문에 예수님이 자신을 위하여 레바논 나무로 병거를 만드신 것이다. 이 영광을 예수님이 재림하실 때 입고 오시는 것으로써 침상, 즉 병거로 말씀하시는 것이다. 예수님이 하나님이시지만 육신을 입고 피 흘리시기까지 고난받으신 것이 근거가 되고 심어진 것이 된다. 그리하여 그분이 받으시는 영광이 된 것이다. 이 영광을 입으시고 주께서 영광 중에 재림하시는 것이다.

6. 나가서 솔로몬 왕을 보라

솔로몬 왕이 자신을 위하여 레바논 나무로 병거를 만들었도다. 이는 예수님 자신이 잣나무 같은 진리로 우리의 성전을 지으시고 영광받으심이요, 그 영광을 입고 재림하시는 것이다.

(아 3:10) 그 기둥들은 은으로, 바닥은 금으로, 그 덮개는 자주색으로 만들었으며 그 가운데는 예루살렘의 딸들을 위하여 사랑으로 입혔도다.

병거의 기둥들이 은으로 만들어졌다. 이는 예수님 자신이 은과 같다는 것을 계시한다. 은은 거룩 성을 의미한다. 그는 흠과 티가 없이 거룩한 분이다. 또 바닥은 금으로 만들었다. 이는 예수님의 영원 불변하심을 가리킨다. 금은 변하지 않는 특성이 있다. 이와 같이 예수님은 금과 같이 변치 않는 신성(하나님의 본질)을 가지신 분이시다. 또 그 덮개는 자주색으로 만들었다. 이 자주색은 왕복의 외투 색깔이다. 이는 사람들이 볼 때는 영광 중에 재림하시는 주님이 왕의 신분으로 오심을 가리켜 자주색으로 계시하신다. 우리가 만왕의 왕이신 주님과 함께 오는 만왕들 중에 속한 자가 되면 더 명확히 자주색 덮개를 볼 수 있다. 여기의 예루살렘의 딸들은 11절의 시온의 딸들(신부 성도)과 구별된다. 하지만 예루살렘의 딸들을 위해 병거 가운데 사랑으로 입혔다는 것은 재림하실 주님이 그들도 사랑하심을 가리킨다. 예루살렘의 딸들이 비록 순교는 못 했어도 믿음으로 열매를 맺은 것에 대해서는 영광으로 입혀 주시는 영광의 주가 되신다. 휴거되는 성도들이 이 예루살렘의 딸들 중에 속한다. 재림하시는 주님이 그들을 사랑하신다. 또 성도들 중 의로운 자들은 화액 전에 미리 데려가는 역사도 있다(사 57:1-2). 이는 주님이 그들도 사랑하시기 때문이다. 이들은 주님 안에서 선을 행하고 의롭게 산 자들이지만 순교의 신앙에 서지는 못한 자들이다. 따라서 큰 환란 날에 믿음을 저버리지 않도록 큰 환란 전에 미리 데려가시는 하나님의 사랑의 역사이다.

(아 3:11) 오, 너희 시온의 딸들아, 나가서 왕관을 쓴 솔로몬 왕을 보라, 그의 어머니가 그의 혼인식 날, 그의 마음의 기쁨의 날에 그에게 씌워 준 왕관이로다.

7절과 같이 본문의 솔로몬 왕은 재림하실 그리스도를 가리킨다. "오, 너희 시온의 딸들아", 이는 오, 순교한 자들아, 오, 그리스도의 신부 된 자들아, 나가서 왕관 쓴 솔로몬 왕을 보라는 것이다. 그리고 이들에게 왜 재림하시는 예수를 보라고 하는가? 그것은 꿈에도 그리던 너희 남편이지 않는가? 육신의 남편은 그림자이고 진짜 남편은 그리스도가 그 실상이다. 예수님 오시기 전에는 생육 번성케 하기 위해 육신을 입은 남자와 여자로 만드셨다. 그들의 육신 속에는 아들의 영들이 있다. 이 아들의 영은 하나님의 생명으로 낳은 자들이다. 또 이 생명을 충만케 하기 위하여 하나님이 우리를 이 땅에 보내신 것이다. 예수님 오시기 전에는 선민 이스라엘 백성들이 생육 번성하는 것이 복이었다. 그러나 오신 후에는 이 복이 교회를 통해 영적인 자녀를 낳는 것으로 바뀌었다. 예수님이 오셔서 교회를 세우시고 교회의 머리가 되시었다. 그러므로 신약시대는 그리스도와 교회에 대하여 에베소서 5장 22-33절에 말씀하신다. 즉 아내가 남편에게 순종하고 남편은 아내를 자기 몸같이 사랑하라는 말씀이다. 이는 육신의 부부 관계를 말씀한 것이 아니라 교회와 그리스도에 관한 비밀을 말씀한 것이다. 이처럼 신부 성도가 그토록 의지하고 그리던 남편이 왕관을 쓰고 오시니 그를 "보라", 이는 그냥 물끄러미 바라보라는 것은 아니다. 재림 예수님을 맞아서 그분과 함께하는 혼인식의 주인공이 되라는 것이다. 우리는 제일 먼저 자신이 주님 앞에 죄인임을 고백하고 그리스도의 이름으로 세례를 받은 주님의 것이 되어야 한다. 즉 그리스도와 하나로 연합된 산 제물이 된다. 여기서 더 나아가 성화를 거쳐 이러한 고백이 있어야 한다. "나의 100%는 당신의 것이요, 당신의 사랑에 사로잡혀 내 몸을 초개같이 불사르리라." 즉 순교 제물로 바쳐질 수 있게 되어 신부가 되리라. 할렐루야.

제4장

나의 누이, 나의 신부야
(신랑 그리스도가 신부의 아름다움을 찬탄)

1. 보라, 나의 사랑

시온의 딸들인 그리스도의 신부 된 자들은 왕관 쓴 솔로몬 왕을 보라고 하신다. 이는 신부 성도가 그토록 사모하던 재림하시는 예수님을 보라는 것이다. 신랑으로 맞아 혼인 잔치의 주인공이 마침내 되라 하신다. 이 신부 될 성도는 누구인가? 예수님이 구주요, 남편이 되기까지 세례를 통해 그리스도와 하나 된 산 제물 되었고 성화를 거쳐 드디어 순교 제물로 바칠 수 있게 된 자로다. 그의 어머니가 그의 혼인식 날, 그의 마음의 기쁨의 날에 그에게 씌워 준 왕관이로다. 혼인식 날 예수께 왕관을 씌워 준 그의 어머니는 누구인가? 예수님이 이 땅에 임마누엘 하실 때 성령으로 잉태되시었다. 또 사도행전 10장 38절에 성령과 능력을 기름 붓듯 부음받아서 하나님의 선한 일을 하게 하셨다. 마귀에게 시험을 받으실 때도, 또 십자가에 죽임당하실 때도 성령으로 이기셨다. 그리고 최종적으로 부활하실 때도 오직 성령이 부활시키셨다. 그러므로 예수님의 어머니는 바로 성령이시다. 성령이 예수님을 고난과 죽음에서 이기게 하시고 영광도 받게 하시었다. 즉 성령이 예수님께 왕관을 씌워 준 것이 된다. 자식을 낳은 어머니는 어떤 날을 가장 사모하고 기뻐하는가? 이는 아이를 잘 키워서 결혼시키는 때를 가장 기대한다. 결혼은 남자가 자기 부모를 떠나서 자기 아내와 결합하여 그들이 한 몸이 되는 것이라

(창 2:24). 혼인식 날에 왕관 씌워 주어 혼인하는 것을 그토록 기쁘게 여기는 그의 어머니이다. 예수님이 재림하실 때 삼위일체 하나님이 가장 원하시는 것이 무엇인가? 예수께서 재림하시어 어린양의 혼인 잔치에 신부를 초대하여 혼인하는 것을 최고로 기쁘게 여기신다. 찬란한 왕위인 만왕의 왕으로 오시는 예수님이 누구이신가? 광야에서 짐승들도 쳐멸하시고 병거를 타고 머리에는 왕관을 쓰고 오시는 분이시다. 이는 혼인식에 신부와 혼인하기 위해서 오시는 것이다.

(아 4:1) 보라, 나의 사랑, 너는 어여쁘고, 보라, 너는 어여쁘도다. 너는 네 머리 타래 안에 비둘기들의 눈을 가졌고, 네 머리카락은 길르앗 산에서 나타나는 염소 떼 같구나.

신랑 예수님이 그의 아내가 될 신부 성도에게 “보라, 나의 사랑, 너는 어여쁘고, 보라, 너는 어여쁘도다” 하고 찬탄을 아끼지 않고 있다. 1절부터 5절까지 신랑 예수님이 신부 성도의 영적인 아름다움을 감탄하는 것이다. 그러나 이는 신부 성도 스스로 아름다워진 것이 아니다. 신부 성도 안에 계시는 흠 없고 완전한 그리스도가 바로 아름답고 훌륭한 것이다. 그분으로 인하여 그의 아내로 아름답게 변모시켜 주신 것이다. 그분은 1-3장까지 신부 성도에게 여러 번에 걸쳐서 부족한 것을 계속 채워 주셨으니 그것이 곧 아름답게 하신 역사이다. 그러므로 우리는 그리스도 안에서 만들어지는 것이며 종국에는 그분의 형상과 일치되도록 아름답게 하시는 것이다. 이 신부의 아름다운 모습을 눈, 머리카락, 이, 입술, 뺨, 목, 유방의 순서대로 나타내고 있다. 먼저, 네 머리 타래 안에 비둘기들의 눈을 가졌구나, 이 머리 타래는 진리 지식을 상징한다. 이 진리 지식은 그리스도를 아는 진리 지식, 그리스도의 형상으로 만들어지는 바로 그 말씀인 것이다. 즉 신부의 안목은 그리스도를 아는 진리 지식 안에 있는 비둘기 눈 같다는 것이다. 신랑 예수님이 신부 성도의 그 눈을 바라보게 되면 마치 “네 눈에 내가 빠져들어 간다!”라고 황홀해

하신다. 감탄하시는 것이다. 신부의 눈이 왜 비둘기의 눈이라고 했을까? 주님은 마태복음 6장 22절에서 네 눈이 순전하면 온몸이 빛으로 가득 차고, 네 눈이 악하면 온몸이 어두워진다고 말씀하셨다. 몸 전체 중에 가장 중요한 부분이 눈이다. 여기서 '순전한 눈'은 그리스도의 눈을 가리킨다. 신랑 예수님과 신부 성도는 하나로 연합됐으니 그들의 눈도 하나로 일치한다. 그러므로 그리스도가 보는 안목과 신부 성도의 안목이 일치한다는 것을 가리킨다. 할렐루야!

2. 비둘기 눈, 염소 떼 같은 머리카락

우리 몸의 전체 부분 중에 가장 중요한 부분이 눈이라고 본다. 네 눈이 순전하면 온몸이 빛으로 가득하고 네 눈이 악하면 온몸이 어두워진다고 주님이 말씀하셨다(마 6:22). 주님이 신부 성도를 가리켜 네 눈이 비둘기 눈을 가졌다고 하신다. 이는 눈이 순전하다는 것이다. 순전한 눈은 그리스도의 눈을 가리킨다. 이 순전한 눈의 반대는 악한 눈이다. 이는 마귀의 눈을 가리킨다. '마귀의 눈'은 넓은 문, 넓은 길로 인도한다. '순전한'의 어원은 '아폴루스'이다. 이는 '가시면류관을 엮어 쓰다, 고난받다'의 의미가 담겨 있다. 즉 예수님이 가시면류관 쓰고 고난받은 것이 '순전하다'는 뜻이다. 예수님의 눈을 가진 자는 주님과 똑같은 안목을 가지고 주님이 가신 발자취를 따라가게 된다. 주님이 어떤 길을 가셨는가? 예수님은 가시면류관을 쓰시고 고난의 길, 좁고 협착한 그 길을 가셨다. 신부 성도도 주님이 가신 그 길을 따르는 것을 기쁘게 여기고 주님과 똑같은 안목으로 가고 있다. 이를 신랑 예수께서 "네 눈이 비둘기 눈같이 아름답다"고 감탄하시는 것이다. 이와 같은 각오와 신앙으로 나아가는 자는 실제로 눈빛이 강렬하다. 또 사랑이 가득한 눈빛을 띤다. '비둘기' 같은 신앙은 신앙의 절개, 지조를 의미하고, '눈이 비둘기 같다'는 것은 예수님과 똑같은 안목을 가졌다는 것을 의미한다. 마태복음

10장 16절에 주께서 제자들을 내보내시면서 "너희들은 이리 가운데로 보내는 양과 같도다. 너희는 뱀처럼 지혜롭고 비둘기처럼 순수하라"고 말씀하셨다. 이는 양이 이리 가운데로 들어가서 예수님을 증거하다가 결국 이리한테 죽임당하는 것이 된다. 이는 비록 육신은 죽임당할지라도 신앙 승리이다. 이것이 비둘기 눈을 가진 것이다.

(아 4:1下) 네 머리카락은 길르앗 산에서 나타나는 염소 떼 같구나.

염소는 하나님 앞에 제물로 드리는 생축이다. 염소 떼가 쉬는 모습을 보면 물결이 굽이치듯 열을 지어서 앉는다. 반면 양 떼는 미련해서 무리를 지어 다니다가 양들끼리 서로 밟기도 한다. 염소를 양 떼들 사이에 집어넣는 것은 양들이 무리를 지어 뭉칠 때 양끼리 서로 밟혀 죽지 않도록 염소가 흩어 놓는 일을 한다. 염소는 자기의 고집이 없다. 자기의 뜻을 버리고 전체의 조화·화목을 도모한다. 머리카락은 지혜를 상징한다. 신부 성도의 지혜가 길르앗 산의 염소 떼와 같다는 것이 무엇인가? 길르앗 산은 창세기 31장 23절에 야곱이 외삼촌 라반 몰래 자기의 가족과 가축을 이끌고 밤낮을 가리지 않고 7일간을 도주하여 머문 곳이다. 야곱의 양이 밤낮 쉼 없이 7일간을 달려도 넘어지거나 다치거나 지치는 양이 없었다. 이와 같이 신부의 지혜는 길르앗 산에 도달한 양과 같이 연단된 신앙의 사람이다. 즉 강건한 신앙으로 세워지는 말씀의 지식과 지혜를 가지고 있는 신부의 영적 모습이다. 신앙의 연단이 많이 이루어져서 강건한 신앙에 이르는 지혜를 가졌으면 이것이 길르앗 산의 머리카락이다. 또 길르앗 산의 염소 떼 같은 머리카락은 전체의 조화를 이루는 것이다. 화목하고 아름답게 조화를 이루는 지혜이다. 히브리서 12장 14절에 모든 사람과 더불어 화평함과 거룩함을 추구하라, 이것이 없이는 아무도 주를 보지 못한다고 말씀하셨다. 이는 화목하게 하는 자라야 재림하실 주님을 맞이할 수 있다는 것을 말씀하신 것이다. 주님의 몸 된 교회를 위해서, 전체를 위해서, 주님의 나라를 위해서, 주님의 뜻을 위해서 화목케 하기 위하여 자기 자신을 희생하고 헌신하는 바로 그것이 염소 떼 같은 머리카락이다.

3. 네 이는 쌍둥이 낳은 암양 같도다

네 머리카락이 길르앗 산의 염소 떼 같다. 이는 신부의 지혜는 길르앗 산에 도달한 염소 떼 같다는 것이다. 즉 연단된 신앙으로써 7년 환란 날에 이기는 자로, 강건한 신앙으로 세워진 말씀의 지식과 지혜를 가리킨다. 또 염소 떼가 누우면 굽이치는 물결같이 전체적인 조화의 미를 가진 신부의 아름다운 영적 모습이도다, 칭찬하신 것이다.

(아 4:2) 네 이는 씻는 곳에서 올라온 털 깎인 양 떼 같으니, 그중에는 새끼를 낳지 못하는 것이 하나도 없고 각기 쌍둥이를 낳은 것 같도다.

"네 이는 씻는 곳에서 올라온 털 깎인 양 떼 같구나", '네 이는 씻는 곳(목욕장)에서 올라왔다'는 것은 신부의 이가 깨끗하고 훌륭하다는 것을 말씀한다. 또 육신의 이가 튼튼하면 음식을 가리지 않고 잘 먹듯이, 신부의 이는 영의 양식을 잘 먹는 훌륭한 이를 가졌다. 신부의 이가 씻는 곳에서 올라왔다는 것은 무엇을 가리키는가? 예수 그리스도의 의와 말씀으로 인하여 회개하고 깨끗하게 된 것을 말씀한다. 예수 그리스도의 의로 사람의 의를 쳐 멸하였으면 깨끗하게 씻고 올라온 것이 된다. 또 네 이는 양 떼(암양) 같다고 하였다. 암양은 새끼를 낳을 수 있는 양이요, 이는 장성한 것을 의미한다. 즉 네 이는 젖이나 죽 같은 부드럽고 연한 음식만 먹는 이가 아니라 단단한 음식을 먹는 이(히 5:12)라는 것이다. 이렇게 단단한 이로 만들어지려면 먼저 씻는 곳에서 깨끗이 씻고 올라와야 한다. 오직 하나님의 의, 하나님의 말씀으로 인하여 회개하여 성결한 자가 되어야 한다. 그 후 계속 성장하여 단단한 음식을 먹는 장성한 자의 이가 되는 것이다. 말씀으로 깨우침을 받아 계속 회개가 이루어지면서 그다음은 새끼를 낳을 수 있는 장성한 분량에 서는 것이다. 그러기 위해서는 그에 따른 단단한 음식을 먹어야 된다. 또 새끼 낳는 암양 정도가 아니라 "각기 쌍둥이를 낳은 것 같다"고 했다. 이는 그리스도를 아는 지식이 하나로 똑같은 자를 낳는 것을 말씀한다. 특히 재림하실 그리스도를 아는 지식이 하나로 일치된 것의 표가 이마에 살아 계신 하나님의 인을 치는 것이다(계 7:3). 재림하시는 그리스도와 신부 성도의 사상이 일치되었다는 표로 그의 이마에 인 치는 것이다. 이렇게 인 침받은 자들이 환란 날 하나님의 일꾼으로 쓰임받는 것이다. 그들의 수는 14만 4천 명이다(계 7:4). 이것이 쌍둥이를 낳는 것과 같은 것이다. 재림하시는 그리스도와 다른 것이 하나도 없이 그분과 똑같이 알고, 그분의 사상으로 하나가 되는 것이다. 우리 모두는 이렇게 재림하시는 그리스도와 쌍둥이처럼 되어야 하는 것이다. 첫째 부활의 영광에 이를 자들이요, 환란 날에 쓰임받을 종들(이마에 살아 계신 하나님의 인을 받음)이 쌍둥이를 낳는 영적인 말씀의 양식을 능히 먹는 이가 있는 것이다. 그러므로 우리의 이는 단단한 음식(말씀)을 먹을 수 있는 이가 되어야 한다.

(아 4:3) 네 입술은 주홍색 실 같고 네 말은 아름다우며 네 뺨은 네 머리 타래 안에서 석류 한 쪽 같구나.

"네 입술은 주홍색 실 같구나". 이는 신부 성도의 입술이 아름다워서 신랑 예수님이 입 맞추며 "네 입과 내 입이 하나가 되었구나" 하는 것이다. 주홍색 실은 기생 라합의 집의 구원 표식이었다(수 2:21). 또 예수님의 피도 주홍색이다. 네 입이 주홍색 같다는 것은 네 입으로 말하고 고백하는 것이 예수님의 피로 영원히 죄 사함받은 은혜를 늘 감사하는 입이 되고 있음을 의미한다. 또 주님의 보혈의 은총으로 내 옛 사람은 죽고 새사람으로 바뀐 것을 늘 노래하는 것이 주홍색 입술로 계시한 것이다.

4. 뺨이 석류 한 쪽 같도다

(아 4:3) 네 입술은 주홍색 실 같고 네 말은 아름다우며 네 뺨은 네 머리 타래 안에서 석류 한 쪽 같구나.

신랑 되신 예수님이 신부 성도의 입술, 말, 뺨에 대하여 그 아름다움을 칭찬하신다. 신부의 입술이 주홍색 실같이 아름답다. 이는 신랑 예수님이 입 맞추며 신부 네 입과 나의 입이 하나가 됐다는 것이다. 왜 그런가? 주홍색 실 같은 예수님의 보혈로 죄 사함받은 것을 늘 찬송하는 입이 됐기 때문이다. 또 주님이 십자가에서 피 흘리심으로 신부의 옛사람은 죽었고 그리스도 안에서 새로운 피조물이 되었도다. "나는 그리스도의 것이 되었도다", 늘 고백하고 찬송하는 그 입술이 주홍색 실 같다는 것이다. "네 뺨은 네 머리 타래 안에서 석류 한 쪽 같구나." 뺨은 얼굴을 의미한다. 얼굴은 자기 자신을 대표한다. 우리가 만들어진 것, 즉 자기 속사람은 뺨으로 나타난다. 내 온몸으로 형성된 것은 구체적으로 뺨으로 나타난다. 그 뺨이 석류 한 쪽 같다는 것은 무엇인가? 신부 성도가 한쪽 뺨이 되고 나머지 뺨 한쪽은 신랑 예수님의 얼굴이 된다. 석류 하나를 쪼개면 그 속에 씨 알맹이가 가득가득 차 있다. 씨는 생명을 계시한다. 석류 한 쪽 같은 뺨은 영생을 위한 열매 맺는 생명으로 충만한 속사람의 모습을 말씀한 것이다. "네가 영생에 합당한 열매를 맺는 생명으로 가득하구나, 금생에 속한 것이 아닌 하늘나라에 속한 열매 맺는 생명으로 가득 찼구나!" 하고 신랑 예수님이 감탄하시는 것이다. '머리 타래'는 1절에서 상고한 대로 그리스도의 지혜 · 지식 안에 있음을 가리키는 말씀이다.

(아 4:4) 네 목은 병기를 두려고 건축한 다윗의 망대, 곧 그 위에 일천 개의 작은 방패들과 용사들의 모든 큰 방패들이 걸려 있는 망대 같도다.

“네 목은 병기를 두려고 건축한 다윗의 망대 같구나.” 목은 목숨을 상징한다. 왜 신부의 목(목숨)이 아름다운가? 일사 각오로 무기고를 지키는 군사와 같은 목을 가졌기 때문이다. 전쟁 중에 병사 몇 명 죽는 것보다 무기고가 적들의 손에 넘어가는 것이 더 큰 손해를 입는 것이다. 그러기에 죽으면 죽었지 절대 무기고를 내주지 않겠다는 각오로 무기고를 지키는 다윗의 군사와 같이 신부 성도가 순교 신앙으로 살아가는 목숨이라는 것이다. 그 망대 위에 방패가 걸려 있는 것은 싸우고 나서 걸어 놓은 것이다. 작은 방패는 순간순간 작은 문제들을 이긴 것이고, 큰 방패는 온몸을 호위하고 방어해 주는 것이므로 우리의 온몸으로 이기는 것은 순교를 의미한다. 다니엘 12장 1절에 군대대장 미가엘이 우리를 호위한다고 했다. 그것은 육신이 죽지 않게 호위한다는 말이 아니다. 이는 순교를 통해 승리하는 자로 호위해 준다는 말씀이다. 그러므로 신부인 네 목이 작은 일에도 늘 승리할 뿐만 아니라 순교하기까지 연전연승하는 목숨이 되고 있다는 것이다. 일사 각오의 순교 신앙으로 살고 있는 목숨이므로 주님이 보실 때 그것이 아름답다는 것이다.

(아 4:5) 네 두 가슴은 백합꽃들 가운데서 꼴을 먹는 어린 두 마리 쌍둥이 노루 같구나.

‘네 두 가슴’은 유방을 가리킨다. 신부의 유방은 오직 신랑만 만질 수 있다. 유방은 생명의 젖이고 신령한 젖을 가졌다. 베드로전서 2장 2절에 순수한 말씀의 젖을 사모하라고 말씀하셨다. 신령한 젖을 사모해서 계속 받아먹으면 쌍둥이 노루 같은 유방이니까 똑같은(쌍둥이) 사람들을 양육하는 유방이 되는 것이다. 그리스도를 아는 지식, 재림하실 그리스도를 아는 믿음과 지식, 하나님 아버지를 아는 지혜와 지식이 똑같이 하나로 양육하는 유방을 가졌다는 것이다.

5. 날이 기울고 그림자가 사라지면

네 목이 무기고의 다윗의 망대와 같도다. 이는 순교 신앙으로 살아가는 신부 성도의 목숨을 계시한다. 그러므로 신부 성도의 '네 목'은 일사각오의 순교 신앙으로 살고 있는 목숨이다. 주님이 보실 때 그것을 매우 아름답게 보시는 것이다. 따라서 신부 성도는 작은 일부터 모든 것에 승리할 뿐만 아니라 순교하기까지 연전연승하리라.

(아 4:5) 네 두 가슴은 백합꽃들 가운데서 꼴을 먹는 어린 두 마리 쌍둥이 노루 같구나.

'네 두 가슴'은 하나님의 말씀의 지혜와 지식으로 충만하여 증거함을 가리킨다. 이는 그리스도를 아는 지식, 즉 재림하실 그리스도를 아는 믿음과 지식이다. 또 하나님 아버지를 아는 지혜와 지식이다. 이것으로 증거하며 양육하는 신부 성도이다. 이것이 두 유방을 가졌다는 것을 가리킨다. 말씀이 꽉 차서 유방이 불었는데 증거할 줄 모르면 어찌하는가? 신랑 예수님이 증거할 수 있는 기회를 제공해 주시는 것이다. 사도 바울이 자신을 가리켜 유모라 했다. 유모같이 데살로니가인들의 교회에서 양육했다(살전 2:7). 바울이 젖 먹이는 유모 같은 자였다. 젖을 먹이고 양육을 하되 쌍태 노루같이 젖을 먹여야 된다. 순교할 자로 세우는 말씀의 양육자, 즉 두 증인을 세우는 말씀의 양육자가 되어야 한다. 백합꽃은 많은 향기를 발하는 것이 특색이다. 우리가 그리스도의 향기이다. 오직 그리스도께 영광 돌리고 오직 하나님께만 찬송 돌릴 때 꽃향기가 가장 진동하는 것이 된다. 환란의 바람이 불면 오히려 백합꽃이 가시에 찔려 더욱 향기를 발한다. 환란을 당하면 영광의 주님께 더욱 감사하는 자가 곧 신부 성도이다.

(아 4:6) 날이 기울고 그림자가 사라지면 내가 몰약의 산과 유향의 작은 산으로 가리라.

"날이 기울고 그림자가 사라지기 전에" 하고 2장 17절에서도 말씀했는데 날이 기우는 것은 종말의 때가 왔다는 의미이며, 그림자가 사라지는 것은 빛이 사라지고 어둠이 주관하는 때, 곧 7년 환란이 시작됨을 말씀한다. 그러므로 "날이 기울고 그림자가 사라지면"은 종말에 어둠의 권세자인 적그리스도가 나타나는 때를 가리킨다. 이때 교회와 성도들에게는 영적으로 큰 환란이 시작되는 때이다. '몰약의 산'은 예수께서 피 흘리신 갈보리 산을 가리킨다. '유향의 작은 산'은 몰약의 산, 즉 갈보리 산에서 주님이 피 흘리시기 전에 겟세마네에서 기도하신 것을 가리킨다. 그리고 아버지의 뜻대로 몰약 산으로 가셨다. 이와 같이 내가 몰약 산, 유향 산으로 가리라. 즉 먼저 죽임당하신 예수님이 환란 날에 몰약의 산과 유향의 작은 산으로 가신다고 하신다. 이 말은 신부 성도를 예수님이 이미 가셨던 그 길과 똑같은 길로 인도하신다는 것이다. 주님의 인도로 몰약 산과 유향의 작은 산으로 신부가 인도받아 순교케 되리라.

(아 4:7) 내 사랑아, 너는 모두가 어여쁘니, 네게는 흠이 없구나.

성도 스스로는 흠이 없는 자가 될 수 없는 것이다. 우리는 우리의 생각이나 마음, 모든 것으로 죄악을 물 마시듯 하는 존재이다. 그러나 하나님 아버지께서 우리에게 독생자를 구세주로 보내 주셨다. 이는 예수 그리스도께서 우리를 신부의 신앙에 이르기까지 믿음을 키워 주시고 그분의 사랑을 쏟아부어 주시려는 것이다. 우리는 예수 그리스도의 의를 100% 입은 의인이요, 예수 그리스도의 진리의 사랑으로 아귀까지 채워진 신부 성도의 자리에 서면 주님께서 보실 때 어여쁘고 흠이 없다고 하신다.

6. 나의 신부야, 함께 가서 바라보라

"날이 기울고 그림자가 사라지면"은 어느 때인가? 지금 계속되고 있는 은혜 시대가 끝나고 어둠의 권세자인 적그리스도가 나타나는 7년 환란의 때를 가리킨다. 이때 교회와 성도들에게는 영적으로 큰 환란이 시작되는 때이다. 먼저 죽임당하신 예수님이 환란 날에 몰약의 산과 유향의 작은 산으로 가신다고 하신다. 이에 신부 성도도 주님이 이미 가셨던 그 길과 똑같은 길로 인도받아 순교하게 해 주시리라.

(아 4:8) 나의 신부야, 레바논으로부터 나와 함께 가자. 레바논으로부터 나와 함께 가자. 아마나의 정상에서, 스닐과 헤르몬의 정상에서, 사자들의 굴들에서, 표범들의 산들에서 바라보아라.

'솔로몬의 노래'는 신랑 되시는 예수님과 신부 성도의 사랑의 영교이다. 본문에 와서 비로소 "나의 신부야" 하는 호칭이 나온다. 이는 6절 말씀이 근거가 되었기 때문이다. 예수님과 함께 몰약 산에 가는 자로, 순교자로 확정되었기 때문에 "나의 신부야" 하고 부르신 것이다. 재림하실 예수님의 신부로 확정이 된 이후로는 도살당할 양으로 살아가는 것이다. 주님의 입장에서 살펴보시고 이윽고 6절 말씀이 해당되는 성도에게 "나의 신부야" 하고 부르시는 것이다. 몰약 산으로 가는 자로 확정이 됐으니 레바논으로부터 주님과 함께 가자고 말씀하신다. '함께'는 신랑 예수님과 신부 성도가 동행한다는 의미가 아니라 신랑 예수님으로 말미암아 신부의 입을 통해 증거하는 열매 맺는 역사를 말씀한다. 레바논의 제일 높은 헤르몬 산은 사시사철 눈이 덮여 있는 산이다. 헤르몬 산을 아마나 산 또는 스닐 산이라고도 부른다. 신랑 예수께서 순교할 자로 확정된 신부 성도와 함께 제일 높은 산으로 가자는 것은 마태복음 17장 1절에 따로 높은 산에서 세 제자에게 예수의 부활의 영광을 보여 주신 것과 같다. 순교할 자로 확정된 신부 성도에게 그에 따른 모든 진리로 무장시키는 역사이다. 신부가 받을 영광된 것을 믿음의 실상으로 받아 누리는 자로 무장시키시고, 또 복음과 진리로 더 무장되게 하시는 것이다. 또 고도의 영적 분별력을 갖게 하신다. 잠시 후면 신랑 예수님과 함께 혼인식에 들어가게 될 것도 확실하게 받아 가지고 있게 된다. 이 말씀을 받을 때 우리 각자도 주께서 함께 가자고 하시는 대로 이끌려 그곳에서 주님과 함께 이루어지는 것을 영적인 눈으로 보고 믿어야 된다. 결국, 헤르몬 정상에서 주님과 함께 있으면서 고도의 영적인 분별력을 갖게 되어 사자들의 굴들과 표범들의 산들을 바라보게 된 것이다. '사자들의 굴들'은 요한계시록 18장 2절에도 나온다. 그가 큰 음성으로 힘 있게 외쳐 말하기를 "큰 바벨론이 무너졌도다, 무너졌도다, 마귀들의 거처가 되었고 온갖 더러운 영의 소굴이요, 모든 더럽고 가증한 새의 소굴이로다."(계18:2) 음행의 포도주로 취해서 음녀 교회가 되고 있는 큰 바벨론을 가리켜 마귀들의 거처요, 더러운 영의 소굴이요, 모든 더럽고 가증한 새의 소굴이라고 말씀하셨다. 신부 성도가 헤르몬 정상에서 사자들의 굴을 바라보는 것은 음녀 바벨론을 분별하며 깨닫고 있는 것을 말씀한다. 음녀 교회의 정체를 밝히 깨닫고 보고 있으며 음행의 포도주로 배도한 교회가 결국은 짐승 적그리스도 위에 앉아서 그 짐승과 세상의 영화를 함께 누리는 것을 깨닫고 있다.

7. 나의 누이 나의 신부야(1)

(아 4:8下) 표범들의 산들에서 바라보아라.

앞서 신부 성도에게 "사자 굴을 바라보아라" 함은 환란 날 배도한 음녀 바벨론을 영안으로 보라는 것이다. 또 이어서 '표범들의 산들'은 적그리스도를 영안으로 보라는 것이다. 즉 요한계시록 13장 2절의 일곱 머리 열 뿔 짐승의 모습이 표범과 같다고 했다. 그 짐승은 적그리스도를 가리킨다. 그러므로 '표범들의 산들'에는 누가 있는가? 표범으로 상징한 적그리스도가 있는 곳이다. 표범의 겉모습에 알록달록한 무늬가 있듯이 적그리스도가 겉으로는 평화와 사랑을 외쳐서 아름답게 보이지만, 실상은 자신을 그리스도라 칭하여 하나님의 자리에 앉는 자이다. 또 그 자신을 따르지 않는 자들을 표범과 같이 여지없이 잔인하게 찢어 죽인다. 그의 정체와 그의 모든 것들을 고도의 분별력으로 환히 보고 깨달으라. 그러면 헤르몬 정상에서 표범들의 산을 바라보는 자이다. 현재 우리가 그리스도의 신부의 믿음으로 확정만 된다면 주님께서 헤르몬 산 정상으로 우리를 올려서 새롭게 무장시켜 주신다. 첫째 부활의 영광을 믿음의 실상으로 누리게 하며 영적인 고도의 분별력을 갖게 하신다. 장차 큰 바벨론과 적그리스도를 대항하며 그들의 실상을 폭로하고 증거하게 하시리라.

(아 4:9) 나의 누이, 나의 신부야, 네가 내 마음을 빼앗아 갔구나. 네가 한쪽 눈과 네 목의 사슬 한 개로 내 마음을 빼앗아 갔구나.

본문에서 신부의 새로운 호칭이 또 나온다. 즉 "나의 누이"라고 부르셨다. 어찌 신부를 누이라고 부르실까? 이는 창세기 20장 12절에 아브라함이 아비멜렉 앞에서 사라를 '내 누이'라고 한 것과 같다. 사라는 아브라함의 아버지의 딸로서 아브라함의 아내가 되었기 때문이다. 결론적으로 아브라함과 사라는 아버지가 같은 것이다. 하나님께서 아브라함을 믿음의 조상으로 세우시고 그의 누이인 사라를 아내가 되게 하신 것이다. 이는 우리들에게 영적으로 하나님과 예수님과 우리의 관계를 가르쳐 주시는 그림자이다. 우리가 순교를 통하여 첫째 부활의 영광을 받게 되면 부활체가 된다. 그때는 우리가 하나님의 아들이 된다. 그러면 예수님과 그의 신부인 나와의 관계가 어떻게 되는가? 예수님이 오라비가 되고 나 자신은 누이가 되는 것이다.

지금은 우리가 예수님을 오라비라고 부를 수는 없다. 예수님은 나를 구원하신 구세주시요, 순교케 해 주실 주가 되신다. 예수님은 하나님 아버지로부터 낳은 바 된 독생자요, 성자 하나님이시다. 하나님의 자녀들인 우리도 하나님 아버지로부터 생명으로 낳은 바 되었으므로 예수님과 우리가 형제가 될 수 있는가? 지금은 그럴 수 없다. 그러나 부활할 때에는 예수님과 똑같은 영광된 몸이 된다. 그리고 예수님의 아내가 되어 혼인식에 들어간다. 그때에는 신랑 예수님과 내가 하나님 아버지로부터 낳은 똑같은 아들이 된다. 즉 예수님은 맏아들이 되시고 우리는 그의 형제로 불린다. 부활하신 주님이 부활의 첫 열매들이 된 제자들을 '나의 형제들'이라고 호칭하셨다. 이러한 장차의 것들을 신부 성도가 헤르몬 정상에서 영안으로 보았고, 또 믿음의 실상으로 받아 가지고 있다. 이 단계에 이르렀음은 신랑 예수께서 보시며 비로소 '나의 누이'로 호칭을 새롭게 하여 부르는 것이다. 그러므로 우리의 신앙이 어린 양의 혼인식에 들어가서 혼인식을 하고 있는 신부의 자리에 있으면 주님께서 "나의 누이, 나의 신부야"라고 호칭하심을 깨달았다. 여기까지 이르도록 신랑 예수께서 우리의 신앙 차원을 계속해서 높여 주신다.

8. 네 눈과 네 목이 내 마음을 빼앗도다

나의 신부야, 나와 함께 헤르몬 정상으로 올라가자. 그리고 사자 굴과 표범 산을 바라보아라. 앞서 우리가 이 말씀을 잘 깨달았다. 먼저 그리스도의 신부의 믿음으로 섰다면 그 호칭을 "나의 신부야"로 부르신다. 또 신부 된 자를 더욱 고도의 영적인 힘과 분별력을 갖도록 이끄시는 주님이시다. 사자 굴인 음녀 바벨론, 표범 산인 적그리스도의 실체를 깨닫게 되리라. 그리고 그들의 실상을 폭로하고 증거하게 하시리라.

(아 4:9下) 네가 내 마음을 빼앗아 갔구나. 네가 한쪽 눈과 네 목의 사슬 한 개로 내 마음을 빼앗아 갔구나.

"나의 누이, 나의 신부야, 네가 내 마음을 빼앗아 갔구나" 했는데 신부 성도의 한쪽 눈과 목의 사슬 한 개로 신랑 예수님의 마음을 사로잡았다는 것이다. 신부 성도의 눈은 4장 1절에 비둘기의 눈을 가졌다고 하신다. 바로 그 눈으로써 진리의 눈, 예수 그리스도의 눈을 가진 것을 말한다. 마태복음 6장 22절 이하에 "눈은 몸의 등불이라. 그러므로 네 눈이 순전하면 네 온몸이 빛으로 가득 찰 것이요, 네 눈이 악하면 네 온몸도 어두워질 것이라"고 했다. 즉 예수님의 눈을 가지면 순전한 눈이요, 마귀의 눈을 가지면 악한 눈이 되는 것이다. 예수님의 눈을 가지면 예수님이 가신 생명 길을 따라가게 된다. 예수님이 이 땅에서 고난받으시고 십자가의 죽음을 통하여 영광을 받으신 것과 같이 그 영광의 주님의 발자취를 그대로 따라가는 안목을 가지고 살아가는 자는 비둘기의 눈을 가진 것이다. 예수님과 똑같은 고난, 고통의 길을 가는 신앙의 지조, 절개가 있으며 또 그러한 안목을 가지고 있는 것이 비둘기의 눈을 가진 것이다. 이렇게 신부 성도의 눈이 비둘기의 눈이 되도록 예수께서 계속 이끌어 주신 것이다. 예수께서 비둘기의 눈을 가진 신부를 바라보시고 네가 비둘기의 눈이 되었구나, 그 눈이 "나의 마음을 빼앗아 갔구나" 하고 말씀하시는 것이다. 우리가 주님의 마음을 빼앗으려면 비둘기의 눈을 가지면 되는 것이다. 또 신부 성도의 목에 걸려 있는 사슬 한 개로 신랑 예수님의 마음을 빼앗았다고 했다. 신부 성도는 이미 아가서 1장 10절에 아름다운 금 목걸이를 가지고 있다. 이는 첫째 부활의 영광을 소망하며 그 목숨으로 살아가고 있는 신부 성도의 영적 생명을 말씀한 것이다. 그리고 아가서 1장 11절에 삼위일체 하나님이 신부 성도를 위하여 은장식이 있는 금 사슬을 만들어 준다고 하셨다. 결국, 4장 6절에 신랑 예수께서 신부 성도를 몰약 산과 유향 산으로 데리고 가셨다. 첫째 부활의 영광을 믿음으로 소망한 대로 순교할 자로 확정되어 신부가 된 것을 계시한다. 이제는 순교할 자로 확정되었고 도살당할 양으로 여김을 받는 신부가 된 것이다. 도살당할 양으로 여김을 받으며 살아가고 있는 생명(목숨)이 4장 9절의 금 사슬이다. 순교할 자에게 주실 영광을 실상으로 받아 가지고 있으면 그 기쁨이 충만하여 증거하지 않고는 견딜 수 없는 충동이 일어나는 것이다. 그래서 자기와 같은 신부를 세우는 일에 매진한다. 계속하여 열매 맺는 생명으로 살아갈 때 이것이 신부의 목에 걸려 있는 사슬 한 개가 되는 것이다. 신부 자신뿐만 아니라 다른 사람도 순교할 수 있도록 진리를 증거하고 열매 맺는 목숨으로 달려가고 있는 신부의 목을 주님이 너무 기뻐하신다. 이는 주님의 마음을 빼앗는 것이 된다. 순교할 것을 소망하는 자와 순교할 자로 이미 확정된 자는 확연히 다른 것이다. 순교할 자로 확정된 자는 자기를 괴롭히고 해롭게 하는 자일지라도 그를 품고 사랑하게 되어 있다. 즉 자기를 죽이는 자들을 원수가 아닌 친구로 여기게 된다. 할렐루야.

9. 나의 누이 나의 신부야(2)

예수님과 똑같은 고난, 고통의 길을 가는 자가 신부 성도의 길이다. 신앙의 지조, 절개가 있으며 또 그러한 안목을 가지고 있는 것이 비둘기의 눈을 가진 것이다. 이것이 신부 성도의 신앙 안목임을 우리는 깨달았다. 신부 성도의 눈이 비둘기의 눈같이 주님을 그대로 따르며 하나가 되어 늘 감사·찬송으로 넘친다. "네 눈이 내 마음을 빼앗아 가는도다." 주님이 기뻐하시는 것이다.

(아 4:10) 나의 누이, 나의 신부야, 네 사랑이 어찌 그리 어여쁜가! 네 사랑은 포도주보다 훨씬 더 낫고, 네 향기름 내음은 모든 향료보다 더 낫도다!

9절에 이어서 거듭해서 "나의 누이, 나의 신부야" 하고 부르신다. 나의 누이가 들어간 이 호칭은 첫째 부활 한 신부가 되어 혼인식에 들어간 신부 성도의 영적 상태를 나타낸다. "네 사랑은 포도주보다 훨씬 더 낫다"고 하였다. 이는 아가서 1장 2절의 "당신의 사랑이 포도주보다 나음이니이다"라는 말씀과 같다. 포도주는 초림 하신 예수님이 피 흘려서 나의 죄를 영원히 사해 주신 사랑을 가리킨다. 성찬식 때의 포도주는 그 주님을 기억하는 것이다. 이 포도주보다 더 큰 네 사랑은 초림 예수님의 사랑보다 더 큰 것을 가리킨다. 즉 재림하실 신랑 예수님을 사랑하는 그 사랑이다. 예수님의 대속의 은총을 받은 것도 엄청난 사랑이지만 재림하실 신랑 예수님이 주시는 사랑은 더욱 크다. 환란 날에 순교를 통하여 첫째 부활의 영광을 받아 예수님과 똑같은 영광된 몸을 입게 해 주시는 사랑이다. 이것이 재림 예수님의 사랑을 받는 자이다. 이 신랑 예수님의 사랑을 받아 가진 자가 그 사랑으로 주님을 사랑하는 것이 곧 '네 사랑' 이다. '나의 누이, 나의 신부'는 재림하실 예수님과 똑같은 부활체가 되어서 신랑 신부 동시 입장하듯 혼인식에 들어가는 환희를 실상으로 누리는 것이다. 현재 초림 예수님을 믿음으로 열매 맺는 몸으로, 기쁨으로 살게 해 주신 것도 큰 복이다. 그러나 이보다 더 큰 사랑은 신랑 예수님과 똑같은 부활체가 되어 "혼인식의 주인공이 되게 해 주신 복이 더욱 낫도다" 고백하는 것이다. "네 향기름 내음은 모든 향료보다 더 낫도다"는 아가서 1장 3절에서 이미 말씀하신 바 기름이 예수님이 부어 주시는 성령임을 상징한다. 예수님은 그를 믿는 자에게 성령을 부어 주셔서 열매 맺는 몸으로 살아가게 하신다. 더구나 재림하실 예수님이 부어 주시는 성령은 은혜 시대 때에 부어 주시는 그것과 차원이 다른 바로 일곱 영을 부어 주신다. 이 일곱 영으로 환란 날에 순교케 해 주실 뿐만 아니라 일곱 영에 의하여 열매 맺는 역사가 '네 향기름 내음'이다. 이 일곱 영을 받은 신부 성도가 다른 영혼을 살리고 자신과 똑같은 신부로 세우는 일을 하는 것은 생명의 향기를 발하는 것이다. 이것이 신부 성도의 향기름 내음이다. '모든 향료'는 성도가 하나님 앞에 기도하는 것, 성령을 통해 사랑, 절제, 온유 등의 열매를 맺는 것이다. 예컨대 성도가 기도해서 응답받아 열매 맺으면 이것이 아름다운 향이다. 그런데 이러한 모든 향료보다 신부 성도의 향기름 내음이 더 낫다는 것이다. 왜일까? 이는 신랑 예수께서 나를 위하여 창세 이후로 없던 큰 환란을 예비해 두셨음을 깨닫는 것이다. 그리고 그 환란 날에 나를 순교할 수 있도록 일곱 영을 부어 주심을 깨닫는 것이다. 그런 후 주 재림 시 첫째 부활하여 영원히 기뻐 찬송하게 하시는 신랑 예수님을 깨닫는 것이다. 이것이 신랑 예수로 인해 나로 열매 맺게 하는 것이요, 이것이 생명에 이르는 신부 성도의 그리스도의 향기인 것이다. 할렐루야!

10. 네 입술은 벌집의 꿀처럼 흐른다

"오, 당신의 사랑은 포도주보다 낫고, 당신의 향기름은 모든 향료보다 더 낫도다. 재림하실 나의 신랑 예수님이시여, 당신이 부어 주시는 일곱 영, 또 내게 주시는 첫째 부활의 영광의 사랑이 너무도 크나이다." 이 같은 신부 성도의 찬양이다.

(아 4:11) 오, 나의 신부야, 네 입술은 벌집의 꿀처럼 흐르고, 네 혀 밑에는 꿀과 젖이 있으며, 네 옷 향기는 레바논의 향기 같도다.

"오, 나의 신부야" 하는 것은 순교할 자로 확정된 성도에게 신랑이 되신 예수님이 부르시는 호칭이다. 신부의 입술은 말하는 입을 가리킨다. 신부가 입을 열면 말씀이 절로 나오는 것을 가리켜 '네 입술은 벌집의 꿀처럼 흐른다'고 말씀한 것이다. 신부가 증거하는 말씀은 재림하실 예수님이 우리의 신랑이 되신다는 것을 증거하는 것이다. "네 혀 밑에는 꿀과 젖이 있다"고 했다. 꿀은 단것으로서, 하늘나라의 참된 복, 영생의 복을 주는 말씀이 단 것이다. 반대로 쓴 것은 세상의 복을 보여 주는 말씀이 쓴 것이다. 시편 19편 10절에 하나님의 말씀이 꿀과 벌집보다 더 달다고 했다. 신부 성도의 입에서 참된 복을 주는 말씀, 즉 하늘나라의 영생의 복으로 복되게 하는 말씀만 나오므로 그 혀 밑에 꿀이 있다고 말씀한 것이다. 또 신부의 혀 밑에 젖이 있다고 했다(벧전 2:2). 갓난아기가 어머니로부터 값없이 젖을 받아먹고 자라는 것과 같이 신부 성도의 입에서 나오는 말씀이 이와 같다는 것이다. 신부 성도가 증거하는 신령한 젖은 사람의 충성, 사람의 의가 전혀 나타나지 않고 100% 하나님의 은혜, 하나님의 의로만 살게 하는 말씀이다. 그래서 이 신령한 젖으로 깨우치고 양육시키는 신부가 되고 있는 것을 말한다. "네 옷 향기는 레바논의 향기 같도다" 했는데 그리스도의 신부의 옷은 요한계시록 19장 8절에 희고 깨끗한 세마포이다. 이 세마포는 성도의 의라고 했다. '성도의 의'는 '하나님의 의'와 같은 말이다. 어린양의 혼인식에 그의 아내로 예비된 신부는 순교한 자들이다. 이들은 하나님의 의로만 인도받아 순교케 되었다. 그리하여 결국 혼인 잔치 자리에 초대된 것이다. 신부 성도가 순교하기 전에도 그리스도께서 믿음을 세워 주시고 믿음으로 승리케 해 주셨다. 하나님의 의로 인하여 열매 맺은 신부 성도의 언행 심사를 "네 옷 향기는 레바논의 향기 같도다" 하고 말씀하는 것이다. '레바논의 향기 같다'고 한 것은 높은 차원, 고상하고 고결한 차원의 언행 심사를 의미한다. 바울이 복음을 증거하여 많은 사람들이 믿었으며 그 가운데 헬라의 귀부인들도 있었다(행 17:12). 이와 같이 신부 성도의 증거하는 그 입의 모든 말이 귀부인 같은 고상하고 차원 높은 것들만 나오니 네 옷 향이 레바논 향기 같도다.

(아 4:12) 나의 누이, 나의 신부는 잠긴 동산이요, 닫힌 우물이며, 봉해진 샘이로다.

'나의 신부'는 순교할 자로 확정된 자이다. 그러므로 예수님을 사랑하되 자신의 모든 것을 이낌없이 다 바쳐 사랑한다. 끝까지 사랑하여 결국 그분을 위해서 순교까지 할 자이다. 또 신랑 예수님을 증거하는 자리에 서 있는 자가 '나의 신부'이다. '나의 누이'는 예수님이 오라비가 되고 나는 그분의 누이가 되는 관계를 말한 것이다. 이는 현재 영적으로 신앙생활 하는 때의 관계는 아니다. 지금의 관계는 예수님이 나의 구세주요 주인이 된다. 이 관계는 예수님이 재림하시는 때에 순교한 자들이 첫 번째로 부활하게 될 때 이루어진다. 모든 성도 중에 순교한 자들만 상급적으로 첫째 부활 한다. 이들이 재림하시는 그리스도의 신부가 되어 그리스도와 똑같은 영광된 부활의 몸을 입게 된다. 즉 그때에 부활체인 예수님과 부활체인 신부 성도가 하나님 아버지의 아들들이 된다. 그때에 비로소 나의 누이가 된다. 이를 미리 사용하신 것이다.

11. 나의 신부는 잠긴 동산이요

4장 12절에 "나의 신부는 잠긴 동산이요, 닫힌 우물이요, 봉해진 샘이로다"라고 하셨다. 어찌 나의 신부가 잠긴 동산인가? 잠긴 동산은 아무나 열 수 없고 열쇠를 가진 자만 열 수 있다. 신부 성도가 잠긴 동산이라고 한 것은 예수님만이 들어올 수 있고, 이단이나 비진리는 들어 올 수 없다는 것이다. 잠긴 동산은 "나는 그분의 것이요, 그분은 내 것이라" 하는 신앙이므로 신부 성도는 예수님이 보여 주시는 것만 본다. 창세기 3장의 에덴동산에서 출발하여 더욱 발전한 것이 잠긴 동산이 되었다. 여기서 더 나아가 완성된 것이 곧 거룩한 도성 새 예루살렘이다. 에덴동산 안에는 마귀가 들어갈 수 있었다. 이것은 하나님이 멜기세덱을 통한 영의 구원을 이루기 위해 잠시 마귀가 들어가도록 허락하신 역사이다. 그러나 잠긴 동산 안에는 마귀가 들어갈 수 없게 하셨다. 오직 재림하실 신랑 예수님만 출입할 수 있게 하셨다. 동산 안에는 꽃들과 열매, 모든 유향나무와 향료들로 가득하다. 그 안에는 닫힌 우물이 있다. 거기에서 더 좁혀 들어가면 봉해진 샘이 있다.

그다음 나의 신부는 닫힌 우물이라고 하신다. 창세기 29장 1절 이하에 모든 양 떼들이 우물 곁에 다 모이면 여러 목자들이 우물 입구를 막은 돌을 굴려 양들에게 물을 먹였다. 그런데 야곱이 혼자 힘으로 이 돌을 굴려 라헬이 돌보는 라반의 양에게 물을 먹였다(창 29:10). 야곱은 다른 목자들과 같은 그런 목자가 아니다. 하나님의 언약을 가진 자로서 닫힌 우물 덮개를 열어 양들에게 물을 먹이는 하나님의 종이다. 우물에 덮개가 없으면 빗물도 들어가고 더러운 것들이 들어갈 수 있다. 그러나 나의 신부는 닫힌 우물이므로 누가 열어 주어야 우물물을 마실 수가 있다. 열어 주는 이는 바로 진리의 영이시다. 오직 진리의 영에 의하여 진리의 말씀만 받게 되는 성도가 나의 신부요 금 촛대 교회의 이긴 자이다. 오늘날 교회와 성도들이 이 말씀, 저 말씀 모두 무분별하게 받아들이려는 경향이 많이 있다. 하지만 우리는 닫힌 우물이 되어야 한다. 요한복음 10장에 목자와 양과 문지기가 나온다. 예수님이 선한 목자요, 양은 성도를 의미한다. 양의 목자는 양의 문으로 들어가고 문지기가 곧 그에게 문을 열면 양들은 목자의 음성을 듣는다고 했다. 여기서 문지기가 진리의 영이다. 그러나 강도와 절도는 양의 문으로 못 들어가고 다른 길로 넘어 들어간다고 했다. 이와 같이 닫힌 우물은 아무나 열 수 없고 오직 진리의 영으로 열어 주셔서 진리만 먹고 사는 자가 신부 성도이다.

또 내 신부는 봉해진 샘이라고 하신다. 봉해진 샘의 열쇠는 신랑 예수님이 가지고 계신다. 그가 열쇠로 열지 않으면 봉해진 샘은 절대 열리지 않는다. 신랑 예수님이 봉해진 샘을 열어 주시면 그곳에서 무엇이 터져 나오는가? 생명수가 터져 나온다. "나 예수는, 교회들에 관한 이런 일들을 너희에게 증거하기 위하여 나의 천사를 보내었노라. … 원하는 자는 누구든지 생명수를 값없이 마실지어다. 이는 내가 이 책의 예언의 말씀들을 듣는 각 사람에게 증거함이니 누구든지 이 말씀에 더하면 하나님께서 이 책에 기록된 재앙들을 그에게 더하실 것이요."(계 22:16-18). 요한계시록의 말씀은 봉해진 샘으로서, 즉 밀실 복음과 같다. 요한계시록의 주인공인 신랑 예수께서 열어 주시지 않으면 누구도 이 예언의 말씀을 열 수 없다. 또 그가 열어 주시면 누구도 닫을 수 없게 하셨으니, 이것이 곧 봉해진 샘이다. 봉해진 샘을 열어 주셔서 주 재림의 예언의 말씀의 생수를 마시게 하시는 분이 신랑 예수님이시다. 할렐루야.

12. 잠긴 동산 안의 나무들

12절의 잠긴 동산은 신랑 예수님만 맞이하는 신부 성도를 가리킨다. 또 예수님만이 그 동산을 여시고 출입할 수 있다.

(아 4:13–14) 네 나무들은 아름다운 열매 열린 석류 밭이요, 감송향을 지닌 캠퍼와 감송나무와 사프란과, 창포와 계피나무와 모든 유향나무와, 몰약과 알로에와 모든 귀한 향료들이며

그 동산 안에 13–14절의 각종 아름다운 나무들과 열매들은 신부 성도로서 기뻐하고 찬송함이 이 동산 안의 모든 아름다운 것들로 열매 맺은 결실이다. 또 이는 신부 성도가 계속해서 열매를 맺으며 새로워지는 모습이기도 하다.

"네 나무들은 아름다운 열매 열린 석류 밭"이라고 하였다. 석류는 아가서 4장 3절에 신부의 뺨이 석류 한 쪽 같다고 하였다. 이 석류는 씨가 많은 것이 특징이다. 씨는 생명을 상징한다. 그 생명은 하늘나라의 영생에 합당한 열매를 맺는 삶을 가리킨다. 이와 같이 신부 성도는 영생의 열매를 맺는 역사가 한량없이 충만하다. 감송향은 마리아가 예수님의 발에 부은 향이다(요 12:3). 이는 구원하신 은혜를 감사하는 행동이다. 이와 같이 동산 안에 감송향과 감송나무들로 가득한 것은 신부 성도의 감사·찬송이 충만함을 계시한다. 즉 불평 불만이나 부족한 것은 전혀 없다는 것이다. 그리스도의 것이 된 것이 감사요, 재림하실 주님이

자신의 신랑이 되는 것이 감사이다. 또 '사프란'은 고벨화(1:14)와 비슷하다. 고벨화가 화평 · 화목을 상징하듯이 신부는 신랑 예수님과 아주 훌륭한 화평의 관계이다. 즉 둘 사이에 무언가 가로막힌 것이 없다는 것이다. 신부 성도는 신랑 예수님과 대면하면서 화목의 관계를 누리고 있다. 신부는 신랑 예수님의 사랑을 받으며, 또 그분을 사랑하는 관계이다. 이것이 동산 안의 사프란이다. 또 '창포'는 폭포 옆 바위틈에 피는 꽃이다. 흙 있는 지면에서 구별되어 물가 바위틈에 피어나는 창포를 통해서 성령이 우리에게 신령한 것을 깨닫게 하신다. 즉 신부는 창포와 같이 세상적이고 육적인 것과 완전히 구별, 성별된 자이다. 이는 악인의 자리, 죄인의 자리, 오만한 자리에 서지 않고 음녀 교회에 속하지 않는 신앙 정절을 지키는 것이다. 이러한 신부의 모습을 신랑 예수님이 기쁘게 여기신다.

또 '계피나무'는 거룩성을 상징한다. 계피를 씹으면 입안에 안 좋은 냄새가 말끔히 가신다. 이와 같이 죄악을 물 마시듯 마시는 우리 속에 예수가 들어가면 거룩하고 깨끗한 예수 그리스도의 것이 된다. 구약시대 성전에 쓰는 관유를 만들 때 창포와 계피가 들어간다(출 30:22-25). 성막의 모든 기명들과 아론과 그의 아들들을 제사장으로 세울 때 이 거룩한 관유를 부어 거룩히 구별하였다. 이와 같이 나의 신부는 거룩하고 흠과 티가 없도다, 간사함도 없도다. 이것이 곧 동산에 계피나무로 가득한 것이다. 또 모든 유향나무, 몰약, 알로에, 모든 귀한 향료들은 향재료이다. 이는 기도를 상징한다. 요한계시록 5장 8절과 8장 3절의 향이 가득한 호리병을 가졌으니 이 향은 성도들의 기도라고 했다. 이와 같이 동산 안에 향 재료들로 가득하다는 것은 신부 성도가 성령 안에서 무시로 기도하며 신랑 예수님과 영교함을 계시한다. 특히, 몰약은 영원히 썩지 않는 것, 즉 순교 신앙에 서 있는 신부의 생명의 향기이다. 이는 다니엘 3장의 사드락, 메삭, 아벳느고의 신앙과 같은 것임을 계시한다. 즉 하나님을 지극히 높이므로 자신들은 지극히 낮은 풀무 불에 기꺼이 들어간 것은 몰약과 같은 영적 모습이다.

13. 오, 북풍아 깨어나라

나의 신부는 “잠긴 동산이요, 닫힌 우물이요, 봉해진 샘이로다”라고 주님은 비유로 말씀하신다. 한마디로 무슨 뜻일까? 잠근 동산은 오직 예수님만이 들어오실 수 있으며 비진리, 이단 사설은 절대로 못 들어온다. 그리고 신랑 예수님이 동산 과실을 드시고, 또 모든 향을 맡으시는 것이다. 신부 성도가 기뻐하고 찬송함이 이 동산 안의 열매들이다. 또 이는 신부 성도의 온전한 신앙 모습을 계시한다. 또 나의 신부는 덮은 우물이다. 이는 아무도 열 수 없는, 오직 진리의 영으로만 열어 주시고 그 진리로만 먹는 자가 신부임을 계시한다. 또 ‘나의 신부’는 봉한 샘이다. 이는 요한계시록의 예언의 말씀을 신랑 예수님이 열어 주시어 생수로 신부 성도가 마시게 됨을 계시한다.

(아 4:15) 동산들의 샘과 생수의 우물과 레바논에서 흘러나온 시내들이 있도다.

‘동산들의 샘’은 12절의 봉해진 샘으로서 밀실 복음인 요한계시록을 말한다고 했다. 오직 신랑 예수께서 요한계시록의 말씀을 신부 성도에게 열어 주셔서 동산 안에 그 샘이 흐르고 있는 것을 말씀한다. 또한 ‘생수의 우물’은 12절의 닫힌 우물로서 신부 교회를 계시한다. 교회 강단에서 생수가 흘러나와 그것을 성도들이 받아 마시는 것이다. 그런데 오직 진리의 영을 통하여 영생의 말씀으로 흘러넘치게 하신다. 특히 재림하실 예수님으로 말미암아 첫째 부활의 영광의 말씀이 강단에서 흘러넘치게 하신다. 동산 안에 있는 생수의 우물은 고여 있는 우물이 아니다. 동산에 생수의 우물이 터져서 흘러나가 그 동산을 적시니 동산 안에 각종 나무들과 꽃들, 향 재료들이 자라는 것이다. 동산 안에, 즉 신부 성도에게 “레바논에서 흘러나온 시내들이 있도다”라고 하였다. 신부 성도에게는 샘과 강단으로부터 흘러나오는 생수가 넘쳐흘러서 시내를 이루는 것과 같이, 동산을 적시는 젖줄과 같이 된 것을 말씀한다. 먼저 그리스도께서 시내와 같이 흘러넘치셨다. 그리스도께서 자신을 희생하여 다른 사람들을 살리고 구원하시고, 흠과 티가 없이 그리스도의 형상까지 자라게 하신 것이 그리스도가 시내와 같이 흘러넘친 것이 된다. 그 시냇물에 뿌리를 박은 자는 가물어도 죽지 않고 시절을 좇아 과실을 잘 맺게 된다(시 1:3). 그리스도의 신부가 시내들 같다는 것은 다른 영혼을 위하여 헌신하면서 다른 영혼이 자라고 열매 맺는 데에 쓰이고 있는 것을 말한다. 신랑 예수님과 똑같이 신부 성도도 자기 자신이 희생하면서 다른 향 재료들과 각종 나무들을 기르고 열매를 맺게 하는 데에 헌신하게 된다.

(아 4:16) 오, 북풍아, 깨어나라. 너 남풍아, 오라. 내 동산 위에 불어서 향내를 흘려보내어, 나의 사랑하는 이로 그의 동산에 들어와서 그의 아름다운 실과들을 먹게 하라.

결론적으로 동산 안에 풍성하게 맺힌 아름다운 열매들과 꽃들, 향 재료들이 향내를 더 발산하고 열매를 더 맺을 수 있게 주님이 이루시는 역사는 무엇일까? 이는 북풍과 남풍을 주님의 동산 위에 불게 하시는 것이다. 이에 향내를 더 발하게 하고 열매를 더 맺게 하신다는 말씀이다. 북풍과 남풍은 환란을 상징한다. 신랑 예수님만 사랑하는 것으로 인해 압제받고 핍박과 박해 당하며 손해 보는 모든 환란이 북풍과 남풍이다. 앞으로 있게 될 7년 환란도 북풍과 남풍이다. 순교의 신앙에 선 자는 환란과 고난 중에 오히려 찬송과 감사가 터지고 주님을 더욱 영화롭게 한다. 이것이 북풍과 남풍으로 인해 신부 성도(동산)가 향내를 더 내는 것이며 예수님이 이 향을 열납하시는 것이다. 또한, 열매 맺는 역사도 이와 마찬가지이다.

제5장

더 큰 은혜 주시려고 찾아오신 신랑, 그 신랑을 증거하는 신부

1. 내가 나의 동산에 들어오다

잠근 동산 안에는 샘이 흐른다. 또 '생수의 우물'이 있다. 이는 12절의 닫힌 우물로서 신부 교회를 계시한다. 그 교회 강단에서는 생수가 흘러나와 그것을 성도들이 받아 마신다. 이는 오직 진리의 영을 통하여 영생의 말씀을 받는 것을 계시한다. 특히 신부 되게 하는 첫째 부활의 영광의 말씀을 증거받는다.

> **(아 5:1)** 나의 누이, 나의 신부야, 내가 나의 동산에 들어와 나의 몰약과 나의 향료를 거두고 나의 벌집을 나의 꿀과 더불어 먹었으며, 내가 나의 포도주를 나의 젖과 더불어 마셨도다. 오, 친구들아, 먹으라. 오, 사랑하는 사람들아, 마시라, 실로 풍부히 마시라.

신부인 잠긴 동산은 오직 신랑 예수님만을 맞아들이는 동산이다. 동산 안에 들어온 예수님이 '나의' 동산, '나의' 몰약, '나의' 향료, '나의' 꿀 등 동산 안에 있는 모든 것을 '나의 것'이라고 말씀하신다. 그 이유는 신부가 주님의 것을 받아서 오직 신랑 예수님을 위하여 맺은 열매들이기 때문이다. 동산은 신랑 예수님을 위해서만 열매를 맺고, 신랑 예수님은 신부가 맺은 풍성한 열매를 기쁘게 열납하신다. 동산 안의 모든 나무와 꽃과 열매들은 신부의 영적 생활을 계시한다. 1절 말씀에는, 오직 주님만을 위하여 열매 맺으며 삶의 목적이 주님에게만 두어진다. 또 주님의 사랑과 은혜받은 것으로 인하여 주님께만 영광 돌리고 주만 따르고 순종하는 모습들이 계시되어 있다.

'나의 몰약'은 예수님이 먼저 보여 준 십자가의 대속의 제물 됨을 깨달은 신부가 신랑 예수님을 그대로 따르면서 자신도 순교할 것을 기다리고 있음을 의미한다. 이것이 주님이 기뻐하시는 '나의 몰약'을 드리는 것이다. 신랑 예수가 십자가에 죽으심으로 제물 되신 것처럼 신부가 신랑 예수를 따라 순교한다. 신랑 예수께서 '나의 향료'를 거둔다는 것은 신부의 기도를 기쁘게 받으시는 것을 말씀한다. "나의 벌집을 나의 꿀과 더불어 먹었다"는 것은 신부가 동산이 되어 신부의 혀 밑에 꿀이 있고 신부의 입술에 벌집의 꿀로 철철 넘쳐흐르고 있는 것을 신랑 예수님이 열납하시는 것을 말씀한다. 신부가 입만 열면 주님이 주신 말씀, 즉 신령한 젖이 흘러나오는 것이다. '나의 포도주'는 예수님이 십자가에 피 흘려서 우리의 죄를 구원하신 구원의 복음(속죄 복음)을 말씀한다. 신랑 예수님이 그 포도주를 마셨다는 것은 신부가 속죄 복음을 믿고 구원의 은혜를 잊지 않고 감사하며 주님의 것이 되어서 그분을 따르고 있는 신부를 주님이 기쁘게 열납하시는 것을 말한다. "오, 친구들아, 먹으라. 오, 사랑하는 사람들아, 마시라, 실로 풍부히 마시라" 하는 것은 잔칫집의 풍경이다. 우리나라의 관습에도 어느 집에 잔치가 벌어지면 동네방네 음식 냄새, 기름 냄새가 진동하고, 잔치 소식을 들은 이웃 마을에 사는 사람들, 걸인들까지 찾아와서 음식을 마음껏 먹고 놀고 기뻐한다. 이와 같이 주께서 재림하실 때 혼인 잔치가 벌어질 것을 말씀한 것이다. 요한계시록 19, 21장의 주의 재림과 신부인 새 예루살렘 성의 혼인 잔치가 펼쳐지는 모습을 믿음의 실상으로 받아 가지고 있으면 아가서 5장 1절의 말씀이 쉽게 소화가 될 수 있다. 혼인 잔치의 주인공인 신랑 예수님과 신부만 기뻐하는 것이 아니라 모두가 기뻐하는 최고 환희의 축제가 되는 것이다. 신부는 '잠긴 동산'이라고 말씀하셨는데 동산의 첫출발은 창세기 2장의 에덴동산부터이다. 천국의 모형인 에덴동산은 교회의 원형이 된다. 아가서에 와서는 잠긴 동산으로 온전히 단장이 된다. 이는 요한계시록 21장 9절의 거룩한 도성 새 예루살렘, 즉 어린양의 아내로 계시하고 있다. 할렐루야.

2. 내게 문을 열어다오

5장 1절의 끝에 "친구들아 먹으라" 한다. 이 친구들은 누구인가? 그들은 신랑 예수님과 신부와의 혼인식을 축하해 주는 자들이다. 요한복음 3장 27-29절에서 세례 요한이 자신은 그리스도가 아니요, 그분 앞에 보내심을 받은 자이다, 신부를 얻는 사람은 신랑이지만 신랑의 친구는 곁에 서서 신랑의 음성을 듣고 그 음성으로 인하여 크게 기뻐한다, 요한 자신이 이와 같은 기쁨이 충만한 친구라고 하였다. 세례 요한같이 신부 성도가 잠긴 동산 안의 풍성한 열매와 향으로 열매 맺는 것은 신부 혼자 이룬 것이 아니다. 주님이 보내 주신 천군 천사로 돕게 했으므로 신부의 혼인식에서 당연히 함께 일한 천사들이 축하하며 기뻐하는 것이다. 또 후 3년 반 동안 하나님의 진노 심판에서 예비처로 인도되어 보호 양육을 받던 자들이 휴거되어 주의 재림의 날에 축하해 주는 친구들이 된다.

(아 5:2) 내가 잘지라도 내 마음은 깨어 있나니 두드리는 것은 내 사랑하는 이의 음성이라. 말하기를 "나의 누이, 나의 사랑, 나의 비둘기, 나의 더럽혀지지 않은 이야, 내게 문을 열어 다오. 나의 머리는 이슬로, 나의 머리 타래는 밤이슬로 가득하도다" 하였도다.

육신은 잠을 잘지라도 영은 주님과 깊이 교제가 된다. 즉 주님의 음성을 들을 수 있고 주님을 감각할 수 있는 것은 마음이 깨어 있는 것이며 신앙 수준이 상당히 높은 것이다. 신부 성도가 신랑 예수님의 두드리는 음성을 듣고 있다고 했다. 그리고 주님이 신부를 부르는 호칭을 "나의 누이, 나의 사랑, 나의 비둘기, 나의 더럽혀지지 않은 이야" 하고 부르셨다. "나의 누이"는 오라비와 누이의 아버지가 같다는 것인데, 신랑 예수님과 신부 성도의 아버지가 같아지는 때는 신부 성도가 부활체가 되었을 때 비로소 예수님과 신부 성도가 오라비와 누이의 관계로 이루어진다. 신부 성도가 현재 이 믿음으로 서 있으므로 신랑 예수께서 "나의 누이"라고 부르시는 것이다. "나의 사랑"은 주님의 사랑을 받은 신부 성도가 그 사랑으로 온전히 주님을 사랑하고 있으니 "나의 사랑"이라고 부르시는 것이다. "나의 비둘기"는 신앙의 정절 면을 말씀한다. 좌우로 치우치지 않고 신랑 예수를 끝까지 따르는 신부이기에 "나의 비둘기"라고 부르시는 것이다. "나의 더럽혀지지 않은 이야"는 깨끗하다는 의미도 있지만 완전하다는 의미를 더 강조하고 있다. 우리가 주님 앞에서 점과 흠과 티가 없이 완전무결한 자가 될 수 있는가? 우리의 힘과 의로는 완전무결한 자가 될 수 없다. 오직 주님이 우리를 보실 때 "나의 더럽혀지지 않은 완전무결한 이야" 하고 인정하시면 될 수가 있는 것이다. 이는 우리가 예수님의 의로 100% 입혀지면 가능하다. 주님이 완전하시므로 그분 안에 있는 나를 더럽지 않고 흠과 티가 없는 완전한 자로 보시는 것이다. 그러나 우리 자신의 의가 조금이라도 있으면 더러운 것이 된다. 그런데 신랑 예수께서 "내게 문을 열어다오" 하고 잠자고 있는 신부에게 말씀하시고 있는 것은 문제가 발생한 것이다. 신랑 예수님의 아내가 되면 남편이 신부에게 들어갈 때마다 아내의 허락을 받는 것이 아니다. 신랑 예수께서 자신이 원하는 때에 신부에게 들어오면 신부는 항상 받아들이는 것이 된다. 또 신랑 예수와 신부 사이에 문이 가로막혀 있으면 안 된다. 1절의 마음이 깨어 있어서 신앙 수준이 높은 신부 성도일지라도 그 안에 부족함이 또 있는 것을 계시한다. 신랑 예수와 신부가 늘 함께하며 아무 막힘이 없는 관계가 이루어지면 육신의 잠자는 것조차도 없어지고 주님과 100% 늘 함께 있게 된다.

3. 내가 겉옷을 벗었으니

5장 2절 하반절 "나의 누이, 나의 사랑, 나의 비둘기, 나의 더렵혀지지 않은 이야, 내게 문을 열어 다오. 나의 머리는 이슬로, 나의 머리 타래는 밤이슬로 가득하도다." 이처럼 주님이 밤이슬을 맞아 가면서 많은 시간이 걸려서 신부에게 오셨다. 하지만 문이 잠겨 있다. 주님은 신부 성도에게 계속해서 은혜의 역사를 하신다. 그런데 문 안쪽에 있는 신부 성도는 어떤 상태에 있는 것일까? 신부 성도가 지금까지 받은 은혜가 너무 많다. 그리하여 고린도전서 15장 10절 말씀과 같이 은혜가 충만한 영적 부요함으로 인하여 "이제 됐구나!" 하는 안일한 심령 상태에 놓여 있는 것이다. 이것이 신랑 예수님과 신부 성도 사이에 막혀 있는 문이다. 그러나 고린도전서 4장 4절에 사도 바울이 자신을 자책할 것이 하나도 없이 완전하지만 이것으로 자신이 의롭게 되는 것은 아니라고 고백하였다. 신부 성도가 지금까지 주님의 품 안에서 그분의 은혜와 사랑을 받아 왔다. 또 진리를 신부 성도가 자기 심령의 아귀까지 채워 가면서 신랑 예수님을 따라왔던 영적 긴장감이 풀어진 것이다. 이는 신부의 신앙에 올라섰을지라도 무한하게 달려가야 되는 것을 계시하는 것이다.

(아 5:3) 내가 나의 겉옷을 벗었으니 어찌 다시 입으리오? 내가 나의 발을 씻었으니 어찌 다시 더럽히리오?

신부 성도가 자신을 볼 때 겉옷을 벗었다는 것은 죄의 겉옷을 완전히 벗은 의로운 자라는 것을 계시한다. 또 자신의 발을 씻었다는 것은 주님을 따르는 신앙생활의 발자취를 말씀의 물로 깨끗이 씻은 것을 말한다 (엡 5:26). 이는 말씀으로 회개하고 깨우침을 받아 자책할 것이 하나도 없이 깨끗한 영적 상태가 된 것을 말한다. 그러므로 신부 성도가 스스로 생각하기를 현재의 영적 상태로 계속 머물러 있는 것이 좋으니 다시 움직여서 더럽혀지고 싶지 않다는 것이다. 신랑 예수님은 신부 성도에게 더 많은 은혜를 주셔서 계속 열매를 맺으며 영적으로 은혜의 깊은 경지에 들어가기를 원하신다. 그런데 신부 성도는 자신의 겉옷과 발이 더럽혀지는 것을 핑계 삼고 문을 열지 않고 있는 것이다.

(아 5:4) 나의 사랑하는 이가 문구멍으로 그의 손을 들이미니 그에게로 내 마음이 움직였도다.

주님은 여전히 문밖에서 문을 열어 달라고 하신다. 그런데 신부는 계속해서 잠자리에 누워서 몸을 일으키지 않고 있다. 그때 신랑 예수님이 주님의 손을 문빗장이 있는 틈 사이로 집어넣으셨다. 주님의 손은 십자가에 못 박혀 피 흘린 손이다. 피가 뚝뚝 떨어지고 있는 주님의 손을 보게 되면 어떤 패역한 자라도 정신이 들어서 일어나게 되어 있다.

(아 5:5) 내가 나의 사랑하는 이에게 문을 열어 주려고 일어나니 내 손에서는 몰약이 떨어지고 내 손가락에서는 향기로운 몰약이 문손잡이 위에 떨어지는도다.

문빗장 사이로 주님의 피 흘리시는 손을 신부 성도가 보게 된다. 신부 성도는 그때서야 주님의 대속의 은혜와 또한 자신을 주님과 같은 순교 제물 되게 해 주시는 주님으로 새삼 상기하면서 그 사랑으로 인하여 문을 열어 주려고 일어났다. 신부 성도가 문을 열어 주님을 맞이하려고 하는데 문손잡이 위에 몰약이 떨어지는 것은 주님이 제물 되셔서 나를 구원해 주신 대속의 죽음을 의미한다. 또한, 나를 순교 제물로 순교하게 해 주실 주님을 죽기까지 따르는 순교의 믿음을 나타낸 것이다.

4. 그가 가까이 계실 때 찾으라

주님이 밤이슬로 머리가 가득하도록 밤새도록 달려와서 신부 성도에게 문을 두드린다. "나의 누이, 나의 비둘기야. 내게 문 열어 다오" 하는 주님의 음성을 성도가 듣는다. 비록 그가 잠을 자고 있을지라도 마음이 깨어 있어 듣고 있다. 그러나 "내가 겉옷을 벗었으니 어찌 다시 입으리오" 말하면서 즉각 일어나지 않는다. 미적거리고 있는 것이다.

(아 5:6) 내가 나의 사랑하는 이에게 문을 열었으나 나의 사랑하는 이는 물러나서 가 버렸도다. 그가 말했을 때 나의 혼은 낙망하였도다. 내가 그를 찾았으나 발견할 수 없었고, 내가 그를 불렀으나 그는 내게 응답하지 않았도다.

주님께서 신부 성도에게 성령으로 말씀하시면서 깨닫게 하시는 역사를 2절부터 지금 5절까지 해 오셨다. 주님은 신부 성도에게 더 은혜를 주시려고 찾아오신 것이다. 그런데 신부 성도가 즉각 문을 열지 아니했다. 그가 문 열었을 때는 이미 주님은 가버리고 안 계셨다. 때늦은 회개와 같은 것이 되었다. 성령으로 깨닫게 하는 순간에, 말씀을 듣는 순간에, 즉각 그에 합당하게 반응하고 부르짖어야 했었다. 깨우치고 말씀을 주실 때 미적거리지 말고 즉각 화답하고 부르짖고 은혜를 받아야 된다. 그렇지 않으면 때가 늦어지게 된다. 아모스 5장 4절에 "너희는 나를 찾으라. 그리하면 너희가 살리라", 또 이사야 55장 6절에 "그를 찾을 만한 때에 너희는 주를 구하며, 그가 가까이 계실 때 그를 부르라"라고 말씀하셨다.

(아 5:7) 성읍을 돌아다니는 파수꾼들이 나를 발견하더니 나를 쳐서 상처를 입혔으며 성벽을 지키는 자들은 내게서 나의 너울을 빼앗아 갔도다.

'성읍'은 이미 아가서 3장 2절 이하에서 나왔었다. 큰길이 있는 성읍,

즉 큰 도성은 결국 환란 날에 가서는 큰 바벨론이 된다. 큰 성읍은 신부 교회와 대비해서 보여 주시는 것인데 육적인 교회, 율법적인 교회, 신부의 신앙으로 길러지고 무장되지 않은 교회들이 '성읍'이다. 이러한 교회들이 환란 날에 배도하여 음녀가 될 것을 가르쳐 주신 것이다. 큰 성읍을 돌아다니는 파수꾼들은 교회의 지도자들을 가리킨다. 신부 성도가 은혜를 사모하고 잃어버린 것을 되찾기 위해 교회와 기도원을 찾아다니다가 큰 성읍의 파수꾼들에게 발견되어 그들에게서 오히려 영적인 상처를 받은 것을 말한다. 또 그들이 신부 성도의 너울을 빼앗아 갔다는 것은 요셉이 보디발의 아내, 곧 음행하는 여인에게서 겉옷을 빼앗긴 것과 같다. 신부 성도가 음녀가 될 교회들에서는 신부가 원하는 은혜를 받기는커녕 오히려 봉변만 당하는 것을 말씀한다. 영적으로 손해만 입게 되고 잘못하면 거기에 사로잡혀 야곱의 딸 디나같이 간음당하기도 하는 것이다.

(아 5:8) 오, 예루살렘의 딸들아, 내가 너희에게 부탁하노니 너희가 나의 사랑하는 이를 만나거든 너희는 내가 사랑으로 병이 났다고 그에게 말해 다오.

'예루살렘의 딸들'은 신부 성도와 구별되는 육적 교회·육적 성도를 가리킨다. 신부 성도가 신랑 예수님을 사모하며 그분의 은혜를 회복하기 위하여 병이 날 정도까지 되어 예루살렘의 딸들에게 기도 부탁을 하는 것이다. 신부 성도는 주님과 영적인 깊은 관계를 체험했던 자였기에 더 큰 은혜를 사모하면서 상사병 같은 병이 난 것이다. 이것은 초신자나 육적인 성도들에게는 일어날 수 없는 체험이다. 신부 성도의 자리에 있는 자가 답답하여 견딜 수가 없다. 그래서 교회와 기도원, 산으로 다니면서 은혜를 회복하려고 애를 쓰다가 할 수 없이 예루살렘의 딸들에게 순수한 심정으로 기도를 부탁하고 있다.

5. 나의 사랑하는 이는 희고도 붉어

(아 5:9) 오, 너 여자들 중에서 가장 어여쁜 자야, 네가 사랑하는 사람이 남이 사랑하는 사람보다 무엇이 더 나으냐? 네가 사랑하는 사람이 남이 사랑하는 사람보다 무엇이 낫기에 우리에게 이같이 부탁하느냐?

이 말은 신부와 같은 영적 수준에 이르지 못한 예루살렘의 여자들이 신부 성도의 기도 부탁을 순수하게 받아들이지 않고 비난하는 내용이다. 예루살렘의 딸들이 "오, 너 여자들 중에서 가장 어여쁜 자야, 네가 사랑하는 이 예수님이 남이 사랑하는 이(예수님)보다 무엇이 더 낫기에 이같이 부탁하느냐?" 하는 것은 신부의 신앙에 서 있는 가장 어여쁜 네가 그렇게 신앙이 좋고 순교할 것이라고 말하지만 우리도 너와 같이 예수님을 믿고 늘 깨어 주님을 맞이할 준비를 하고 있도다, 이렇게 말하면서 신부 성도의 신앙을 비방하는 것이다. 이는 앞으로 7년 환란이 있고, 그 환란 중에 순교케 하여 주님이 재림하실 때 그분을 신랑으로 맞이할 수 있도록 오늘날 그리스도의 신부로 세우시는 하나님의 말씀과 그 역사를 비방하는 것이다. 그리스도의 신부가 되려면 재림하실 주님이 말씀하시는 예언의 말씀을 깨닫고, 믿고, 그 말씀에 의해서 인도받아야 한다. 이와 달리 이 예언의 말씀도 무시하고 필수적인 영적인 연단도 전혀 없이 어찌 재림 주님을 맞이하겠다는 것인가? 믿음 없이, 말씀 없이 단지 마음과 생각으로만 결단하는 자는 환란 날에 소동하며 배도하게 된다. 그런데 이런 사람들이 말하기를 "예수를 믿으면 우리 모두가 그분의 신부가 되는 것이 아니냐? 유독 네가 믿는 예수님만 신랑이냐? 너만 순교하는 것이 아니라 우리도 산 순교의 신앙으로 살고 있도다" 하고 비방을 한다. 이처럼 육적인 신자들은 영적으로 신앙이 깊은 자들을 호시탐탐 노리다가 무언가 허점이 발견되면 그것으로 트집을 잡거나 비방, 짓밟는 일을 한다. 그러므로 순수한 마음으로 신부 성도가 예루살렘의 딸들에게 기도를 부탁하는 것은 결과적으로 볼 때 어리석은 것이다.

(아 5:10) 나의 사랑하는 이는 희고도 붉어 일만 명 가운데 가장 뛰어난 자라.

신부 성도는 지금까지 신랑 예수님을 인격적으로 많이 경험하여 그분을 잘 알고 있다. 예루살렘의 딸들이 비방할 때 신부 성도가 가만히 있지 않고 자기가 체험한 신랑 예수님을 자신도 모르게 자랑하게 된다. 그 내용이 10-16절 말씀이다. 그러나 신부 성도가 증거하는 신랑 예수님은 예루살렘의 딸들에게는 전혀 경험해 보지 못한 주님이시다. 이와 같이 우리도 예수님을 많이 경험하고 영적인 은혜의 역사가 있으면 그것은 영원토록 잊히지 않으며 증거할 수 있는 것이다. 10절부터 살펴보면, 신부 성도가 경험하고 있는 신랑 예수님을 단편적으로 쉽게 설명한 것이 아니라 영적으로 신비스럽고 신령한 분임을 표현하며 증거하고 있다. '나의 사랑하는 이'는 자기 자신 안에 계신 예수님을 가리킨다. 우리가 순교할 자로 확정되었으면 신부가 된 것이다. 신부의 사랑하는 이는 신랑 예수님이시다. '나의 사랑하는 이가 희다'는 것은 색깔을 말하는 것이 아니다. 이는 영적인 의미로서 거룩하고 성결함을 계시한다. 예컨대 다니엘 12장 10절에 7년 환란 때에 많은 사람들이 정결케 될 것이며 희게 된다고 말씀하셨다. 또 요한계시록 19장 7절 이하에 하나님의 말씀과 예수의 증거로 인하여 순교한 자들에게 어린양의 혼인식에서 정결하고 흰 세마포를 입게 하신다. 이것이 신부 성도가 신랑 예수님을 경험한 것이다. 인간에게는 도저히 가질 수 없는 하나님만의 거룩성·성결성이요, 바로 신랑 예수님이 이러한 분임을 신부가 경험한 것이다.

6. 그의 머리는 정금 같고

"나의 사랑하는 이가 희다"라고 주님을 증거한다. 반면에 신부 성도 자신은 주님과 달리 원래 죄성과 부패성으로 가득한 시커먼 죄인이었다. 즉 희지 못한 자이다. 그러나 자신을 희게 하시고 영원히 거룩하게 하신 신랑 예수님을 체험함으로써 이를 증거하는 것이다. 또 10절 하반절에 "나의 사랑하는 이가 붉다"라고 자랑한다. 이는 주님은 하나님의 영원성을 가지신 분임을 증거하는 것이다. 사무엘상 16장 12절에 이새의 막내아들 다윗이 사무엘 앞에 섰을 때 그 아이의 얼굴빛이 붉고 눈이 빼어나고 얼굴이 아름다웠다고 하였다. 이와 같이 붉다는 것은 건강하고 힘이 넘치는 것을 말하는데 곧 생명이 충만한 영원성을 의미한다. 피조물에는 영원함이 없으나 신랑 예수님은 영원히 계시었고 앞으로도 영원히 계시는 분으로 신부 성도가 경험하여 이를 증거하고 있는 것이다. 그리고 "나의 사랑하는 이는 일만 명 가운데 가장 뛰어난 자"라고 자랑한다. 신랑 예수님은 어느 누구와도 비교할 수도 없는 유일무이한 분임을 말한다. 일만 명 속에는 공자, 맹자, 철학자 등 훌륭한 사람들이 모두 포함되어 아무리 많을지라도 신부 성도가 사랑하는 이는 그들 중에 가장 뛰어난 자라고 했다. 이는 주님은 어느 누구와도 비교할 수 없는 유일한 분이 되심을 증거하는 것이다. 만일 일만 명에 속한 훌륭한 사람들이 촛불이라면, 신부 성도가 사랑하는 이는 이 촛불과 전혀 비교할 수조차 없는, 곧 태양이라고 증거하는 것과 같다.

(아 5:11) 그의 머리는 가장 좋은 정금 같고 그의 머리 타래는 많아 까마귀처럼 검도다.

"그의 머리는 가장 좋은 정금 같다"고 했다. 이는 모든 금속과 피조물은 변하는데 정금은 변함이 없음과 같이 신부 성도의 남편인 예수님은 불변하시는 영원불변성, 즉 신성을 가지신 분이라고 증거한 것이다. 또 "그의 머리 타래는 많아 까마귀처럼 검다"고 하였다. 머리가 희어지면 나이가 들고 힘이 빠졌다는 징조이다. 그런데 나의 사랑하는 이의 머리는 검으므로 힘이 빠지지 않고 왕성하고 젊다는 것을 말하고 있다. 또 진주 중에 가장 아름답고 비싼 진주는 까마귀처럼 검은 흑진주이다. 이와 같이 신부 성도의 남편인 예수님은 힘 있고 왕성하시며 또 존귀하시고 아름다우신 분이심을 친히 경험했고 이를 증거하는 것이다.

(아 5:12) 그의 눈은 강가의 비둘기들의 눈처럼 젖으로 씻겨 알맞게 박혀 있도다.

신부 성도가 사랑하는 이의 눈은 강가의 비둘기들의 눈 같다고 하였다. 비둘기가 하수구에 앉아 있으면 그 비둘기조차 더럽게 보인다. 그러나 맑고 깨끗한 강가에 앉아 있는 비둘기는 아주 깨끗해 보인다. 노아 홍수 후에 비둘기를 내보냈는데 더러운 곳에 앉지 않고 방주로 돌아왔듯이 비둘기는 순결·정결을 상징한다. 또 비둘기는 온유·평화로움을 상징한다. 이와 같이 주님은 인자하고 온유, 겸손, 순결하시다는 것을 증거하고 있다. 또한 "그 눈이 젖으로 씻겨 알맞게 박혀 있다"고 하였다. 눈병이 나면 안약 대신 민간요법으로 젖을 사용하기도 했다. 영적으로 문제 있는 자, 자기 자신이 깨닫지 못하는 것으로 인하여 안약이 필요한 자에게 예수님은 그를 치유하시고 바로 세우는 일을 하시는 분이시다. 주님의 눈이 불꽃 같다고 하신 말씀이 그와 같은 의미이다. 우리의 심령 속까지 꿰뚫어 보셔서 잘못된 것들을 드러내 주시고 주님의 사랑으로 치료해 주시는 눈이 불꽃 같은 주님의 눈이다. 신부 성도가 주님의 눈과 마주치면 그분의 눈 속으로 신부 성도의 눈이 빨려 들어가면서 주님의 온유, 겸손, 순결함과 똑같이 만들어 주시는 분이시다. 마태복음 11장 29절에 나의 마음이 온유하고 겸손하니 내게 와서 배우라는 말씀이 주님의 눈에 의해서 되는 것이다.

7. 그의 뺨은, 또 입술은? 손은? 배는?

(아 5:13) 그의 뺨은 향나무 밭 같으며 향기로운 꽃 같고, 그의 입술은 향기로운 몰약을 떨어뜨리는 백합꽃 같도다.

이는 신랑 예수님의 뺨이 향으로 풍성하다는 것을 말씀하고 있다. 주님의 향기는 생명에 이르게 하는 향기이다(고후 2:14-16). 그리스도에 관한 지식의 향기가 멸망하는 사람들에게는 사망의 향기이나 구원받은 사람들에게는 생명에 이르는 생명의 향기라고 하였다. 예수님의 온몸으로 이루신 일의 결과는 주님의 얼굴(뺨)에 나타난다. 따라서 "그의 뺨이 향나무 밭 같고 향기로운 꽃 같다"는 것은 주님이 나를 살리시는 분이요, 열매 맺는 생명으로 충만케 하시는 분이심을 계시한다. 그 생명은 나를 살리고 영생의 생명으로 충만케 하셨다. 또 이 주님의 뺨으로 인하여 신부 성도의 뺨이 석류 한 쪽이 된 것이다(아 4:3).

또 "그의 입술은 향기로운 몰약을 떨어뜨리는 백합꽃 같다"고 하였다. 주님의 입술은 입을 맞추어 하나 되게 하시는 입술이다. 아가서 1장 2절에 주님의 입술에 입맞춤으로 사랑이 시작되었다. 주님의 입에서는 말씀이 나온다. 또 몰약은 예수님의 피를 상징한다. 예수님이 피 흘려 우리를 구원해 주신 복음이, 곧 예수님의 입술이 몰약이 떨어지는 향기로운 백합화 같다고 말씀하신 것이다. 그리고 이 복음을 받아 가지고 사는 신부 성도의 입술이 주홍색 실 같다고 하였다(아 4:3). 주홍색도 예수님의 피 흘리심과 맥을 같이 한다. 주님의 피로 영원히 죄사함받은 은혜를 고백하고 증거하는 입술이 주홍색 실 같은 신부 성도의 입술이다. 뿐만 아니라 주님의 입술에 두 번째 입맞춤이 있다. 주님의 몸 된 교회를 위하여 예수님의 남은 고난을 내 육체에 채운다고 고백한 사도 바울같이(골 1:24), 미리 우리에게 보여 준 하늘나라 영광을 소망하면서 주님과 같은 피 흘림의 고난을 본받아 기쁘게 뒤따르게 하는 것, 즉 영광의 복음이 주님의 입술에 몰약으로 뚝뚝 떨어지는 향기로운 백합화 같은 것이다. 주님의 남은 고난 중에 순교까지 하게 해 주시는 그 길을 따라가게 되므로 최고의 첫째 부활의 영광까지 주시는 분이 곧 주님이시며 복음은 주님의 입술에 몰약으로 떨어지는 백합화이다. 그렇기 때문에 순교의 동지들은 서로 문안할 때 사랑의 입맞춤을 한다. 만일 예수님의 입과 내 입이 하나가 됐고 자기 자신이 순교의 제물로 준비가 됐다면 그 하나 된 믿음의 동지들과 뜨겁게 거룩한 사랑의 입맞춤을 하지 않으랴?

(아 5:14) 그의 손은 녹보석이 박힌 금 고리들 같으며, 그의 배는 사파이어로 입힌 빛나는 상아 같도다.

주님의 손은 하나님의 자녀들을 구원하기 위해 일하신 손을 가리킨다. 여기에는 십자가에 달려 죽임을 당하신 주님부터 출발한다. 그리고 요한계시록에 와서는 재림하실 주님이 금 촛대 교회의 주인이 되셔서 일곱 별을 붙잡고 금 촛대 교회 가운데서 일하시는 분으로 계신다. 그러므로 본문의 주님의 손은 일곱 금 촛대 교회의 일곱 별을 붙잡고 계신 그 손이다. 즉 일곱 금 촛대 교회의 사자를 통해서 환란 날에 이기는 자로 세우시는 계시이다. 일곱 금 촛대 교회의 사자에게 말씀을 주시고 이끌어서 감추인 만나와 새 이름이 새겨진 흰 돌까지 주시는 역사를 통해서 금 촛대 교회의 이기는 자로 세워서 결국은 금 면류관에 이르고 그리스도의 신부가 되게 하신다. 이것이 주님의 손이 금 고리들 같은 것이다. 또 금 고리에 녹보석이 박힌 것은, 첫째 부활의 영광을 받아서 그리스도의 신부가 되면 그 영광을 아버지 집에서 영원토록 계속 새롭게 하시는 분임을 계시한 것이다. 요한계시록 4장 3절에 하나님의 보좌를 두른 무지개가 녹보석 같다고 하신 것이 같은 맥락에서 말씀하시는 것이다.

8. 배는 빛나는 상아 같다

신부 성도는 주님을 깊이 경험하였고 그러므로 자신의 신앙으로 주님을 5장 10절부터 계속 담대히 증거하고 있다. 또 그의 배는 사파이어로 입힌 빛나는 상아 같다. 그의 배는 몸 전체를 가리키고 있다. 이는 11절부터 나의 사랑하는 이의 머리와 눈과 뺨, 입술, 손을 뺀 나머지 몸을 가리키는 것이다. 주님의 몸이 빛나는 상아 같다는 것은 주님의 몸이 한 번 죽었다가 다시 부활하셨다는 것을 말씀한다. 상아는 코끼리의 이빨인데 그 상아를 얻으려면 코끼리가 죽어야 한다. 코끼리의 몸은 죽어서 썩어 없어져도 상아는 영원히 남아 있는 것처럼 주님의 부활의 몸은 상아처럼 영원히 썩지 않는 몸을 가리킨다. 또 사파이어를 입힌 빛나는 상아 같다는 것은 그 모습이 사파이어같이 광채로 빛나는 영광의 몸이라고 신부 성도가 증거하는 것이다. 출애굽기 24장 10절에 하나님의 모습이 마치 사파이어 돌로 포장한 것 같고 그 청명함은 하늘 같다고 하였다. 하나님의 본 모습이 아니라 지나가는 모습이 이렇게 신비스럽고 아름답고 영광된 모습이라고 하였다. 신부 성도는 이러한 주님을 신랑으로서 함께하며 경험하고 있다. 그 주님 안에서 자기 자신도 주님과 하나 된 믿음으로 서 있는 것이다. 그리고 자신도 순교를 통해서 부활하게 될 때 사파이어로 단장한 것 같은 영광의 몸으로 될 것을 소망하며 믿음의 실상으로 받아 가지고 있는 것이다.

(아 5:15) 그의 양 다리는 정금 받침대 위에 세운 대리석 기둥 같으며, 그의 용모는 레바논 같고 백향목들처럼 수려하도다.

신부 성도가 신랑 예수님을 경험했기에 그분의 다리를 잘 알고 있다. 다리는 걷기도 하고 서서 밟기도 한다. 정금은 예수님의 머리가 정금 같다고 말씀하셨듯이(11절) 신성을 상징한다. 즉 신랑 예수님의 양 다리가 '정금 받침대' 같다는 것은 기본적으로 신적인 권위를 가지고 계신 분이라는 것을 의미한다. 또 "그의 양 다리가 대리석 기둥 같다"는 것은 웅장하고 부서지지 않는 강한 대리석같이 주님이 아주 견고하고 강하신 분이라는 것을 의미한다. 그러므로 신랑 예수님은 하나님의 권위를 가지고 계신 분으로서 가장 강하시고 존귀하신 분이라는 것이다. 빌립보서 2장 10-11절에 하늘에 있는 것이나 땅 위에 있는 것이나 땅 아래 있는 것이나 모든 무릎을 예수의 이름에 꿇게 하셨다고 말씀하셨다. 또 고린도전서 15장 25-27절에 주께서 모든 원수를 자기 발아래 두실 때까지 통치하되 맨 나중에 멸망받을 원수는 사망이라 하셨고, 모든 만물을 예수님의 발아래 복종케 하신다고 말씀하셨다. 이는 예수님의 다리가 정금 받침대 위에 세운 대리석 기둥 같기 때문이다. 또 "그의 용모는 레바논 같고 백향목들처럼 수려하도다"라고 말씀하셨다. 이 말은 예수님의 외적인 전체적인 모습을 말씀한 것이다. 레바논을 대표하는 헤르몬 산은 그 용모가 웅장하고 듬직해 보인다. 이와 같이 신부 성도의 남편인 예수님은 듬직하고 미쁘신 분이시다. 또 의지할 수 있고 전혀 걱정되지 않는 분이다. 이러한 예수님을 끊임없이 경험해야 된다. 한편 레바논의 내적인 모습은 백향목들로 숲을 이루고 있듯이 예수님의 내적인 용모가 백향목들 같다는 것이다. 이는 예수님의 내적인 성품(속성)이 백향목들처럼 아름다운 것으로 가득 차 있다는 것을 말씀한다. 예수님의 성품이나 인격은 선하시고, 의로우시고, 고결하시고, 진실하시고, 사랑이시고, 긍휼이 많으시고, 온유·겸손하시고……, 우리가 이러한 예수님을 실제로 경험하면 그분 안에서 그와 같은 성품으로 우리의 속을 바꿔 주신다. 이것이 우리를 그리스도의 형상과 일치하게 하시는 역사이다.

9. 그의 입은 지극히 달콤하다

(아 5:16) 그의 입은 지극히 달콤하니, 참으로 그는 모든 것이 사랑스럽도다. 오, 예루살렘의 딸들아, 나의 사랑하는 이는 이러하고 나의 친구는 이러하도다.

13절에 주님의 입술에서 몰약이 뚝뚝 떨어진다고 하였다. 그런데 16절에서는 "그의 입이 지극히 달콤하다"라고 자랑하고 있다. 단것의 반대는 쓴 것이다. 쓴 것은 이 세상에서 잠시 누리다가 없어져 버리는 땅의 복이고, 단것은 하늘에 속한 영원한 참된 복을 의미한다. 주님의 입에서 나오는 단것은 말씀을 통해서 내게 참된 복으로 영원히 행복하게 해 주시는 것을 말씀한다. 내게 영생의 말씀을 주시는 주님의 입은 지극히 달콤하다고 증거하는 것이다. 11–16절까지 신부 성도가 사랑하는 신랑 예수님의 존재를 온전한 열 가지로 자랑하였다. 참으로 그분은 모든 것이 사랑스러운 존재이시다. 신부 성도 자신은 원래 죄성과 부패성으로 가득한 시커먼 죄인이었다. 즉 희지 못한 자이다. 그러나 자신을 희게 하시어 영원히 거룩하게 하신 신랑 예수님이심을 체험했고, 이를 증거하는 것이다. 또 나의 사랑하는 이가 붉다는 것은 하나님의 영원성을 가지신 분이심을 가리킨다. 사무엘상 16장 12절에 이새의 막내아들 다윗이 사무엘 앞에 섰을 때 그 아이의 얼굴빛이 붉고 눈이 빼어나고 얼굴이 아름다웠다고 하였다. 이와 같이 붉다는 것은 건강하고 힘이 넘치는 것을 말한다. 즉 생명이 충만한 영원성을 의미한다. 피조물에는 영원함이 없으나 신랑 예수님은 전에도 계셨고 앞으로도 영원히 계시는 분이시다. 이 신랑을 경험하여 신부 성도가 증거하고 있는 것이다. "나의 사랑하는 이는 일만 명 가운데 가장 뛰어난 자"라는 것은 신랑 예수님은 어느 누구와도 비교할 수도 없는 유일무이한 분임을 말한다. 일만 명 속에는 공자, 맹자, 철학자 등 훌륭한 사람들이 모두 포함된 숫자인데 신부 성도가 사랑하는 이는 그런 일만 명 중에 가장 뛰어난 자라고 했으니 비교할 수 없는 유일한 분이 되고 있음을 증거하는 것이다. 일만 명에 속한 훌륭한 사람들이 촛불이라면, 신부 성도가 사랑하는 이는 촛불과 비교할 수도 없는 태양이라고 증거하는 것과 같다.

제6장

신랑 신부의 온전히 하나 됨과 또 함께함의 경지에 이르다

1. 백합꽃들 가운데서 계신 분

(아 6:1) 오, 너 여자들 중에서 가장 어여쁜 자야, 너의 사랑하는 이가 어디로 갔느냐? 너의 사랑하는 이가 어디로 돌이켰느냐? 우리가 너와 함께 그를 찾아보리라.

5장 9절에서는 예루살렘의 딸들이 신부 성도의 부탁을 받고서 신부 성도를 비난하고 조롱했었는데, 6장 1절에 와서 상황이 반전되었다. 예루살렘의 여자들은 예수를 믿기는 하지만 신부 성도와 같이 예수님과의 깊은 사랑의 교통이 없는 신자들이다. 이들에게 신부 성도가 경험한 신랑 예수를 뜨겁게 증거할 때, 신랑 예수님에 대해서 잘 모르지만 그 예수가 엄청나다는 것을 깨닫고 종전의 마음을 바꾸어 신부 성도의 신랑이 되시는 예수님을 같이 찾아보자고 하는 것이다.

(아 6:2) 나의 사랑하는 이는 그의 동산으로 내려가 향나무 밭에 이르러 동산들에서 양 떼를 먹이고 백합꽃을 거두는도다.

신부 성도가 예수님에 대해서 자랑하며 증거하는 중에 종전에 자기 자신을 떠난 줄 알았던 주님이 자기와 함께하고 계시고 지금도 자기 안에서 계속 사랑하시며 역사하고 계시다는 것을 알게 되었다. 신랑 예수님이 "그의 동산으로 내려갔다"라는 것은 신부 동산을 가리키는 것이다. 아가서 4장 12절에 나의 누이, 나의 신부는 잠긴 동산이라고 말씀하셨다. 주님께서 신부 성도 자신에게 내려오셔서 목양 중에 계시고 백합꽃을 거두고 계시다는 것을 인식하게 된 것이다.

(아 6:3) 나는 나의 사랑하는 이의 것이요, 나의 사랑하는 이는 내 것이라. 그가 백합꽃들 가운데서 양 떼를 먹이는도다.

신부 성도는 예수 그리스도를 자기의 남편으로 모시고 있는 자이다. 주님이 나를 사랑하시는 그 진리의 사랑을 깨달은 것을 가지고 내가 그분을 사랑하고 있으니 나의 사랑은 그분의 것이 되고 있다. 이와 같은 관계를 요한복음 13장 23절에 사도 요한이 예수의 품에 기대어 있는 모습으로 계시하신다. 주님의 사랑 안에 푹 잠겨 있어서 그분과 하나가 되고 있는 것이다. 물론 예수의 이름으로 세례를 받으면 그리스도와 하나로 연합된 한 몸이 된다. 일반적으로 이 정도 신앙에서 멈추는데 여기서 더 나아가 주님이 내게 끊임없이 사랑을 쏟아부으셔서 더욱더 그리스도의 것이 되게 하신다. 즉 주님을 위해서 순교할 수 있는 중심으로 사로잡혀 있게 하신다. 이렇게 된 자는 그리스도가 십자가에 달려 고난받으신 것과 같은 자리까지 이끌어 가실 때 따라가는 자로서, 자신이 무엇을 하든지, 어디를 가든지, 그분이 이끌어 가시는 대로 가는 것이다. 이는 "나는 나의 사랑하는 이의 것이다", 또 "나의 사랑하는 이는 내 것이라"라고 하였다. 신랑 예수님과 신부 성도가 하나 된 속에서, 마치 예수님이 자기를 도장으로 찍어서 주님의 소유가 되면 그분도 내 것이 된 것과 같다. 온전히 하나가 되면 이와 같이 된다. 또 "그가 백합꽃들 가운데서 양 떼를 먹이는도다"라고 하였다. 백합꽃은 아가서 2장 2절의 가시나무 가운데 백합화를 가리킨다. 향기가 가장 풍부한 백합꽃은 바람에 흔들려 가시나무에 찔릴 때 더욱 향기를 발한다. 이 말은 환란이 있으면 있을수록 오히려 기뻐하고 찬송하고 있는 신부 성도를 가리킨다. 환란이라면 중한 병이나, 자녀가 죽거나, 사업이 망하거나, 도둑이 와서 모든 것을 불태우는 것 등이 있을 수 있다. 신부 성도는 나의 사랑하는 이가 내게 이 환란을 주셨다고 깨달으므로 오히려 찬송한다. 앞으로 7년 환란의 그날에도 더욱더 찬송하는 신부 성도는 백합꽃이다. 그러나 예루살렘의 딸인 육적인 성도들은 환란 가운데서 기뻐하지 않는다. 환란이 오면 움츠러들고 자신을 잃고 나중에는 하나님을 원망하고 만다. 환란 중에 오히려 기뻐하고 찬송하는 신부 성도를 목양하고 계신 분이 백합꽃들 가운데 계신 분이시다. 또 특별히 "양 떼를 먹인다"라고 한 것은 요한계시록 13장 8절에 일찍 죽임을 당한 어린양의 생명책에 녹명된 양 떼를 가리킨다. 나의 신랑인 예수님은 순교할 자로 녹명되도록 목양하시는 분이시다. 또 순교자로 확정된 자들을 목양하시는 분이시다. 다시 말해서 나의 사랑하는 이는 금 촛대 교회의 주가 되시고 머리가 되셔서 우리를 환란 중에 순교하게 해 주셔서 금 면류관의 영광을 받게 하시는 분이시다. 신랑 예수님이 신부 성도의 신앙을 키우시는 이 차원을 예루살렘의 딸들은 상상할 수도 없는 것이다.

(아 6:4) 오, 나의 사랑아, 너는 티르사같이 아름답고 예루살렘같이 보기 좋으며 깃발들을 든 군대처럼 위엄이 있도다.

신랑 예수님으로 말미암아 신부의 신앙으로 세워진 신부 성도를 주님이 기뻐하시고 칭찬하시는 내용이 4-7절이다. 신랑 예수님이 신부 성도에게 "오, 나의 사랑아, 너는 티르사같이 아름답구나"라고 칭찬하셨다. 티르사는 여로보암의 아내가 거처하는 왕궁이 있는 곳이다(왕상 14:17). 이 티르사는 난공불락의 요새와 같으니 신부 성도가 누구에게도 꺾이지 않는 신앙의 순결성이 마치 이와 같이 너무 아름답다. 또한 이는 왕비가 왕궁에 있는 것은 왕을 기쁘게 모셔 들이기 위함인 바 신부 너는 왕비로서 왕을 모셔 들이기 위해 아름답게 단장한 것 같다고 칭찬하는 것이다.

2. 길르앗 산에 나타난 염소 떼

"오, 나의 사랑아, 너는 예루살렘같이 보기 좋으며 깃발 든 군대처럼 위엄이 있도다"라고 주님이 칭찬하신다. "너는 예루살렘같이 보기 좋구나"라고 말씀하신 것은 일반 도시를 지칭한 것이 아니다. 요한계시록 21장 9-10절의 새 예루살렘 성을 계시한 것이다. 하나님께로부터 하늘에서 내려오는 큰 도성 거룩한 예루살렘은 신부인 어린양의 아내라고 말씀하셨다. 어린양의 아내가 된 신부는 드레스만 입고 물끄러미 서 있는 것이 아니라 신랑 예수님을 모셔 들이기 위해서 최고로 아름답게 단장하고 예비한다. 이 세상에서도 결혼식 몇 달 전부터 신부가 남편을 위해 단장한다. 에스더가 왕비로 간택되기 위하여 6개월 동안 향품으로 단장하였다고 했다(에 2:12). 이와 같이 신부 성도가 신랑 예수님을 위해서 단장한 모습을 "너는 예루살렘같이 보기 좋구나" 또 "너는 깃발을 든 군대처럼 위엄이 있구나"라고 말씀하신 것은 신부가 권세와 위엄이 있다는 것을 계시한다. 먼저는 신랑 예수님이 위엄 있으신 분이시니 신부도 그와 같이 위엄이 있다. 예수님이 재림하실 때 신부가 어떤 모습으로 오는지 알게 되면 이 말씀을 쉽게 깨달을 수 있다. 예수님이 재림하실 때 순교한 자들이 첫째 부활 하여 어린양의 아내인 신부가 된다. 또한 이들이 희고 정결한 세마포를 입고 군대같이 주님을 따르게 된다(계 19:14). 이들이 예수님과 같이 철장 권세를 가지고 아마겟돈 전쟁에서 예수님을 대적하는 자들을 전부 섬멸하고, 악한 자들을 포도즙틀을 밟듯이 심판도 한다. 신부 성도가 이러한 권세와 위엄을 가지고 오는 모습이 곧 깃발을 든 군대처럼 위엄이 있다고 하신다.

(아 6:5) 너의 눈이 나를 압도하니, 그 눈을 내게서 돌이켜 다오. 너의 머리는 길르앗에서 나타난 염소 떼 같고

신부 성도의 눈이 예수님의 눈을 압도해 버렸는데, 아가서 4장 9절

에서도 신부 성도의 한쪽 눈과 목의 사슬 한 개로 예수님의 마음을 빼앗았다고 하였다. 비둘기의 눈을 가진(아 4:1) 신부 성도에게 예수님이 반해버린 것이다. 신부 성도의 눈이 예수님의 눈과 똑같다. 신앙의 정절이 비둘기같이 순수한 것이 신부 성도의 눈이다. 신부 성도는 음녀와 타협하지 않고, 적그리스도와 거짓 선지자 앞에서 떠는 것이 아니라 아주 의연하게 신앙의 정절을 보이며, 예수님의 눈을 가졌기에 예수님이 고난받으시고 영광받으신 그 길을 똑같이 따라가며 고난을 기쁘게 여기는 신앙 안목을 가지고 있다. 이러한 신부 성도를 바라볼 때 예수님이 반하지 않을 수 없다. 신부 성도의 머리도 아가서 4장 1절에서 길르앗 산에서 나타난 염소 떼 같다고 칭찬해 주셨다. 길르앗은 야곱이 라반에게서 7일 밤낮을 도주하여 머문 곳이다. 야곱의 양 떼와 염소 떼가 7일 동안 밤낮을 가리지 않고 도망했는데도 다치거나 쓰러지지 않았다. 야곱의 양들은 얼룩무늬 있는 것, 아롱진 것, 점 있는 것들로서 아주 강했다. 이와 같이 "신부 성도의 머리가 길르앗 같다"는 것은 견고한 진리 지식이 있어서 넉넉히 7년 환란을 통과할 수 있다는 것을 의미한다. 거짓된 것, 음녀, 적그리스도 등에 절대 타협하지 않는 견고한 신앙이 길르앗 산과 같은 지혜이다. 또 이러한 견고한 신앙 위에 "염소 떼 같다"라고 하신다. 이는 염소 떼가 단체 미를 이루는 아름다움을 가리킨다. 즉 전체의 조화를 이루기 위해 자기 자신을 희생하는 신부 성도의 지혜를 말한다. 주님의 뜻과 목적, 주님의 몸 된 교회를 위해서 자기 자신을 나타내지 않고 오히려 희생, 헌신하며 다른 사람과 함께 조화를 이루어 아름다움을 이루려는 지혜가 신부 성도의 지혜이다.

3. 황후가 육십이요

(아 6:6) 너의 이는 씻는 곳에서 올라온 양 떼 같으니, 그중에는 새끼를 낳지 못하는 것이 하나도 없고 각기 쌍둥이를 낳는 것 같도다.

신부 성도의 이에 대해서 말씀하신다(아 4:2). 하나님의 말씀을 먹는 정도가 단단한 영적인 음식을 먹는 튼튼한 이가 되고 있음을 칭찬한 것이다. 이가 씻는 곳(목욕장)에서 올라왔다는 것은 늘 말씀으로 깨우침받아서 회개하는 것을 말한다. 말씀으로 심령에 깨우침을 받고 회개하면서 성장하였고, 이제는 말씀을 증거하여 새끼를 낳는 수준에 이르렀는데 새끼를 낳는 것마다 쌍둥이를 낳는다. 쌍둥이는 두 증인을 계시한다. 우리의 신앙이 먼저 두 증인의 신앙에 서 있으면 이러한 두 증인 같은 환란 날의 하나님 종들을 낳는 튼튼한 이를 가진 자가 된다.

(아 6:7) 네 뺨은 네 머리 타래 안에서 석류 한 쪽 같도다.

석류를 반으로 쪼개면 빨간 씨들이 총총히 박혀 있는 것을 볼 수 있다. 씨는 성경에서 영원한 생명을 의미한다. 뺨은 얼굴을 가리키는데, 온몸으로 이룬 모든 영광이나 몸의 상태는 얼굴에 나타난다. 신부 성도의 얼굴이 석류 한 쪽 같다는 것은 석류의 씨같이 영생에 이르는 열매 맺는 생명으로 충만한 신부 성도의 모습을 칭찬하시는 것이다.

(아 6:8) 왕후가 육십이요 후궁이 팔십이요 처녀들은 셀 수도 없으나

왕후는 왕의 부인으로서 재림하실 그리스도의 아내를 가리킨다. 왕후는 왕의 분깃을 이어받는 자이다. 앞으로 있을 7년 환란 날에 순교케 하여 주의 재림의 때에 첫째 부활 시켜 혼인식에 참여하게 될 대상들이다. 왕후가 60명이라고 했는데 이는 실제 수가 아니라 상징적인 숫자이다. 사람의 입장에서는 그 수를 알 수 없지만 하나님이 정하신 수가 있는데 (계 6:11; 7:9) 왕후가 될 자들은 모두 순교를 통하여 주의 재림 때에 그분의 신부가 되는 것이다. 후궁은 왕의 첩이다. 그녀는 왕의 분깃을 이어받는 왕후는 아니지만 왕을 경험하는 자이다. 즉 후궁은 그리스도의 신부는 아니고 휴거 성도를 가리킨다. 이들은 후 3년 반 동안 예비처에서

보호 양육을 받다가 주님이 재림하실 때 휴거를 통해서 주님을 맞이하는 자들이다. 이들이 천년왕국에 들어가서 종자 백성이 되는 것이다. 또 처녀는 왕을 경험하지 못하는 시녀를 가리킨다. 이들은 하나님의 자녀들을 수종드는 천군 천사들이다. 그리스도의 신부들과 예비처 성도들에게 하나님의 은혜를 받게 하고, 성도들의 기도를 받아서 하나님 앞에 가져가는 것 등을 시녀들이 하였다.

> (아 6:9) 나의 비둘기, 나의 더럽혀지지 않은 이는 오직 하나요, 그녀는 그 어머니의 외동딸이며 그녀를 낳은 어머니의 귀한 사람이라. 딸들이 그녀를 보고 그녀를 축복하니, 정녕, 왕후들과 후궁들과 사람들이 그녀를 칭찬하는도다.

'나의 비둘기'는 신부 성도를 가리키는데 특히 제일 앞서 있는 14만 4천 명을 가리킨다. 비둘기같이 신앙의 정절을 지켜서 음녀나 어떤 세상적인 것, 잘못된 신앙으로 유혹하는 데서 휩쓸리지 않고 있는 신부 성도이다. 또 비둘기의 눈으로 예수님의 마음도 빼앗아 갔다고 한 것처럼 주님의 고난의 길을 똑같이 기쁘게 달려온 신앙 안목을 가진 자이기에 '나의 비둘기'라고 호칭한 것이다. 더럽혀지지 않고 깨끗하며 온전한 자는 요한계시록 14장 1–5절에 14만 4천 명이라고 하였다. 주의 재림 때에 신부로서 가장 영광이 앞선 자가 14만 4천 명이다. 이렇게 "아름답고 온전한 신부는 오직 하나요" 하신 것은 상징적인 의미를 두고 말씀하신 것이다. 두 개가 있으면 비교 대상이 될 수 있으나 오직 하나이기에 어디에, 무엇과 비교할 수 없는 귀한 사람이며 아름답다는 것을 강조한 것이다.

4. 아침처럼 비추고 달처럼 고우며

"그녀는 그 어머니의 외동딸이며" 하는 것도 마찬가지이다. 하나님 앞에서 외동딸같이 귀하고 아름다운 신부로 인정하고 칭찬하시는 것이다. 또 예수님은 하나님 앞에서 아들이면서 외동아들이다. 외동아들과 결혼하는 사람은 외동딸과 같은 것이다. '그녀를 낳은 어머니'는 성령 하나님을 가리킨다. 사람이 물과 성령으로 나지 아니하면 하나님 나라에 들어갈 수 없다고 말씀하신 것과 같이 낳는 것은 성령이시다. 마리아의 태 속에 말씀이신 예수님을 잉태케 성령이 하셨다. 예수의 말씀을 믿고 받아 가진 자에게 그 말씀과 일치되는 인격으로 변화시키고 그리스도의 형상에 일치되게 하는 역사를 성령 하나님이 하신다. '딸들'은 예루살렘의 딸들을 가리킨다. 그 딸들이 그녀를 보고 축복했다는 말은 잘못된 번역이다. 예루살렘의 딸들이 그녀를 보고 "너는 참으로 복되구나" 하고 신부 성도를 우러러보며 그녀가 복을 많이 받은 것을 부러워하며 말하는 것이다.

(아 6:10) 아침처럼 비추고 달처럼 고우며, 해처럼 맑고 깃발들을 든 군대처럼 위엄이 있는 여자는 누구인가?

9절과 마찬가지로 예루살렘의 딸들과 예수님이 신부 성도를 칭찬하는 것이다. 신부가 "아침처럼 비춘다"는 것은 잠언 4장 18절에 태양이 떠오르면 떠오를수록 어두움이 물러가고 새벽에서 아침으로, 또 가장 밝은 대낮에 이른 것같이, 빛이 신부에게 떠오르고 점점 그 빛이 신부에게 가득 차서 그 안에 어두움이 하나도 없는 대낮과 같이 밝은 신부가 참으로 아름답다고 칭찬하는 것이다. 이와 같이 우리 속에 어둠이 하나도 없이 빛으로 충만하다면 그것은 생명으로 충만한 것이다. 또 하나님으로 충만한 것이다. 말씀으로 가득 찬 것이다. 신부는 어두움이 0%, 빛으로 100% 된 아침처럼 비추는 존재이다. 또 신부는 "달처럼 곱다"라고 하였다. 시편 89편 37절에 성도가 증인 달같이 아름답다고 말씀하셨다. 달은 태양 빛을 받아서 반사한다. 이와 같이 증인은 예수를 영접하고 예수님의 사랑을 받아서 그 예수를 증거하는 자이다. 예수를 증거할 때 목숨을 버리기까지 하여 증거하는 신부가 증인 달같이 곱고 아름답다고 칭찬하시는 것이다. 또 신부는 "해처럼 맑다"라고 하였다. 시편 84편 11절에 여호와 하나님은 해라고 말씀하셨다. 해의 빛이 나를 환하게 비춰서 내 속이 어두움 없이 해처럼 맑다는 것을 말씀한다. 이렇게 마음이 청결한 자는 하나님을 본다고 말씀하였다. 신부의 심령이 아주 맑고 깨끗하여 그의 하나님을 늘 보고, 예수님을 늘 경험하고 있는 것을 말씀한다. 또 신부는 "깃발을 든 군대처럼 위엄이 있는 여자"라고 칭찬하였다. 이미 4절에서 상고한 것과 같이 요한계시록 19장 14절에 예수님께서 재림하실 때 희고 깨끗한 세마포 옷을 입고 주님을 따르는 군대가 있다. 그 군대가 깃발을 든 군대이다. 이들은 순교하기까지 승리한 자들이다. 환란 날에 순교한 자들이 영광스러운 몸으로 첫 번째 부활하여 주님 재림하실 때 그분의 뒤를 따라오는 자들이 승리의 깃발을 든 군대이다. 예수님이 재림하실 때 주님뿐만 아니라 순교 성도들도 철장 권세를 가지고 재림 주님을 뒤따라온다. 예수님을 대적하는 무리들을 아마겟돈 전쟁에서 재림 주님과 함께 철장 권세로 깨뜨리며 포도즙들을 밟는 것과 같은 심판을 하게 된다. 이 모든 것을 믿음의 실상으로 소유하고 있는 신부 성도에게서 기품 있고 위풍당당한 위엄과 엄위가 넘쳐 흐르는 것이다.

5. 신부가 호두나무 동산이라

(아 6:11) 내가 골짜기의 열매들을 보려고, 또 포도 넝쿨이 무성한지 석류나무가 싹이 났는지 보려고 호두나무 동산으로 내려갔도다.

'내가'는 주님을 가리킨다. 호두나무 동산은 아가서 4장 12절에 신부를 가리켜 잠긴 동산이라고 말씀하신 것과 같이 신부를 가리킨다. 신부 성도가 호두와 같다는 것이다. 신랑 예수님이 호두나무 동산으로 내려갔다는 것은 신부에게로 들어왔다는 말씀이다. 주님이 동산의 골짜기로 들어와서 열매들을 보려는 것은 신부가 맺은 열매를 보려는 것이다. 신부 성도가 맺는 열매는 신랑 예수님의 양식이 된다. 아가서 5장 1절에 내가 나의 동산에 들어와 나의 몰약과 나의 향료를 거두고 나의 벌집을 나의 꿀과 더불어 먹었다고 하였고, 또 아가서 4장 16절에 나의 사랑하는 이로 그의 동산에 들어와서 그의 아름다운 실과들을 먹게 하라고 말씀하였다. 신부 성도가 신랑 예수님으로 인해 기뻐하고 찬송하며 영광 돌리는 것이 열매 맺는 것인데 그 열매를 주님이 받으시고 기뻐하시는 것이다.

"또 포도 넝쿨이 무성한지 보려고 호두나무 동산으로 내려갔다"라고 하였다. 포도 넝쿨이 무성하다는 것은 포도 열매가 맺히도록 자랐다는 의미이다. 즉 포도 넝쿨은 신부 성도의 자라난 모습을 말한다. 예수님이 참 포도나무라고 하였다(요 15:1). 포도나무와 포도 넝쿨이 구별이 안 되듯이 예수님과 우리는 하나로 연합되었기 때문에 구별이 안 된다. 신랑 예수님과 신부 성도도 마찬가지이다. 그래서 아가서 6장 3절에 나는 나의 사랑하는 이의 것이요, 나의 사랑하는 이는 내 것이라고 말씀한 것이다. 주님이 포도 넝쿨이 무성한지 보시려고 하는 것은 내가 얼마나 영적으로 성숙되어 가고 있는지, 주님이 주시는 은혜와 사랑을 만끽하며 영적인 부유함으로 살고 있는지를 살피시는 것을 말한다.

또 석류나무가 싹이 났는지 보려고 호두나무 동산으로 내려갔다고 하였는데 신부 성도의 얼굴이 석류 한 쪽 같다고 하였다. 모든 과일 중에 씨가 가장 많이 있는 것이 석류인데, 씨는 생명을 상징한다. 즉 영생에 이르는 열매를 많이 맺는 나무가 석류나무이다. 신부 성도의 영생에 이르는 열매 맺는 모습을 보려고 주님이 내려오신 것이다. 신부 성도를 호두나무 동산이라고 표현한 영적인 의미가 있다. 호두 속의 알맹이를 먹으려면 제일 먼저 호두의 겉껍질을 깨부숴야 된다. 그다음은 호두 알맹이를 감싸고 있는 얇은 속껍질을 벗겨 내야 비로소 호두를 먹을 수 있다. 호두 동산인 우리 스스로가 딱딱한 호두의 겉껍질을 깨뜨릴 수 없다. 주님께서 겉껍질을 깨뜨려 주셔야만 호두 알맹이를 먹을 수 있는 것이다. 주님은 교회를 통해서 역사하시는데 교회의 사자가 호두의 겉껍질을 깨뜨려 주는 자로 쓰임받는 것이다. 예컨대 요한복음 6장의 보리빵이 호두 겉껍질과 같은 것이다. 보리빵 다섯 덩어리로 많은 무리가 먹었는데, 이 빵을 먹는 자는 마지막 날에 내가 다시 살린다고 말씀하셨다. 보리빵 다섯 덩어리는 육신의 빵이 아니라 예수 그리스도를 가리키는 것이다. 모든 곡식 중에 제일 먼저 익는 곡식이 보리이다. 예수님이 모든 사람 중에 제일 먼저 부활의 첫 열매가 되실 것을 계시한 것이 보리빵이다. 보리빵 다섯 덩어리는 예수님이 부활하기까지 다섯 단계의 과정을 거쳐서 대속 제물로 죽임을 당하신 것을 말씀한다. 이 보리빵을 먹는 자는 예수님과 똑같이 다섯 단계를 거쳐 순교의 제물로 드려지게 된다. 이렇게 순교한 자들을 주님이 마지막 날에 다시 살리시는 것은 주의 재림 때에 모든 성도들 중에서 상급적으로 첫째 부활케 하신다는 말씀이다. 이 첫째 부활의 진리가 곧 보리빵임이 곧 호두 껍질을 벗기는 것이다.

6. 돌아오라, 오, 술렘 여인아

호두 겉껍질은 너무 단단하여 주님만이 깨뜨려 주셔야만 된다. 또 주님이 세운 신부 교회의 사자를 통해서 하신다. 그다음 호두 알맹이를 감싸고 있는 얇은 속껍질은 속 진리를 의미한다. 속껍질은 성도 자신 속의 성령을 의지하여 스스로 쉽게 까서 먹을 수 있다. 예컨대 보리빵의 진리를 받을 때 자기 자신에게 어떻게 해당되고 적용되는가를 깨닫고 믿음으로 받는 것과 같다.

(아 6:12) 내가 지금까지 알았던가, 내 혼이 나를 암미나답의 병거들같이 만들었도다.

이는 신부 성도의 독백이다. 아가서 5-6장에 걸쳐서 신부 성도가 신랑 예수님을 찾기 위해 큰 성읍으로 갔다가 오히려 상처를 입었다. 또 예루살렘의 딸들에게 조롱받기까지 하자 신부가 나의 신랑인 예수님을 자동적으로 증거하게 된다. 그러는 중에 자신도 모르는 사이에 신랑 예수님이 자기 속에 계신 것을 알게 되었다. 그리고 신랑 예수님이 타시는 병거에 자신도 함께 타고 있는 것을 이제야 알아차리게 됐다고 고백하는 것이다. 암미나답은 다윗의 7대 조부이다(룻 4:20). 암미나답이 가진 의미는 다윗의 혈통으로서 가장 귀한 자를 의미하는 것이다. 가장 귀한 자의 병거는 왕이 타는 수레를 말한다. 부지중에 내 마음속에 내 혼이 소원했던 대로 가장 귀하신 주님이 왕이 되시고 왕이 타는 수레에 내가 함께 타고 있는 것을 이제야 알아차리게 되었다고 고백하는 것이다. 왕이 탄 수레에 내가 함께 타고 있으면 나는 당연히 왕비가 된 것이다.

(아 6:13) 돌아오라, 돌아오라, 오, 술렘 여인아. 돌아오라, 돌아오라, 우리가 너를 보리라. 너희는 술렘 여인에게서 무엇을 보려느냐? 그것은 마치 두 군대를 합친 것 같도다.

"그것은 마치 두 군대를 합친 것 같도다"의 히브리어 원문은 "마하나임의 춤추는 자를 보려고 오는 것 같구나"이다. "돌아오라, 돌아오라. 오, 술렘 여인아" 하는 것은 예루살렘의 여자들이 신부 성도에게 말하는 것이다. 신부 성도가 너무나 복되고 부러우니 자신들에게 돌아와서 신부 성도 네가 경험한 예수를 더 말해 주고 증거해 달라는 것이다.

마하나임은 야곱의 환도뼈가 부러지고 야곱의 새 이름인 이스라엘로 불리게 된 곳이다(창 32:28). 야곱이 하나님과 겨루어 이긴 것을 기념하여 매년 마하나임에서 무도회가 개최된다. 마하나임의 춤은 두 줄로 마주 보고 서서 서로 짝을 맞춰 추는 춤인데 춤추는 모습이 마치 두 군대가 합친 것 같아 보인다. "너희는 술렘 여인에게서 무엇을 보려느냐?" 하는 것은 술렘 여인인 신부 성도가 예루살렘의 딸들에게 말하는 것이다. "예루살렘의 딸들아, 너희들이 마하나임의 춤추는 자를 보려고 하는 것 같구나" 하고 말하는 것이다. 이는 신부 성도가 12절에 왕비가 되어서 왕이신 예수님과 함께 혼인식에서 음악에 맞춰 춤추는 것을 말한다. 예루살렘의 딸들이 예전에 술렘 여인과 같이 신앙생활 했을 때 술렘 여인은 피부도 검고 볼품없었는데 이제는 왕비로서 신분이 급상승되었을 뿐만 아니라 왕이신 예수님과 직접 춤을 추는 복을 받은 여인이 되었음을 부러워하며 찬탄하는 내용이다.

제7장

말씀 증거하는 온전한 신부의 아름다움을 찬탄, 합환채 역사 계시

1. 오, 통치자의 딸아

여기까지 오면서 계속 주님은 신부 성도를 말씀을 증거하는 자가 되게 하셨다. 특히 7장에 와서 본격적으로 말씀을 증거하는 신부의 모습을 주님의 눈에 너무 아름다게 보시며 크게 기뻐하신다. 따라서 이는 우리도 신부 성도와 같이 증거하는 자가 되어야 함을 계시하시는 것이다.

(아 7:1) 오, 통치자의 딸아, 신을 신은 네 발이 어찌 그리 아름다운가! 네 넓적다리의 마디는 기술자의 손으로 만든 보석들 같도다.

7장은 신랑 예수님이 신부 성도의 아름다운 모습을 칭찬하시는 내용이다. 신부의 몸의 밑 부분인 발부터 시작하고 있다. 신부 성도가 그토록 아름다운 이유는 말씀을 증거하는 신부가 되었기 때문이다. 7장 1절에서 예수님이 신부 성도를 가리켜 "오, 통치자의 딸아" 하고 부르셨다. 통치자의 딸은 왕의 딸인 공주를 말한다. 왕의 공주는 굉장히 존귀한 자이다. 그런데 공주보다 더 존귀한 자가 신부 성도라는 것을 말씀하는 것이다. 신부 성도가 세상 나라의 임금의 딸보다 더 존귀하다는 것은 신부의 아버지는 영광의 하나님 아버지이시고 신부는 하나님으로부터 낳은 바 되었기 때문이다. 특히 영광을 신부에게 주시는 영광의 하나님 아버지이시다. 하늘의 최고의 영광을 받게 하시는 그 진리의 말씀으로 낳은 바 된 신부 성도이다. 그러므로 주님께서 "오, 통치자의 딸아"라고 부르신 것이다. 우리가 이러한 존귀한 자이므로 천사도 우리를 흠모하는 것이다. 또 "신을 신은 네 발이 어찌 그리 아름다운가"라고 말씀하신다. 이는 신부 성도가 영적으로 복음의 신을 신은 것에 대한 찬사이다. 신부 성도는 첫째 부활의 영광의 복음이 생명이 되었고 이를 증거하며 다니는 것이다. 로마서 10장 15절에 "화평의 복음을 전하는 자들의 발과 좋은 일들의 기쁜 소식을 전하는 자들의 발이 얼마나 아름다운가!"라고 말씀하셨다. 우리도 때를 얻든지 못 얻든지 늘 말씀을 증거하는 자가 되어야 한다.

다음은 신부의 넓적다리가 아름답다고 말씀하셨다. 왜 넓적다리가 아름답다고 칭찬하시는가? 이는 신부 성도의 온몸을 받치고 있는 그녀의 두 다리가 마치 솔로몬 성전의 두 기둥과 같으니 아름답다는 것이다. 이것은 기술자의 손으로 만들어진 것이라고 하였다. 기술자의 손으로 만들어진 신부의 넓적다리가 보석들같이 아름답다고 하셨다. 기술자는 영광의 복음의 전문가, 즉 첫째 부활에 이르게 하는 진리 말씀의 전문가요, 그는 첫째 부활의 진리를 증거하는 종을 가리킨다. 그 종으로부터 그 진리의 말씀을 받고, 믿고 연단받아 세워진 신부의 영적인 모습이 곧 보석 같은 신부의 넓적다리이다. 그래서 요한계시록 21장 9절 이하에 보면 어린양의 아내인 새 예루살렘 성이 보석 성으로 된 것이다. 이 보석 성은 실제 광물질의 보석이 아니라 신부 성도가 하늘나라의 영광을 입은 모습을 표현한 것이다. 따라서 신부의 보석 같은 넓적다리는 성전의 기둥같이 영광스럽다. 즉 열왕기상 7장 21절에 솔로몬 성전의 두 기둥과 같다. 오른쪽 기둥의 이름을 야킨이라 하고, 왼쪽 기둥을 보아스라고 하였다. 야킨은 '세운다'는 뜻으로 '언약을 세운다', 즉 약속의 말씀으로 세운다는 의미가 있고, 또 보아스는 그 약속의 말씀대로 이루는 능력이 있다는 뜻이다. 요컨대 신부 성도의 두 다리가 이와 같다는 것이다. 즉 솔로몬 성전의 두 기둥의 뜻과 같다는 것이다. 이는 이 기술자 같은 진리를 증거하는 종을 통해 첫째 부활의 영광의 진리로 세워진 신부 성도가 이처럼 아름답도다 하고 칭찬하시는 것이다.

(아 7:2) 네 배꼽은 술 담은 둥근 잔 같고 네 배는 백합꽃들로 두른 밀 무더기 같으며

신부의 배꼽은 술 담은 둥근 잔같이 아름답다고 하였다. 에스겔 16장 4절에 "가나안 사람은 태어난 날에 탯줄이 잘라지지 않았다"라고 말씀하셨다. 오늘날 영적으로 탯줄을 자르지 않고 어머니에게 붙어서 그대로 사는 자 같은 육적 신앙인을 계시한 것이다. 이는 가나안 여자와 같은 이방 신앙이다.

2. 배꼽은 술 담은 둥근 잔 같다

아가서 7장 2절에 나오는 신부의 배꼽에 대해서 좀 더 살피겠다. 이는 물론 영적인 깊은 의미가 있다. 오늘날 비록 예수를 믿고 하나님을 섬기는 그리스도인이라고 할지라도 옛 사람이 믿음으로 죽어지지 않은 자, 즉 배꼽이 있지 아니한 자가 많다. 이들은 어머니의 태에 의지하여 사는 자요, 즉 배꼽이 없는 자이다, 육적인 신앙인이다. "무엇을 먹을까, 무엇을 마실까, 무엇을 입을까" 염려하는 신자이다. 그러나 신부 성도는 탯줄이 잘라져서 배꼽이 있다. 육적인 것이 잘라지고 육의 강을 건넌 자, 즉 하늘에 속한 영적 히브리인이 된 자이다. 하늘나라의 영광을 소망하면서 살아가는 자이다. 계속 영광을 더하게 하시는 열매 맺는 생명으로 살며 감사·찬송하는 자가 배꼽 있는 신부이다. 또 배꼽이 오목하게 들어가서 술 담은 둥근 잔같이 아름답다고 하였다. 여기서 술은 포도주인데 신부 성도 차원에서는 영광의 복음을 의미한다. 연단받고

핍박과 환란을 주셔서 하늘 영광을 더하시게 하는 것이 영광의 복음이다. 미리 하늘 영광을 자신에게 주시려고 간직해 주신 것을 믿는 것이다. 그리고 그 영광을 주시기 위해서 큰 환란을 주시고 기쁘게 순교할 수 있게 함이 영광의 복음이다. 이 복음이 둥근 잔에 가득 차 있으므로 신부 성도의 배꼽이 너무나 아름답다는 말씀이다. 특히 둥근 잔이라고 말씀하신 것은 신부 성도 자신이 모가 나지 아니한 둥근 잔이 되고 있는 것을 말한다. 다윗이 물맷돌 다섯 개를 가지고 있다고 하였다. 물맷돌은 모난 부분이 없이 반질반질한 돌이다. 이와 같이 다윗 자신이 하나님 앞에 온유와 겸손으로 충만한 것을 말하듯이 신부 성도도 이와 같다는 것을 말한다. 신부 성도의 영적인 모습은 어린양이 어디로 인도하든지 따르는 자이다. 그곳이 풀무 불이라도 기쁨으로 따라가며 주님께 영광을 돌리고 있는 것을 말한다. 이것이 곧 신부의 배꼽이 둥근 잔같이 아름답다는 것이다.

또 신부 성도의 배는 백합꽃들로 두른 밀 무더기같이 아름답다고 하였다. 배는 배꼽 주위를 가리키는 것이 아니라 허리 부분을 말한다. 신부 성도의 허리가 백합꽃으로 두른 밀단같이 아름답다고 하였다. 보리는 단으로 묶어도 부피가 펑퍼짐한데 밀은 단으로 묶으면 허리가 잘록하게 들어간다. 밀단은 요한복음 12장 24절에 한 알의 밀이 땅에 떨어져 죽으면 많은 열매를 맺는다고 말씀하신 것과 연관이 되는 것이다. 신부 성도의 허리가 밀단을 두른 것 같다는 것이 무엇인가? 이는 한 알의 밀이 죽어지듯이 자신이 희생되고 목숨을 버리기까지 하여 한 영혼 한 영혼의 생명을 살리는 삶이 되고 있는 것을 말한다. 주의 재림과 또 재림 주님을 신랑으로 맞이하는 신부가 되는 비결인 첫째 부활의 진리를 증거하여 어두움에 속한 자들을 살리는 일에 희생하며 순교까지 하는 네 모습이 밀단과 같이 아름답구나, 또 신부 성도의 허리가 백합꽃으로 둘러져서 아름답다고 하였다. 백합꽃은(아 2:2) 꽃들 중에 가장 많은 향기를 발하는 꽃이다. 특히 백합꽃이 가시나무에 찔리고 바람에 흔들리면 향기는 더욱 진동한다. 이 말은 환란이나 고난의 바람이 있을수록 그 환란의 바람으로 인하여 더욱더 찬송과 감사가 터져 나오는 신앙의 모습을 말한다. 한 예로 다니엘이 총리가 되었을 때는 하나님께 감사드렸다는 말씀이 없다. 그러나 사자 굴에 던지겠다는 칙령이 내려졌을 때는 창문을 열고 기도하며 하나님 앞에 감사를 드린 것과 같다. 이것이 다니엘의 몸에 백합화를 두른 것과 같다. 왜일까? 다니엘은 그 칙령이 하나님께로부터 비롯된 것임을 알기 때문이다. 즉 다니엘을 사자 굴에 던져지게 함을 통해서 그 자신에게 큰 영광을 주실 것을 깨닫고 감사하는 것이다.

3. 네 목은 상아 망대 같다

7장 2절의 신부 성도의 배는 백합꽃들을 두른 밀 무더기와 같다. 신부는 가시나무 가운데 백합화 같다. 또한 다니엘 몸에 백합화를 두른 것 같다. 즉 다니엘을 사자 굴에 던져지게 함을 통해서 그 자신에게 큰 영광을 주실 것을 깨닫고 감사하는 것이다. 그러면 사자 굴을 통해 다니엘 자신에게 더 큰 영광을 주실 것은 물론이고, 또 다니엘의 신앙이 살아계신 하나님의 종임을 확증시키려는 하나님의 역사임을 깨닫고 있기 때문이다. 이처럼 우리도 예컨대 건강하던 몸에 이상이 생겨서 큰 고통에 휩싸이면 이때 감사가 터져 나와야 된다. 왜냐하면 하나님이 엄청난 병을 주셔서 내 영이 병든 것을 알게 하고 내 영을 살리시는 하나님의 역사를 깨닫기 때문이다.

(아 7:3) 네 두 가슴은 어린 두 마리 쌍둥이 노루 같구나.

신부 성도는 육신의 성별에 관계없이 두 가슴, 즉 유방이 있다. 유방은 어미가 자녀를 위해 예비한 양식이다. 이는 영적인 것으로 그 젖은 신령한 젖, 즉 하나님의 말씀을 가리킨다. 신부 성도는 자신의 두 유방으로 영적으로 어린 자녀들에게 말씀을 증거하고 양육하는 일을 한다. 그 유방이 "어린 두 마리 쌍둥이 노루 같다"는 것은 이미 상고한 대로 쌍둥이는 두 증인을 상징한다. 그들은 이미 순교할 믿음에 서 있을 뿐만 아니라 환란 날에 말씀을 증거하여 영혼을 살리는 하나님의 종들인 두 증인이다. 그 종들의 신앙 차원에 서 있으면 유방이 두 마리 쌍둥이 같이 된 것이다. 또 노루 같다는 것은 노루같이 빨리 뛰는 것과 관련된다. 즉 신부 성도의 유방은 자기 자신이 순교할 신부의 자리에 서 있고 또 환란 날에 예언할 종으로 두 증인의 신앙에 서 있어서 자기로 증거되는 말씀으로 순교할 자를 양육한다. 또한 재림 주님을 맞이하게 하는 일에 노루같이 빠르게 달리고 있는 모습이 주님이 보실 때 너무나 아름답다고 말씀하시는 것이다.

(아 7:4) 네 목은 상아 망대 같고 네 눈은 바드랍빔 성문 곁에 있는 헤스본의 고기 연못 같으며 네 코는 다마스커스를 향해 보는 레바논의 망대 같도다.

신부 성도의 목과 눈과 코가 아름답다. 목은 목숨을 상징한다. 신부 성도가 살아가는 목숨, 즉 생명이 상아 망대 같기에 주님이 기뻐하시는 것이다. 상아는 코끼리가 반드시 죽어야만 얻을 수 있는 것이다. 신부 성도의 목이 상아 같다는 것은 신부 성도가 이미 순교의 죽음을 믿음으로 가지고 있는 것을 말한다. 그러나 순교의 처절함을 생각하는 것이 아니라 순교자의 영광인 첫째 부활의 영광을 받을 것을 소망하며 순교의 기쁨을 가지고 기뻐하며 살아가는 삶은 목이 상아 같은 것이다. 또한 상아 망대 같다는 것은 높은 곳에서 멀리 있는 적군의 동향을 살펴서 때를 알리는 망대같이, 순교의 신앙에 서 있는 신부 성도가 때에 따른 말씀을 증거하여 때를 알리고, 때에 따른 믿음으로 예비케 하는 목숨으로 살아가고 있는 모습을 말한다.

"신부 성도의 눈은 바드랍빔 성문 곁에 있는 헤스본의 고기 연못같이 아름답다"고 하셨다. 눈은 신앙의 안목을 상징한다. 신부 성도의 신앙 안목이 헤스본의 연못 같다는 것이다. 민수기 21장 21절 이하에 이스라엘이 광야 길에서 아모리인들의 땅을 통과하려고 헤스본 왕 시혼에게 사자들을 보냈으나 시혼 왕이 자기 경계를 통과하는 것을 허락하지 않고 도리어 이스라엘을 대항하여 싸움을 일으켰다. 이는 하나님께서 아모리 땅을 이스라엘 손에 넘겨 주시려고 시혼 왕의 마음을 강퍅하게 하시어 이스라엘을 대적하게 하신 것이라고 하였다.

4. 네 머리는 갈멜 산 같다

7장 4절에 "신부 성도의 눈은 바드랍빔 성문 곁에 있는 헤스본의 고기 연못같이 아름답다"고 하셨다. 이는 하나님께서 아모리 땅 헤스본에서 이루신 역사가 전부 헤스본의 연못에 비춰졌다는 것을 계시한다. 즉 하나님께서 시혼 왕을 격동시키고 그를 진멸하여 그의 땅을 이스라엘에게 유업으로 주신 사건이 헤스본의 연못에 고스란히 담겨져 있다는 것이다. 이것을 보는 눈이 신부 성도의 눈이다. 헤스본의 과거 역사처럼 영광의 복음을 증거하고, 주 재림의 예언의 말씀을 증거할 때, 헤스본 왕과 같이 대적하는 자가 있다는 것이다. 그것으로 인해 오히려 증거하는 자신에게 영광을 더하게 하시는 복된 역사임을 보는 것이다. 또 대적자를 멸해 버리고 그 기업을 자신에게 주신 것을 믿는 신부 성도이다. 이 같은 신앙 안목이 곧 일원론적 신앙관이다. 장차 7년 환란 날에 적그리스도가 생사여탈권을 쥐고 잔인무도하게 교회와 성도들을 짓밟게 될 때 바드랍빔 성문 곁에 있는 헤스본 연못에 비친 하나님의 역사를 깨달은 신앙 안목을 가졌다면 절대 위축되지 않는다. 오히려 적그리스도를 하나님이 세웠다는 것과 하나님의 종과 백성들을 그에게 붙였고 그로 대적하고 짓밟게 하셨다는 것과 이런 역사가 곧 우리에게 영광을 더해 주시기 위한 복된 것임을 받게 된다. 이것이 일원론적 구원관을 가진 신부의 안목인 것이다.

또한 신부 성도의 코는 다마스커스를 향해 보는 레바논의 망대같이 아름답다고 하셨다. 다마스커스는 해발 700m 고원지대에 세워진 난공불락의 도시로서 역사와 전통이 유수한 곳이다. 이곳에 세워진 망대는 훌륭한 다마스커스보다 더 높은 위치에서 다마스커스를 내려다보고 있다. 다마스커스를 내려다보는 망대같이 신부 성도의 콧대가 그만큼 높다는 것을 만한다. 이는 신부 성도가 지극히 높은 소망, 즉 하나님의 종의 높은 차원의 위엄을 가지고 있는 모습을 계시한 것이다. 그러한 고로 신부 성도는 헤프게 행동하지 않으며 지극히 위엄과 존귀함을 가지고 말씀을 증거한다. 이를 신부의 코가 레바논의 망대 같다고 하신다.

(아 7:5) 네 위에 있는 머리는 칼멜 산 같고 네 머리의 머리카락은 자줏빛 같으니, 왕이 그 흘러넘친 것에 매여 있도다.

모든 거짓 선지자들을 멸하고 승리한 산이 칼멜 산이다. 열왕기상 18장 19절에 엘리야가 칼멜 산으로 모든 바알 선지자 450명과 아세라 선지자 400명을 모으게 하였다. 그곳에서 바알 선지자들의 신은 가짜이고 엘리야가 섬기는 하나님이 참된 하나님이라는 것을 나타내 보여서 믿게 하였고, 바알 선지자들을 모두 붙잡아 키손 시내에서 죽였다. 이와 같이 신부 성도의 머리가 칼멜 산 같다는 것은 늘 선한 싸움을 싸워서 이기는 것을 말한다. 엘리야처럼 우리도 영적 싸움을 싸우는 자들이다. 마귀를 향하여 영광의 복음과 진리로 싸우되 날마다 승리만 있게 된다. 그리고 최고의 승리가 환란 날 순교로 이기는 자에게 주는 금 면류관이 있다. 칼멜 산 같은 머리로 단장한 신부 성도는 이 금 면류관의 신앙으로 단장되어 있다.

왕이 그 흘러넘친 신부의 머리카락에 매여 있도다. 이 머리카락은 말씀의 지혜 지식을 상징한다. 신부 성도에게 말씀이 있는데 그 말씀이 자줏빛 같다는 것이다. 자줏빛은 자색 옷, 즉 부자가 입는 옷을 상징한다. 따라서 자줏빛 머리카락은 영적으로 부요한 신부의 모습이다. 그 자줏빛의 광채가 세상이 아닌 하늘나라 영광만을 비추며, 하늘 영생을 소망케 하는 광채이다. 이 하늘나라 영광을 더하게 하시는 말씀을 믿고 신부 성도가 믿음의 실상으로 누리며 든든히 서 있으니 그것이 바로 권능이다.

5. 오, 사랑아

아가서 7장 5절에서 이미 살펴본 바와 같이 신부 성도의 머리는 칼멜 산 같고 그녀의 머리카락은 자줏빛 같으니 왕이 그 흘러넘친 것에 매여 있도다 하며 신부 성도의 머리카락을 칭찬하신다. 또 왕이 신부의 흘러넘치는 머리카락에 마음을 빼앗기고 있다고 하였다. 왜 그럴까? 이는 말씀을 증거하여 한 생명, 한 생명, 다른 영혼을 살리고 있으니 그 말씀의 지혜와 지식의 영적 부요가 넘치고 있음을 가리킨다. 신부 성도의 머리카락이 자줏빛을 내며 한 올, 한 올 굽이쳐 흘러내려진 모습에 왕의 마음이 매료되었다. 신부 성도의 머리카락이 엉켜 붙거나 지저분한 것이 아니라 한 올, 한 올 굽이쳐졌다는 것은 주님이 주신 말씀, 즉 말씀의 지혜와 말씀의 지식이 충만하게 있다는 것을 계시한다. 신랑 예수님이 주신 그 말씀을 증거하여 한 생명, 한 생명 살리는 역사를 계속하는 신부의 모습이 너무도 아름답다는 것이다. 이를 한 올, 한 올 흘러넘친 자주빛 같은 머리 타래로 계시하고 있다. 이 모습을 보는 왕이신 신랑 예수님의 마음이 홀딱 신부에게 빼앗긴 것이다.

(아 7:6) 오, 사랑아, 너는 어찌 그리 어여쁘고 아름다워 즐겁게 하는가!

지금까지는 신부를 '나의 사랑'이라고 호칭하였는데(아 1:9; 4:1; 6:4 등) 이제는 '나'와 '너'의 구별이 없어지고 '사랑아' 하나로 호칭했다. 이렇게 발전된 것은 신부 성도의 신앙이 계속 성숙되어 왔음을 의미한다. 종전에는 신부가 신랑을 사랑할 때 "나의 사랑하는 이여"라고 하였고, 또 신랑이 신부를 사랑할 때 "나의 사랑아"라고 말하였다. 그런데 지금은 나와 너의 구별이 없어지고 완전히 하나가 된 것이다. 이는 요한복음 17장 21절에 예수께서 "아버지께서 내 안에 계시고 내가 아버지 안에 있는 것같이 그들 모두를 우리 안에서 하나가 되게 하여 주소서"라고 말씀하신 것과 같다. 이 말은 아버지와 예수님이 구별 없이 하나이신 것같이 제자들도 그 안에서 하나가 되게 해 달라는 예수님의 기도이다. 현재 신부 성도의 신앙 위치는 내가 주님 안에, 주님이 내 안에 계셔서 주님과 내가 구분되지 않고 하나가 된 것이다.

또 신부 성도를 보고 "어여쁘다"고 하신 것은 1–5절의 지금까지 신부의 모습 때문이다. 특히 신부 성도가 어디를 가든지 어떤 환경에 놓여 있든지 주저 없이 담대하게 신랑 예수님을 증거하기 때문에 이를 어여쁘다고 강조하신 것이다. 또한 신부 성도가 "아름답다"는 것은 신부가 오직 주님의 사랑 안에서 기뻐하며 모든 염려를 주님께 맡기는 신앙으로 살기 때문이다. 이는 자신에게 있는 모든 것을 주님이 다 주신 것으로서 좋게 여기며 은혜로 받고 있다. 또 "즐겁게 한다"는 것은 그녀가 하나님을 기쁘시게 해 드리고 있음을 가리킨다. 성경은 믿음이 없이는 하나님을 기쁘시게 할 수 없고, 하나님께 나아가는 자는 그분이 존재하시는 것과 그분이 자기를 열심히 찾는 자들에게 상 주시는 분이심을 믿어야 한다고 하였다(히 11:6). 이와 같이 신부 성도는 주께서 재림하셔서 자기에게 첫째 부활의 영광을 주실 분으로 믿고 달려감으로써 주님을 기쁘시게 해 드리고 있는 것이다.

(아 7:7) 네 이 키는 종려나무 같고 네 가슴은 포도송이 같구나.

신부 성도의 영적인 키가 종려나무같이 쭉 뻗어나 있다는 것이다. 종려나무는 신명기 34장 3절에 "여리고 성읍은 종려나무 성읍"이라고 하였다. 즉 승리의 의미가 종려나무이다. 종려나무 성읍인 여리고는 주의 말씀과 주의 방법으로 정복했기 때문이다. 즉 7일 동안 하루에 한 번씩 돌고 마지막 날은 일곱 번 돌고 외치라는 하나님 말씀대로 외쳤더니 여리고 성이 무너진 것이다.

6. 네 가슴은 포도송이 같다

신부 성도의 키가 종려나무 같다고 주님이 칭찬하셨다. 이는 주의 말씀을 믿고 경험하면서 계속 영적으로 크게 자라난 것을 가리킨다. 또 종려 성읍에서 외치라는 말씀에 의해서 외친 것처럼 그녀가 말씀 증거하여 승리한 체험을 한 것이다. 이것이 그녀의 신앙의 키가 종려나무처럼 커진 것을 가리킨다. 이는 아가서 7장 5절에 신부 성도의 머리가 칼멜 산 같다고 말씀한 것과 같은 맥이다. 선한 싸움을 계속 싸워 이기고 또 이겨서 금 면류관 받은 모습이 칼멜 산 같은 머리이다. 또 "네 유방은 포도송이 같다"고 하였다. 이는 포도 한 송이를 정탐꾼 두 명이 막대기로 꿰어 메고 올 정도로 크다(민 13:23). 또 포도송이가 주렁주렁 맺은 것과 같다. 이처럼 신부 성도가 신령한 젖으로 영혼을 살리고 양육하며 많은 열매를 맺음을 계시한 것이다.

(아 7:8) 내가 말하기를 "내가 종려나무에 올라가 그 가지들을 잡으리라" 하였도다. 이제 네 가슴은 또한 포도송이같이 되고, 네 코의 향기는 사과같이 될 것이요.

종려나무는 신부 성도를 가리키며 신랑 예수님이 그 나무에 올라가 가지들을 잡는다 했다. 무슨 뜻일까? 이는 주님이 순교하는 신부를 기쁘게 영접한다는 의미이다. 스데반이 돌 맞아 순교하는 장엄한 순간에 주님이 어찌했나? 하나님의 영광의 보좌 우편에 앉아 계신 예수님이 벌떡 일어나셨다고 하였다(행 7:55–56). 이는 주님께서 기쁘게 그를 맞이하는 것이요, 금 면류관을 씌워 주시려는 엄숙한 순간인 것이다. 이것이 주님이 종려나무에 올라가 그 가지들을 잡는다는 말씀이다. 주의 재림 때 스데반은 신부가 된다. 우리도 순교당하는 그때가 곧 신부로 확정되는 시점이다. 그때에 주님은 너무나도 기뻐하시리라. 이제 네 유방은 또한 포도송이 같다고 한다. 이는 7절에서 말씀하신 것을 반복하였는바 그만큼 중요하기 때문에 다시 강조하신 것이다. 즉 "네가 먹이고 있는 신령한 젖으로 너와 똑같은 신부를 세우는 역사를 많이 하고 있구나!" 하고 주님이 기뻐하시는 것이다. 포도송이를 포도즙 틀에 넣어 찧으면 포도즙이 나온다. 신부 성도의 유방이 포도송이 같다는 것은 그녀가 증거하는 말씀이 참 포도주가 됨을 의미한다.

신부 성도가 먹이는 참 포도주는 두 가지이다. 첫째는 물로 된 포도주(요 2:1 이하)로 살리는 역사를 한다. 가나 혼인식은 주님이 재림하실 때 열리는 어린양의 혼인식을 계시하고 있다. 주님이 재림하실 때 어린양의 혼인 잔치 자리에 신부로 인도하는 말씀, 곧 영광의 복음이 물로 된 포도주이다. 둘째는 멜기세덱 구원을 증거하여 살리는 역사를 한다. 멜기세덱은 의의 왕이요, 평강의 왕으로서 영원히 하나님의 제사장으로 계신 분이시다. 예수님이 이 멜기세덱의 반차를 좇아 오신 대제사장이시다. 하늘에 있는 것이나, 땅 위에 있는 것이나, 땅 아래 있는 것이나 모든 무릎을 예수의 이름 아래 꿇게 하신다. 모든 혀가 예수 그리스도를 주라 시인하여 하나님 아버지께 영광을 돌리게 하셨다. 인류의 대표인 아담이 창세기 3장에서 하나님의 언약을 어기고 선악과를 따먹고 범죄 타락하여 죽은 자가 되었다. 그 죽은 자 된 아담의 영과 또 모든 하나님의 아들의 영들을 지옥에서 천국으로 옮기는 구원을 해 주신 분이 곧 멜기세덱이시다. 성자 하나님은 육체를 입고 이 땅에 오시기 전에 이미 창세기 3장에서 제사장 직분인 멜기세덱으로 계시면서 죽은 자였던 자기 백성들의 영을 구원하는 일을 이루셨다. 성자 하나님이 그의 제사장 직분인 멜기세덱으로 이루신 이 구원 역사를 증거하는 것이 신부 성도의 유방이 포도송이 같다고 하신 것이다.

7. 네 코의 향기는 사과 같다

신부 성도의 가슴이 포도송이 같다고 주님이 말씀하신다. 이는 신부가 증거하는 신령한 말씀의 젖이 포도송이 같다는 것이다. 즉 구원의 근본을 깨닫고 증거한다는 뜻이다. 즉 죄가 없는 아담과 하와는 벌거벗었으나 부끄러워하지 않았다(창 2:25). 이런 상태에서 하나님이 보여주는 생명과를 따먹고 영생에 이르는 열매를 많이 맺으면 하늘나라에 가서 그들이 열매 맺은 대로 영광을 받게 된다. 그러면 누구의 공(功)으로 돌릴까? 자신들이 수고한 대가(代價)로 많은 상급과 영광을 받은 것으로 공치사할 것이다. 그러면 교만하여 타락한 천사장같이 되고 마는 것이다. 하나님은 이런 일을 미연에 방지하기 위하여 천사장이 교만하여 타락할 때 마귀 되게 허락하셨고, 또 마귀가 하와를 유혹하니 하와가 선악과를 먹고 아담도 먹게 하였고, 하나님의 언약(창 2:17)을 어긴 죄인이 되었다. 정녕 죽으리라. 즉 지옥 갈 자로 심판받았고 죽은 자가 된 것이다. 그 결과 아담의 후손들에게 그 죄가 전가되는 원죄가 되었다. 결국 아담의 후손으로 태어난 우리가 아무리 수고하고 열심히 일을 하여도 원죄로 말미암아 죄의 열매만 맺고 가시와 엉겅퀴만 나오는 존재가 되게 하셨다. 이것이 오히려 하나님의 은혜의 역사인 것이다. 왜 그런가? 인간의 의와 수고가 아니라 오직 하나님이 예비하신 멜기세덱 구원이다. 즉 지옥에서 천국으로 옮기는 구원을 이루신 하나님의 의, 하나님의 은혜로 구원을 받은 자가 된 것이다. 하나님의 의와 은혜로 말미암아 하늘에 속한 영생의 열매를 맺는 자가 되게 하신 것이다. 그런고로 이 땅에서나 하늘에서나 오직 하나님의 구원의 은혜와 하나님의 의만을 고백할 수밖에 없는 자가 되게 해 주신 것이다. 이것이 신부 성도가 증거하는 신령한 말씀이요, 이를 신부의 유방이 포도 같다고 하신 것이다.

또 "네 코의 향기는 사과같이 될 것이다"라고 하였다. 그 사람 속에 무엇으로 가득 차 있는가에 따라서 속에 있는 것들이 몸 밖으로 흘러나오는 것이다. 신부 성도의 심령 속에는 사과로 가득 차 있기 때문에 근처에만 가도 사과 향이 나는 것이다. 열매 맺는 과목은 열매뿐만 아니라 나무도 쓸모가 많다. 그런데 특이하게 사과나무는 구부러지고 연약해서 다른 용도로는 쓰일 수 없고 아궁이 불에 땔 나무로만 쓰인다. 사과나무가 살아가는 유일한 목적은 사과 열매뿐이다. 사과 열매 맺는 것 이외에는 아무것에도 쓸모없는 나무이다. 이와 같이 신부 성도의 몸과 인생이 사과나무 같아서 오직 영생의 열매 맺는 데만 의미와 가치를 두고 살아가는 것을 말한다. 신부 성도가 살고 있는 목적과 의미가 오직 말씀을 증거하여 영혼을 살리는 열매 맺는 생명에만 전심전력하고 있는 것이다. 이러한 신부 성도의 영적인 모습을 주님이 보시고 기뻐하시는 것이다. 만일 나의 사는 목숨·목적이 썩어질 것을 위해서 산다면 분명히 내 코에서는 썩은 냄새만 날 것이다.

(아 7:9) 네 입천장은 나의 사랑하는 이를 위한 가장 좋은 포도주 같아서 달콤하게 내려가 잠든 자의 입술로 말하게 하는도다.

가장 좋은 포도주는 앞에서 말한 것과 같이 신부 성도의 유방에서 나오는 참 포도주, 즉 첫째 부활의 영광에 이르게 하는 영광의 복음을 가리킨다. 신부 성도의 입천장, 곧 입이 첫째 부활의 말씀을 증거하는 입이 되고 있는데 잠든 자의 입술같이 힘들이지 않고 말씀을 증거하는 입이 되고 있다는 것이다. 이사야 51장 16절에 "내가 내 말들을 네 입에 두었고”라고 말씀하신 것같이 신부 성도의 입에 주님이 기뻐하시는 가장 좋은 포도주를 두신 것이다.

8. 나는 나의 사랑하는 이의 것이다

“네 입천장은 주님을 위한 가장 좋은 포도주 같고, 잠든 자의 입술로 말하게 하도다.” 여기의 가장 좋은 포도주는 신부 성도의 유방에서 나오는 참 포도주를 가리킨다. 이는 첫째 부활의 영광에 이르게 하는 영광의 복음을 가리킨다. 즉 신부를 위해 하늘에 간직해 두신 첫째 부활의 영광이다. 신부 성도의 입천장 곧 입이 술같이 힘들이지 않고 말씀을 증거하는 입이 되고 있다는 것이다. 이사야 51장 16절에 “내가 내 말들을 네 입에 두었고”라고 말씀하신 것처럼 신부 성도의 입이 주님이 기뻐하는 가장 좋은 포도주도 가득 차 있다. 즉 하나님이 나를 이 땅에 보내기 전부터 첫째 부활이란 최고의 영광을 내게 주시기 위하여 하늘에 간직해 두신 것을 믿음의 눈으로 보고 있다. 그에 따른 말씀으로 확신하여 그 말씀에 거하며 살고 있다. 내 속에 첫째 부활의 영광의 말씀이 살아있는 말씀이 되어 있고 이것을 증거하려고 하는데 잠자는 자의 입이 움직이면서 저절로 말하는 것 같다는 것이다. 여기서 나는 전혀 힘들이지 않고 가만히 있는 것 같다. 즉 나는 안식하고 있고 내 속에 있는 첫째 부활의 진리의 말씀을 주님께서 성령을 통해 나의 입으로 증거하게 해주신다는 말씀이다. 즉 내 입이 도구로 쓰인 것이다. “달콤하게 내려간다”는 것은 가장 좋은 포도주의 말씀을 먹은 것을 말한다. 첫째 부활의 진리를 내가 먹고 살리심받아서 살아갈 때 주님은 이것을 성령을 통하여 내 입을 도구 되게 하여 증거하게 하시는 것이다.

(아 7:10) 나는 나의 사랑하는 이의 것이며 그의 사모함은 나를 향해 있도다.

10절, 11절에 '나의 사랑하는 이'라고 표현한 구절은 번역이 미흡하게 된 것이므로 '나의 사랑하는 자'라고 바꾸어야 된다. 7장 전체는 주님께서 말씀하시는 내용인데, 10절 이하에 번역이 잘못되어서 마치 신부가 주격이 되어서 주님을 향해 말하는 것같이 착각할 수 있게 번역되었다. "나는 나의 사랑하는 자의 것"이라는 것은 주님이 신부 성도의 남편이 되고 있다는 말씀이다. 주님이 사랑하는 자는 신부 성도이다. 또 신부 성도는 주님을 남편으로 삼고 있어서 주님과 신부 성도는 하나가 되어 있다. 또 신부 성도가 주님을 사모하는 사모함이 승하다고 하였다. 신부 성도가 이 자리까지 올 수 있었던 신앙의 첫 단계는 자기라는 옛 사람이 죽어지고 그리스도의 것이 된 것이다. 그다음 그에게 영광의 복음까지 주셔서 첫째 부활의 진리로 기뻐하며 살게 된 것이다. 그리고 이제는 진리를 증거하는 도구로서 주님이 자기를 사용하시는 단계에 이르렀다. 한 생명 한 생명 살리는 뜨거운 사랑에 이끌려 사는 자가 된 것이다. 이렇게 주님이 나를 불타는 심령으로 이끄시니 내가 그 주님을 사랑하고 사모할 수밖에 없게 된 것이다. 이 말씀은 제삼자에게 말하는 것이 아니라 우리 자신이 주님과의 관계에서 되는 것을 말씀하시는 것이다. 자기 자신과 관계없이 솔로몬이 노래하는 아가서로만 보지 말고 우리 각자의 노래가 되어야 된다. 「아가서」는 우리 자신에게 해당되는 하나님의 말씀이다. 그러므로 우리 자신이 주님을 사모하는 것이 된다. 먼저는 내가 그리스도의 것이 되고, 궁극적으로 주님이 나를 데리러 오실 나의 남편이 되고 있는 것이다. 내가 영광의 복음으로 살리심받았고, 뿐만 아니라 다른 영혼도 나와 같이 살리심받을 수 있게 나로 증거하게 하셨도다. 그런고로 그 주님을 더욱 사랑하고 사모함이 승하게 된 것이다. 마치 슬기로운 다섯 처녀가 신랑을 사모해서 맞이하러 나가는 것과 같은 것이다.

9. 우리가 들로 나가 촌락에서 유숙하사이다

나는 나의 사랑하는 자의 것이다. 즉 주님이 우리들의 남편이 되시도다. 또 그의 사모함은 나를 향해 있도다. 즉 신부인 우리가 주님을 사모하며 사랑함이 열렬하도다. 이처럼 주님과 우리 자신의 관계가 이와 같도다.

(아 7:11) 나의 사랑하는 이여, 오소서. 우리가 들로 나가 촌락들에서 유숙하사이다.

본문도 '나의 사랑하는 자여, 오라'로 바꿔야 맞다. 주님과 함께 들로 나가 촌락들에서 유숙하자고 할 때 "아멘" 하고 따르는 신부 성도의 모습이 여기에 담겨 있다. '우리'가 들로 나가는 것은 먼저 주님이 들로 나가는 것이다. 어린양이 어디로 가든지 따라가는 자와 같이 신부 성도가 주님께 붙어서 함께 나가고 있는 것이다. 주님께서 들로 나가자고 말씀하시는 것은 현재 성읍 안에 있기 때문이다. 성읍은 바벨론 도성과 같아서 세상에 속한 자들, 세상의 부귀 영광을 사모하는 사람들이 있는 곳이다. 그러므로 그곳을 빠져나가서 광야 같은 들로 나가 촌락에서 유숙하자는 것이다. 마가복음 8장 23절에 사람들이 벳새다 소경을 고쳐 달라고 주님께 데려왔을 때, 주님은 그 소경의 손을 붙잡고 그 성읍에서 데리고 나와서 고쳐 주셨다. 벳새다 성읍은 소경 되게 하는 곳이다. 주님은 벳새다 성읍을 빠져나간 곳에서 그 소경에게 안수하여 두 눈을 회복시켜 주셨다. 또한 요한계시록은 사도 요한이 밧모섬이란 광야 같은 곳에서 보게 된 계시이다. 주의 재림에 관한 것과 재림하실 주님을 신랑으로 맞이할 수 있는 신앙으로 세우는 요한계시록의 말씀은 예루살렘 성읍 안에, 도시의 성읍 안에서는 깨달아지지 않는다. 또 믿어지지도 않으며 해당도 되지 않는다. '촌락'은 동네 · 집을 말하는데, 영광의 복음을 들은 심령들이 곧 들에 있는 집이다. 히브리서 3장 6절에 "그리스도는 자기 자신의 집을 맡은 아들이니, 만일 우리가 소망의 확신과 기쁨을 끝까지 견고하게 붙잡으면 우리가 그의 집이라"라고 하였다. 우리는 주님의 집이 되고 주님은 우리 집에 들어오는 주인이 되신다. 따라서 영광의 복음으로 사는 성도 심령 속에 주님이 들어가셔서 유숙한다는 뜻이다. 주님이 영광의 복음을 들은 심령과 함께하시면서 그 말씀이 다 이루어지기까지 그 집에 유숙하신다. 즉 순교하기까지 함께하신다는 말씀이다.

(아 7:12) 우리가 일찍 일어나 포도원으로 가서 포도나무가 무성한지, 연한 포도가 나왔는지, 석류나무가 싹이 돋았는지 보사이다. 내가 거기서 당신에게 나의 사랑을 주리이다.

12절은 주님이 포도원인 신부 교회에 들어오셔서 살피면서 주님의 사랑을 더해 주시는 말씀이다. 본문 중에서 번역이 잘못된 부분이 있는데 '내가 거기서 당신에게 나의 사랑을 주리이다'를 '내가 거기서 너에게 나의 사랑을 주리라'로 바꾸는 것이 좋다. '포도원'은 교회를 상징하는데 여기서는 일반 포도원이 아니라 영광의 복음을 듣고 재림 주를 맞이할 것을 소망하는 신실한 신부 교회, 즉 일곱 금 촛대 교회를 가리킨다. 또 일곱 금 촛대 교회라 함은 교회 건물이 아닌 신부 성도를 의미한다. 신부 성도는 환란 날에 순교할 것을 바라보며 살아가는 자이다. 그 신부 성도가 재림하시는 주님과 하나가 되어 있다. 그러므로 '우리'가 되고 있는 것이다. 이미 6절의 '오, 사랑아'로부터 신랑 예수님과 신부 성도가 하나가 되어 계속 함께하고 있는 것이다. 주님이 신부 교회에 일찍 일어나 가서 보자고 하신다. 무슨 뜻인가? 이는 큰 환란이 임박해 오는 것을 주님께서 깨닫게 해 주신 대로 신부가 영의 눈으로 보고 깨닫고 있음을 보는 것이다. 그리고 그 환란을 맞이할 때 승리할 수 있는 믿음으로 준비하고 있는 것을 가리킨다.

10. 우리가 포도원에 가서 살피자

장차 종말의 7년 대환란이 임박해 옴을 믿음의 눈으로 보고 그에 따른 믿음을 예비하여 재림하실 주님과 하나가 된 자가 '우리'이다. "우리가 일찍 일어나 포도원에 가서 살펴보자"라고 한다. 신부 성도는 그 환란을 맞이할 때 승리할 수 있는 믿음으로 준비하고 있다. 그러므로 일찍 일어나 포도원으로 간다. 이와 반대로 주님께서 환란이 시작될 것을 깨닫게 해 주셨는데도 그것을 믿지 아니하고 대비하지 않는 자는 결국 밤에 속한 자가 되어 주의 날이 도둑같이 임하게 된다. 또 포도원인 신부 교회에 가서 살핀다. "포도나무가 무성한지, 연한 포도가 나왔는지, 석류나무가 싹이 돋았는지 살펴본다." 이 나무들은 우리 성도에 대하여 비유로 말씀하신 것이다. 먼저 포도나무가 무성하다는 것은 영광의 복음을 믿고 기쁨으로 충만해 있는 자를 말한다. 그다음 연한 포도가 나온 것은 열매가 맺히고 있다. 즉 영광의 복음을 믿은 대로 그에 따르는 역사가 자기에게 이루어지고 있음을 가리킨다. 그것이 구체적으로 무엇인가? 영광의 복음으로 살면 반드시 따르는 역사가 있으니 고난의 바람을 맞는다는 것이다. 마지막으로 잘 익어진 완성된 포도 열매가 나왔다. 이는 창세 이후로 없던 큰 환란의 바람에 목 베임을 받을 수 있는 신앙이 된다. 연한 포도 열매는 아직 7년 환란이 되지 않았지만 그 환란을 이길 수 있는 신앙에 올라서 있으니 고난의 바람을 맞으면서 오히려 감사, 찬송하며 믿음의 열매를 맺는 자들이다. 신부는 그냥 되는 것이 아니다. 우리를 신부 되게 하기 위하여 환란과 인내, 연단을 거치며 완전하게 만들어 주시는 것이다.

또 '석류나무'는 석류 열매 속에 씨가 많은 것이 특징이다. 씨는 영원한 생명을 상징한다. 말씀 증거하여 다른 영혼을 살리는 것이요, 이처럼 영생의 합당한 열매 맺는 생명으로 더 풍성케 한다는 의미가 있다. 왜 포도원에 석류나무가 등장하는가? 이는 우리에게 영적 진리를 비유로 말씀하는 것이다. 주님은 세상에서 문벌 있고 지혜롭고 부유한 자에게 이 영광의 복음을 주시지 않는다. 오히려 비천하고 미련하고 약한 자인 나에게 이 복음을 주셨다고 믿고 기뻐하면 석류나무에 석류 열매가 가득한 것이다. 즉 석류 열매 안에 씨가 가득한 것이 된다. 그리고 그 복된 진리를 잠든 자의 입술로 말하게 하신다. 즉 전적으로 주님이 역사하셨고, 단지 도구인 나를 통해 영생에 이르는 열매를 맺게 하셨다고 깨닫고 감사하면 석류 열매, 즉 그 석류 씨가 더욱 총총히 맺히는 것과 같다. 석류나무에 싹이 돋아났다는 것은 이러한 기쁨으로 사는 성도를 말하는 것이다. 온전한 석류 열매는 희고 깨끗한 세마포를 입은 신부의 자리에 선 것을 말한다. 이 "희고 깨끗한 세마포는 성도의 의"라고 하였다(계 19:8). 이는 순교하게 해 주시는 하나님의 의를 찬송하고 기뻐하는 것이다. 이것이 신부 성도의 신앙이요, 곧 그의 의이다. 만약 나의 지식과 내 열심으로 신랑 예수님을 맞이하겠다고 한다면 석류나무가 될 수 없다.

또 "내가 거기서 너에게 나의 사랑을 주리라" 하고 말씀하신다. 본문에서 주님은 포도원으로 들어가셨다. 포도원은 신부 교회, 즉 신부 성도를 의미한다. 따라서 영광의 복음을 증거하여 목회하는 이 신부 교회를 살피는 주님이심을 깨닫고 있는 자가 바로 '거기서'가 된다. 신부 교회를 살피는 주님이라는 것을 깨닫는 자에게 내가(주님) 내 사랑을 준다는 것은 그 깨닫는 자에게 신랑인 주님이 껴안아 주고, 내가 너와 같이 잠자리에 들어가서 사랑을 하고 온전히 한 몸이 이뤄지게 하신다는 의미이다.

11. 자귀나무들이 향기를 발하다

앞서 우리는 신랑 예수님이 신부 교회인 포도원에 가서 살피는 것을 상고하였다. 포도나무가 무성한지 연한 포도가 나왔는지, 석류나무가 싹이 돋았는지 살펴본다. 나무는 신부 되어 가는 성도를 비유한다. 영광의 복음을 받아 기쁨이 충만한 것으로 출발하여 고난이 따르나 이기며 열매 맺는 연한 포도가 나온다. 마지막으로 완성된 포도, 즉 신부 신앙에 올라서서 석류같이 풍성한 영생의 열매 맺고, 또 신부를 낳게 됨을 살피신다.

(아 7:13) 자귀나무들이 향기를 발하고 우리의 성문들 앞에는 온갖 새로운 것과 오래된 아름다운 실과가 있으니, 오, 나의 사랑하는 이여, 이것들은 내가 당신을 위하여 쌓아 놓은 것이니이다.

'자귀나무'로 번역이 된 히브리어 원문 '두-다임'의 뜻은 자귀나무가 아니라 '합환채'와 '광주리'라는 두 가지의 뜻으로만 사용된다. 본문에 '광주리'는 맞지 않고, '합환채'의 뜻이 가장 알맞은 번역이다. 합환채는 창세기 30장 14절에, 맥추 때에 르우벤이 들에 나가서 찾아 어미 레아에게 가져온 것이다. 레아는 그 합환채로 남편인 야곱을 빌려서 동침하였고, 라헬은 르우벤의 합환채를 취하기 위해 자기와 늘 함께하던 육신의 남편인 야곱을 레아에게 보냈다. 레아는 합환채 대신 육신의 남편과 잠자리를 같이하여 잇사갈을 낳았고 그 후 다시 임신하여 스불론을 낳았다. 반면 라헬은 합환채를 마음 중심으로 즐겼다. 결과는 영적 장자인 요셉을 낳았다. 레아나 라헬이 살았던 당시 여성들 사이에서 합환채(두-다임)는 임신을 못 하는 자에게 임신을 촉진케 하는 풀로 여기는 사상이 있어서 라헬도 그 방법으로 자녀를 낳은 것이라는 일반적인 해석을 할 수도 있다. 그러나 이 사건의 말씀을 한 꺼풀 벗기고 들어가면 영적인 의미로서 요셉을 낳게 한 합환채가 곧 복음이요, 진리가 된다. 합환채는 합환(合歡), 즉 신랑과 신부와의 관계에서 기쁨이 하나가 되는 것을 뜻한다. 결혼할 때 신랑과 신부가 합환주를 마신다. 신랑과 신부가 기쁨으로 하나가 됨을 표시하는 예식이 곧 합환주를 마시는 것이다. 합환주를 마시고 나면 그다음은 신랑과 신부가 같이 잠자리에 들어간다.

잠자리에 들어가면 두 사람의 기쁨이 하나 되어 결국 자녀를 낳게 된다. 신랑 신부가 잠자리를 같이하여 자녀를 낳듯 영적으로 주님과 신부 성도 간에 사랑하며 기쁨이 합해져서 영적 자녀들을 낳음을 계시한다. 라헬이 합환채를 인하여 기뻐하며 그것으로 낳은 것이 요셉이듯이, 영광의 복음을 주신 주님과 이를 받은 성도의 기쁨이 하나가 되어서 낳는 것이 영적 자녀이다. 곧 종말에 순교를 통해 첫째 부활의 영광을 받을 자들을 낳는 것이다. 더하여 종말의 하나님의 종인 14만 4천을 낳는 것이다. 이사야 62장 4–5절에 마치 청년이 처녀와 혼인하듯이 여호와 하나님이 우리를 기뻐할 것이요, 우리와 혼인할 것을 말씀하셨다. 이것으로 말미암아 우리는 약혼자로서의 기쁨이 있는 '헵시바'로, 더 나아가 혼인한 자로서의 기쁨이 있는 '쁄라'가 되는데 그 기쁨의 차원은 약혼 시의 그것과 다르다. 결혼하여 한 몸을 이루고 잉태하여 자녀를 낳는 역사가 쁄라의 기쁨이다. 합환채는 바로 이 기쁨으로 신랑 예수님과 신부 성도가 하나가 되어 요셉과 같은 장자, 곧 그리스도의 신부를 낳는 것을 가리킨다. 결혼 후 동침했어도 만일 한 사람에게만 기쁨이 있다면 합환이 아니 된다. 그 낳은 영적 자녀는 절대 그리스도의 신부가 될 수 없다. 따라서 합환채는 육적인 것이 아니고 세상의 결혼을 비유로 하여 실제는 합환채 복음의 역사를 계시한다.

12. 주님과 신부와의 넷의 합환 비밀

아가서 7장 13절의 합환채는 육적인 것이 아니고 신랑과 신부의 비유를 통하여 그 실체는 합환채 복음의 역사를 말씀하고 있다. 부부가 동침하고 아이를 출산하기까지 기쁨 네 가지가 하나가 되듯이 신랑 예수님과 신부 성도의 이와 같은 네 가지 기쁨이 하나로 합환하여 영적 자녀를 낳는 역사이다. 좀 더 구체적으로 살펴보면 결혼하여 동침할 때의 합환이다. 즉 남편의 생식기가 아내의 몸에 들어왔을 때, 남편과 아내가 이로 인해 기뻐하는 두 가지 기쁨이 일차적으로 발생한다. 그다음 아내의 기뻐하는 모습으로 인하여 남편이 더욱더 기쁨이 승하여 아내에게 결국 설정하여 아이를 잉태하여 낳는 기쁨을 가지며 그녀의 기쁨을 보는 남편이 이차적으로 기뻐하는 것이 된다. 그리하여 결국 네 기쁨이 하나 되어 영적으로 낳는 역사가 합환채 복음이다. 이렇게 네 가지 기쁨이 하나로 합하여 자녀를 낳는 것은 모형이고 실체는 신랑 예수님과 신부 성도가 이와 같은 네 가지 기쁨이 하나로 합환하여 영적 자녀인 그리스도의 신부를 낳는 역사를 말씀한다. 신랑 · 신부의 비유에서 언급했듯이 남편의 생식기가 아내의 몸에 들어오므로 아내에게 기쁨이 있게 되고 자녀를 잉태하게 된다고 했다. 하나님의 말씀(창 1:28)에 따라 생육 · 번성시키기 위한 통로, 도구가 남자의 생식기이다. 남자의 성기로 자녀를 잉태시키는 것이 아니다. 신랑 · 신부의 비유에서와 같이, 신랑 예수님이 내게 말씀으로 들어오시고 아내인 나는 그리스도의 신부가 되는 첫째 부활의 영광을 내게 주신다는 것으로 인해 기쁨과 탄성이 가득해졌다. 이를 보고 듣는 신랑 예수님이 이제는 내가 첫째 부활의 영광의 복음을 증거할 수 있도록 더 큰 은혜와 능력과 기쁨으로 역사해 주신다. 그럴 때 아내인 나는 그 첫째 부활의 진리를 증거하여 나와 같은 그리스도의 신부를 낳는 역사가 이루어질 때 이것이 주님과 신부에게 이뤄지는 이차적인 기쁨이 된다. 요컨대, 주님과 내가 남편과 아내로서 한 몸으로 완전 결합되는 순간의 기쁨 두 가지와, 나와 같은 또 다른 신부를 나를 통해 낳게 하는 역사를 주님이 친히 나와 더불어 이루시는 것으로써 그것이 또 두 가지 기쁨이다. 이 네 가지 기쁨이 하나 되는 것이 합환채 복음, 합환채 진리로 곧 그리스도의 신부를 낳는 신비한 역사이다. 또 다음의 '우리의 성문들'이 나온다. 이 우리 성문들은 거룩한 도성 새 예루살렘을 말한다. 주님이 들로 나가서 유숙한 집인 성도가 결국 순교하고, 더 나아가 합환채가 향기를 발하여 영적 자녀를 낳는 역사까지 이루어져서 그 영광 입은 새 예루살렘 성이 된 것이다. 새 예루살렘 성은 요한계시록 21장 9절 이하의 어린양의 신부로서 영광을 입은 신부의 모습을 계시하고 있다.

새 예루살렘 "성문 앞에 온갖 새로운 것과 오래된 아름다운 실과가 있다"는 것은 열매를 많이 맺은 것을 말한다. '온갖 새로운 것'은 복음과 진리로 인하여 맺어진 열매이다. 첫째 부활의 영광에 이르게 하는 복음을 믿고 그 말씀으로 인해서 기쁨으로 찬송하며 사는 것과 또 증거하여 다른 영혼을 신부 되게 하는 것으로 열매를 맺은 것들이 새 열매이다. 한편 '오래된 아름다운 실과'는 율법의 계명을 따라서 회개하고 회개의 열매를 맺은 것을 말한다. 법이 없으면 죄를 깨달을 수 없다. 우리의 회개는 계명으로만 된다. 그리스도 안에서 율법이 새 계명이 되어 우리의 영을 기르고, 의롭고 거룩하고 선하며 신령한 법이 된다. 그리하여 계명으로 자신의 죄를 깨닫고 나 같은 죄인을 살리신 주님의 사랑 안에 녹아져 회개하게 되는 열매가 묵은 열매이다.

제8장

나의 사랑하는 신랑 예수여, 서두르소서 (오, 주여, 어서 오시옵소서)

1. 당신이 내 어머니의 젖을 먹었다면

앞서 상고한 바와 같이 성문 앞에 놓인 많은 실과들이라고 하였다. 그 중에 오래된 것은 묵은 열매로서 율법과 계명에 의한 열매, 즉 회개의 열매라고 깨달았다. 예수를 믿는 자는 하나님의 법인 계명으로써 계속 생활 회개가 있어야 한다. 그러나 율법을 폐기한 소위 구원파는 이단이고 성도를 회개치 못하게 하는 잘못된 악령의 역사이다. 예수님은 율법을 폐기하러 오신 것이 아니라 온전케 하려고 오시었다. 또 본문에 "이것들은 내가 너를 위하여 쌓아 놓은 것이다"라고 말씀하였다. 주님이 우리를 위해서 새것과 묵은 것을 쌓아 놓았다는 것은 결국 열매 맺은 것으로만 끝나는 것이 아니라 그 열매대로 내게 줄 영광을 예비해 놓으셨다는 말씀이다. 열매는 이 땅에서 주님과 함께 맺게 하였고, 그 열매대로 주님이 우리에게 영광을 입혀 주시기 위하여 성문 앞에 쌓아 놓은 것이 있다는 말씀이다. 새것의 열매는 우리가 신부 신앙에 올라서 있은 후에 맺은 열매이다. 자신과 같은 신부 성도를 낳은 역사이다. 이것이 성문 앞 존귀하고 아름다운 새것과 묵은 것의 실과가 있다고 한 것이다. 이처럼 열매 맺은 대로 신부에게 입혀 줄 영광이 예비되어 있음을 요한계시록 21장 10절 이하에 찬란한 보석 성 새 예루살렘으로 계시하고 있다.

(아 8:1) 오, 당신이 내 어머니의 젖을 먹은 내 형제 같다면! 내가 밖에서 당신을 만날 때 당신에게 입 맞추리니, 정녕 내가 멸시받지 아니할 것이요.

신부 성도가 말하기를 "오, 당신이 내 어머니의 젖을 먹은 내 형제 같다면!" 하고 가정법을 써서 말한다. 이는 실제 내 형제(오라비)가 아니라는 말이다. 여기서 '당신'은 신부 성도의 어머니의 젖을 먹지 아니한 다른 젖을 먹은 성도를 말한다. 신부 성도는 앞서 7장에서 첫째 부활에 이르게 하는 진리의 말씀으로 기뻐하며 증거하는 자였다. 그런데 이 신부 성도는 자신이 증거하는 진리의 말씀을 깨닫지 못하는 성도들과 영적 어두움 가운데 있는 종들로부터 비방과 멸시를 받고 너무 안타까워한다. 그리고 "오, 당신이 내 어머니의 젖을 먹은 내 형제 같았더라면!" 하고 말하는 것이다. 성령이 진리의 영이 되셔서 똑같은 말씀으로 양육을 받으면 같은 어머니의 젖을 먹은 형제가 되는 것이다. 그러나 진리의 영이 아니고 예언의 영이 아닐 때는 참된 진리를 말하고 기뻐하는 자에 대해 이해하지 못하고 멸시, 비방하고 급기야 이단으로 정죄하고 만다. 신부 성도는 이것을 안타깝게 여기고 있는 것이다. 한 어머니에게서 젖을 먹은 형제지간이었다면 서로 멸시를 하거나 멸시를 받는 자가 되지 않았을 것이다. 여기서 젖을 주는 어머니는 말씀을 증거하는 교역자 또는 교회를 말한다.

"밖에서 당신을 만날 때 당신에게 입 맞춘다"는 것은 한 진리 안에서 서로 기뻐하며 하나님 앞에 영광 돌리는 것을 말한다. 그러나 같은 젖을 먹지 않았기 때문에 지금 멸시를 받고 있다는 것이다. 요한계시록은 주의 재림에 대한 예언의 말씀이다. 오늘날 이 말씀을 인본적으로 잘못 깨닫고 변질시키는 일들이 비일비재하다. 따라서 참된 요한계시록의 진리의 말씀을 증거하면 인본적으로 깨닫고 있는 비진리가 진리를 멸시하고 비방한다. 또 요한계시록을 아예 깨닫지 못하는 자들은 "장로교 시조인 칼빈도 인봉한 계시록을 왜 건드리느냐?" 하며 비방한다.

(아 8:2) 내가 당신을 인도하여 나를 가르친 내 어머니의 집에 들여서, 내 석류즙으로 만든 향기로운 술을 마시게 하였으리이다.

'나를 가르친 내 어머니의 집'은 성령이 진리의 영이 되셔서 나를 양육하고 가르친 교회를 말한다.

2. 내가 당신을 내 어머니의 집으로

만일 당신이 내 어머니의 젖을 먹은 내 형제 같다면, 8장 2절 "내가 당신을 인도하여 나를 가르친 내 어머니의 집에 들여서 내 석류즙으로 만든 향기로운 술을 마시게 하였으리이다", 이는 가정법으로 쓴 것이요, 실제는 당신이 내 형제가 아니란 말이다. 여기서 '나를 가르친 내 어머니의 집'은 어디인가? 첫째 부활의 영광의 복음과 진리 말씀으로 난 곳이다. 요한계시록 2장과 3장에서 계시한 일곱 금 촛대 교회이다. 만일 당신이 내 형제였다면 일곱 금 촛대 교회로 '당신'을 인도하여 들여서 내 석류즙으로 만든 향기로운 술을 마시게 하였으리라. 여기의 술은 포도주요, 복음을 상징한다. 나를 가르친 내 어머니의 집에서 먹는 술은 곧 석류즙으로 만든 향기로운 술이라고 하였다. 한마디로 순교케 해 주시는 것을 말한다. 누가복음 22장 17절 이하에 예수님의 최후의 만찬에서 주님이 제일 먼저 잔을 가지고 감사를 드린 후 "이것을 가져다가 너희끼리 나누라"라고 말씀하셨다. 그 후 빵을 가지고 감사를 드린 후 떼어 주시면서 "이것이 너희를 위하여 주는 나의 몸이니 이것을 행하여 나를 기억하라"라고 말씀하셨다. 또 식후에 잔을 주시면서 "이 잔은 나의 피로 된 새 언약"이라고 말씀하셨다. 빵과 식후의 잔은 오늘날의 성찬식이다. 그러나 이 성찬식에 앞서서 주신 잔으로 "이것을 가져다가 너희끼리 나누라" 하셨다. 이 잔은 주님과 똑같은 길을 가는 자신의 제자들에게 주셨다. 제자들이 마신 이 잔은 주님이 받으신 십자가의 죽음의 잔과 똑같은 것이다. 즉 순교의 잔을 말한다. 이 잔을 마신 제자들이 그 이후 주님을 따라 기쁘게 순교의 제물로 드려졌다. 이 잔이 본문의 '내 석류즙으로 만든 향기로운 술'이다. 현재는 깨닫지 못하여 환란 전 휴거를 소망하거나 또는 천년왕국이 없다고 주장한다. 이렇게 주장하는 '당신'을 나를 가르친 내 어머니의 집(일곱 금 촛대 교회)으로 들이겠다. 그리고 석류즙으로 만든 향기로운 술을 마시게 하였으리라. 만약 그렇게 된다면 '당신'도 그 교회 안에서 주는 향기로운 술을 마시고 길러지리라. 그리되면 신랑 예수님이 순교케 해 주시는 그 도를 깨닫게 되어 기쁨으로 당신도 나처럼 순교의 길로 가게 될 수 있었으리라. 그러나 신부 성도가 고통하며 괴로워하면서 1절에 '당신이 내 어머니의 젖을 먹은 내 형제 같다면!' 하고 가정법으로 말하고 있다. 결국 일곱 금 촛대 교회에서 주시는 진리를 받지 못했다는 것을 말한다. 만약 일곱 금 촛대 교회로 인도를 받았다면 당신은 겸손하게 와서 자기의 것을 다 내려놓고 진리를 받았으리라. 그리하면 당신은 은혜를 받고 나의 형제가 될 수 있었으리라. 그러나 이렇게 되기가 너무너무 어렵다. 왜 그럴까? 성도 각자에게 견고한 이론의 진이 있어 그것이 쉽게 깨뜨려지지 않기 때문이다. 그러므로 예수를 믿는 첫출발부터 중요하다. 처음에 어떤 말씀의 씨가 심령에 뿌려졌는가가 매우 중요하다. 진리의 말씀이 아닌 다른 것으로 심어졌다면 그것이 그의 모습으로 형성된다. 그리고 이것이 자신에게 견고한 이론의 진이 되는 것이다. 이럴 때는 항아리란 그릇이 와장창 깨지듯이 자신이 깨져 버려야 그 견고한 진이 없어질 수 있으리라. 마치 청년 유두고가 바울의 설교를 못 듣고 3층에서 떨어져 죽듯이 말이다. 그가 다시 살아나니 청년, 즉 네아니아스 유두고가 아닌 파이디온인 아이가 된 것같이 새로워지게 되리라(행 20:7–12). 만일 당신이 그리됐었더라면 내가 나를 가르친 내 어머니의 집에서 주시는 첫째 부활의 진리를 순하게 받을 수 있었을 것이라.

3. 내 사랑을 방해하지 말라

앞서 상고한 바와 같이 만일 당신이 내 어머니의 젖을 먹은 내 형제 같다면 내 어머니의 집에 들여 향기로운 석류즙의 술을 마시게 했으리라. 즉 일곱 금 촛대 교회에서 주시는 첫째 부활의 진리를 잘 받을 수 있었을 텐데……, 이런 안타까움은 3절에서 계속되고 있다.

(아 8:3) 그의 왼손이 내 머리 아래 있을 것이요 그의 오른손은 나를 껴안을 것이라.

본문이 아가서 2장 6절 말씀과 문자는 똑같지만 내용은 전혀 다르게 계시한다. 아가서 2장 6절의 말씀은 신랑 되시는 예수님이 왼손으로 신부 성도의 머리 아래로, 또 그의 오른손이 신부 성도를 껴안아서 온전히 하나가 됐음을 가리킨다. 그리하여 신부 성도에게 진리의 말씀을 아귀까지 가득 채우시는 역사를 하신다. 그 결과 주님과 신부 성도가 온전히 하나 되는 과정을 표현한 것이다. 반면에 본문 아가서 8장 3절은 8장 1절의 '당신'의 손을 말한다. 신부 성도의 신앙을 멸시하고 비방하는 그가 만약 나를 가르친 내 어머니의 집에서 나와 똑같이 석류즙으로 만든 향기로운 술을 마시게 되었다면 그는 분명히 감격하여 마치 신랑 예수님이 신부 성도를 껴안고 사랑하는 것같이 그도 자신을 인도한 신부 성도와 하나 되어 사랑하게 되지 않았겠느냐는 것이다. 다른 젖으로 양육받은 것으로 인하여 신부 성도가 증거하는 진리를 깨닫지 못하고 비방하고 정죄했던 자신 즉 죄인의 괴수를 오히려 첫째 부활에 이르게 하는 엄청난 복을 받는 자로 세움받게 됐다고 가정한다면, 후일에 이렇게 됐음을 깨달았다면 그의 왼손이 신부인 내 머리 아래 있을 것이요, 깨달은 그의 오른손은 나를 껴안았을 것이라는 말씀이다. 그러나 그렇게 되지 못한 현실이니 너무도 안타깝다는 말씀이다.

(아 8:4) 오, 예루살렘의 딸들아, 내가 너희에게 부탁하노니, 그가 원하기까지는 내 사랑을 흔들지도 말고 깨우지도 말라.

'예루살렘의 딸'은 육적인 성도 · 교회를 말한다. 또 첫째 부활에 이르게 하는 말씀의 젖을 먹지 못하여 신부 성도와 다른 신앙의 길로 달려가는 자들이 예루살렘의 딸들이 된다. 3절까지는 신부 성도를 멸시하고 대적하는 자가 '그'였는데 4절의 '그'는 신랑 예수님을 가리킨다. 신랑 예수님이 원하기까지 내 사랑을 흔들지도 말고 깨우지도 말라고 하였다. 현재 신부 성도의 믿음의 위치에서 더 깊은 주님의 은혜와 사랑을 채워 주시는 역사이다. 이는 곧 신랑 예수님이 기뻐하시는 그 기쁨의 분량까지 신부 성도에게 채워 주시려는 것이다. 아가서 7장 13절을 거쳐 온 신부 성도는 합환채의 기쁨으로 주님과 하나 되어 낳는 역사를 하고 있다. 한 생명, 한 생명 그리스도의 신부로 세워지는 것으로 인하여 예수님이 기뻐하시는 기쁨과 신부 성도가 기뻐하는 기쁨이 있는데 그 기쁨의 정도는 다르다. 신부로 세우고 생명을 살리는 신랑 예수님의 기쁨이 신부 성도에게도 똑같은 기쁨이 되도록 지금 신랑 예수님이 신부 성도 자신을 사랑하고 계시니 그 사랑이 아귀까지 가득 채워지기까지는 방해하지 말라는 것이다. 그가 원하기까지 내 사랑을 흔들지 말라는 부탁은 앞에서도 여러 번 하였다. 처음에는 진리로 아귀까지 채우시는 역사가 있었고, 다음은 증거하는 사명과 기쁨을 위해서 역사하시는 것을 말씀하였다. 8장 4절에는 신랑 예수님과 함께 증거하는 가운데 더 큰 기쁨을 채워 주시는 역사이다. 만일 신부 성도에게 8장 4절이 이뤄지지 않을지라도 온전하지만 8장 4절이 이루어지게 되면 이제는 신부는 왕이 된 기쁨을 직접 누리면서 예수님의 그것과 같이 될 수가 있는 것이다. 8장 4절의 말씀이 이루어진 결과가 곧 11절이다.

4. 신부에게 더 주실 기쁨

아가서 8장 4절에서 주님은 신부 성도에게 사랑을 채워 주신다. 또 큰 기쁨을 누리게 하신다. 이는 곧 바알하몬 포도원에 은 1천 개의 열매를 받는 것이다. 11절에서 말씀하시기를, "솔로몬이 바알하몬에 한 포도원을 가졌는데, 그가 그 포도원을 지키는 자들에게 내어주고 각자 그 열매로 은 1천 개를 가져오게 하였도다"를 가리킨다. 바알하몬 포도원이 무엇인가? 이는 주 재림 후 세워질 천년왕국 교회를 말한다. 또 은 1천 개의 열매는 1천 년 동안 맺은 열매를 말하는 것이다. 솔로몬 왕 시대에 솔로몬이 소유한 포도밭이란 지명의 바알하몬이 없다. 지금도 지구상에 없는 이름이다. 이는 바알하몬이 오직 천년왕국에 있는 지명임을 가리킨다. 아가서 1장 1절부터 솔로몬의 노래는 재림하시는 예수 그리스도를 맞이할 신부의 기쁨의 찬송이다. 옛날 솔로몬 왕의 노래가 아니라 그리스도와 신부와의 관계를 말하는 것이다. 그러므로 솔로몬의 포도원 바알하몬이 옛날 솔로몬 왕의 포도원이 아니라는 것이 분명해졌다. 이 말씀을 받는 우리 자신이 신부 성도를 계시한 솔로몬 같은 자리에 있어야 된다. 즉 그리스도의 신부가 되어야 한다. 그리스도의 신부가 된 자는 그가 믿는 믿음의 실상으로써 장차 있을 천년왕국에서 그가 살면서 열매 맺는 포도원이 되는 것이다. 이처럼 오늘날 우리도 천년왕국에서 살게 될 것이 느껴지고 있는가? 예수님은 신부 성도와 함께 기쁨이 하나 된 합환채로 영적 자녀를 낳는 역사를 하시면서 어떤 것을 느끼실까? 또 어떤 기쁨이 충만하실까? 만왕의 왕으로 재림하셔서 천년왕국을 통치하시는 것을 느끼며 기뻐하심이 틀림없으시다. 그러면 천년왕국에서 예수님을 만왕의 왕으로 모시고 그분과 함께 통치하면서 살 만왕들인 신부 성도들도 예수님이 누리는 그 기쁨이 당연히 함께 있어야 하지 않겠는가? 이를 예수님이 8장 4절에서 채우고 계시는 것이다. 이렇게 채움을 받은 신부 성도는 아직 천년왕국이 이루어지지 않았어도 솔로몬의 바알하몬 포도원을 가지고 있는 자가 된다. 믿음의 실상으로써 은

1천 개를 받은 자가 된다.

예수님은 요한복음 15장 13절에 사람이 친구를 위하여 자기 생명을 내어놓는 것보다 더 위대한 사랑은 없다고 말씀하셨다. 예수님이 가장 사랑하는 친구는 제자들이다. 예수님이 제자들을 사랑하는 표로써 그들을 위하여 목숨을 버리셨다. 이것이 주님의 기쁨이다. 주님 안에 이 기쁨이 충만하시므로 "나의 기쁨이 너희 안에 있어 너희의 기쁨이 충만하게 하려는 것이라"고 말씀하신 것이다(요 15:11). 예수님의 기쁨은 고난당하시고 십자가에서 죽임당하는 것이다. 십자가에 죽임당하는 그 자체가 기쁜 것이 아니라 그 일로 인하여 구원받고 생명이 살아나는 그 생명들로 인하여 기뻐하시는 것이다. 요한복음 16-17장에서 그 기쁨을 제자들에게도 주기를 원한다고 하셨다. 이는 예수님의 친구인 제자들도 순교하게 될 것을 말하는 것이다. 주님의 제자들이 순교당할 때 순교의 죽음의 고통보다도 오히려 예수님의 이 기쁨을 제자들이 가져서 제자들의 기쁨이 되기를 원한다는 말씀이다. 예수님이 원하시고 기도하셨던 대로 결국 주님의 제자들이 예수님의 이 기쁨에 같이 하나 되어 순교 제물로 드려졌다. 그리고 예수님의 이 기쁨을 8장 4절의 신부 성도에게 채워 주시기 위하여 사랑하시는 것이다. 이 기쁨으로 충만한 신부 성도가 되면 순교의 고통, 환란 날에 고난받는 것 등에 대해서 벌써 초월하고 순교의 건너편에서 바알하몬 포도원의 은 1천 개로 기뻐하는 자가 된다.

5. 광야에서 올라오는 이 여인

지금까지 주님이 신부 성도를 사랑으로 채우시어 왔다. 처음에는 진리의 말씀으로 아귀까지 채웠다. 그다음은 증거하는 사명과 기쁨을 위해서 사랑하셨다. 8장 4절에서는 신부가 왕이 될 기쁨을 직접 누리면서 예수님이 가진 기쁨같이 될 수 있게 바알하몬 포도원까지 보게 하시었다.

(아 8:5) 사랑하는 자에게 기대어 광야에서 올라오는 이 여인은 누구인가? 내가 너를 사과나무 아래서 일으켰다. 거기서 네 어머니가 너를 낳았고, 너를 낳은 그 여인이 거기서 너를 낳았도다.

여기서 '사랑하는 자'는 예수 그리스도를 말한다. 예수 그리스도에게 기대어 그분을 전적으로 의지하여 광야에서 올라오는 여인이 있다. 이 여인은 누구인가? 바로 신부 성도이다. 신부 성도가 광야, 즉 거친 들에서 올라왔다는 것은 많은 수난과 고통과 여러 가지 풍파를 겪었다는 것을 계시한다. 그러나 '사랑하는 자'를 의지하여 이겼다는 것을 말한다. 이 여인이 거쳐 온 광야는 무엇을 계시하는가? 아가서 4장 8절에서 말씀하시기를 "나의 신부야, 나와 함께 가자" 하신다. 그리고 주님께서 신부 성도를 제일 높은 곳, 즉 헤르몬 정상으로 이끌어서 올라가셨다. 바로 그 정상에서 신부에게 사자 굴과 표범 산을 보여 주신다. 이와 같이 이 사자들의 굴과 표범 산을 밝히 보여 주신 후, 직접 그 사자 굴을 지나고, 또 표범 산을 거쳐서 올라오게 하신 것이다. 이것이 신부가 거쳐 온 광야이다. 광야를 거침으로써 아가서 4장 6절의 유향의 산과 몰약의 산으로 가게 되리라. 그러면 먼저 사자 굴은 무엇일까? 이는 음녀 바벨론을 상징한다. 종말 성도들의 신앙의 정절을 배도하게 하고 영을 죽이는 큰 도성 바벨론이다. 음녀 교회의 이 역사와 거짓 선지자를 통해서 신부 성도가 미혹도 많이 받고, 여러 가지 고난도 받았지만 그곳의 광야에서 올라오는 여인이 됐으므로 악한 역사를 다 이긴 것을 말한다. 또 그다음 표범 산에서도 이겼다. 이 표범 산은 무엇을 계시하는가? 적그리스도가 알록달록한 표범같이 좋은 말로 유혹함을 계시한다. 그러나 신부 성도는 그 적그리스도를 신랑 예수님을 의지해서 믿음으로 이겼다. 환란 날에 이처럼 적그리스도의 미혹에도 넘어가지 않는 신부 성도에게 최후로 고문하다가 마침내 죽이고 만다. 이러한 모든 환란을 거쳐서 믿음의 승리로 순교한 이 여인이다. 이 얼마나 위대한 믿음의 승리요, 존귀한 존재가 아닌가? 하늘나라 최상의 복을 받은 가장 복된 승리의 전사가 아닌가? 할렐루야!

그다음 "내가 너를 사과나무 아래서 일으켰다"라고 하였다. 여기의 '사과나무'는 아가서 2장 3절의 사과나무를 가리킨다. 내가 사랑하는 주님은 숲의 모든 나무들 가운데 가장 특별한 사과나무 같다는 것이다. 세상에서 최고로 존경받는 4대 성인들이나 훌륭한 사람들을 숲의 나무들에 비유한다. 그들은 숲의 나무같이 많지만 그중에서 가장 탁월하고 두드러진 분은 바로 사과나무 같다는 것이다. 그분이 곧 내가 사랑하는 분이신 주님이시다. 씨가 없는 숲속의 것들과는 달리 사과나무에는 특별한 열매가 있고 그 열매에 씨가 있다. 여기서 사과나무 열매의 그 씨는 영생을 의미한다. 즉 내게 영생을 주시기 위하여 예수님이 이 땅에 오셨고 대속 제물로 십자가에 못 박혀 죽임당하셨다. 이것이 사과나무이신 예수님을 상징한다. 신부 성도가 8장 5절까지 인도받아 오는 과정에서 처음부터 신부가 된 것이 아니다. 맨 먼저 그의 신앙의 첫출발이 이 사과나무 아래서 일으켜졌다는 것을 말씀한다. 사과나무인 예수님은 처음에 나로 정신이 번쩍 나도록 영적 대각성을 시켰고, 나를 일으키셨다.

6. 네 마음과 팔 위에 나를 새기라

우리가 아가서 8장 5절을 이미 상고한 바와 같이 우리의 첫 단계 신앙 출발이 바로 사과나무 아래서 일으켜짐으로 시작됐음을 깨달았다. 즉 사과나무로 상징한 예수를 알게 했고, 또 그분은 우리의 구속주 되심을 믿게 하셨을 뿐만 아니라 더욱이 신랑 예수 되심을 알게 하신다.

즉 하늘에 예비된 영광을 내게 주시기 위해서 7년 대환란을 예비하시고 순교케 하시는 나의 남편, 즉 신랑임을 깨우쳐 주신 것이다. 그러므로 "거기서 네 어머니가 너를 낳았고"라고 말씀하신다. 어머니가 산고를 치르고 신부인 너를 낳았다고 하신다. 또 "너를 낳은 그 여인이 거기서 너를 낳았도다" 하신다. 이는 어머니가 산통을 겪고 아이를 낳은 다음에도 계속하여 그 아이를 돌보고 양육하는 중에 많은 고통을 치르면서 오늘 이 광야에서 올라오는 여인같이 되게 했다는 뜻이다. 여기서 어머니는 성령을 가리킨다. 성령이 예수를 믿는 내게 하늘나라에 첫째 부활의 영광이 내 것으로 예비됐다는 것을 미리 보여 주고 믿게 하기까지 산고를 많이 치르셨다. 즉 하늘나라에 첫째 부활의 영광이 내 몫으로 예비돼 있다는 것을 신부 성도인 내가 굳세게 믿기까지 성령이 산고를 치르신 것이다. 이 첫째 부활의 진리가 믿어진 후에는 아주 기쁘게 순교할 수 있는 신앙으로 모든 것을 초월해서 올라설 수 있는 것이다. 바로 신부 성도가 그렇게 되기까지 어머니가 산고를 치르면서 첫째 부활의 영광을 보고 믿게 한 것이다. 광야에서 올라오는 이 여인이 누구인가, 바로 사과나무인 예수님이 나의 영혼을 살리고 영생을 주셨으며 또 영안을 활짝 열어 주셔서 내가 첫째 부활의 영광을 받을 자로 깨우침을 받게 하셔서 결국은 광야를 거쳐 이기고 올라오는 여인이 되게 하셨다는 것이다.

(아 8:6) 네 마음에 인장처럼, 네 팔 위에 인장처럼 나를 새기라. 사랑은 죽음처럼 강하고 질투는 음부처럼 잔인하니, 그곳의 숯은 불타는 숯, 곧 심히 맹렬한 불길을 가진 것이라.

신부 성도의 마음과 팔 위에 신랑 예수님을 도장처럼 새기라고 하였다. 우리가 계약서를 쓸 때 도장을 찍으면 그 계약은 반드시 이루어지듯이 나의 마음속에, 팔 위에 예수님을 도장처럼 새기면 반드시 신부가 되게 하신다. 신랑 예수님을 내 마음에 인장처럼 새기는 첫 단계는,

예수님이 첫째 부활의 영광을 내게 주시기 위해 영광의 복음으로 그 영광을 보여 주신 분이라는 것을 확신하는 것이다. 두 번째 단계는 첫째 부활의 영광을 보여 주신 그분이 내게 순교의 길도 가르쳐 주셨다는 것을 굳게 믿는 것이다. 세 번째 단계는 순교의 길을 보여 주신 그분이 내게 역사해서 그대로 이루어 주시는 분임을 확실하게 믿으면 예수님을 우리 마음에 도장처럼 새긴 것이 된다. 신랑 예수님이 내 마음에 도장같이 찍혔으면 그분과 내가 늘 함께하고 있는 것이 된다. 그리고 예수님이 신랑이 되었으므로 그분은 벌써 재림할 때 내게 주실 첫째 부활의 영광을 가지고 계시는 분이 된다. 첫째 부활의 영광을 보여 주신 예수님이 그 영광을 내게 주시기 위하여 순교의 길을 예비해 놓고 계시며 반드시 신부가 되도록 인도하시는 주님이 도장같이 새겨진 나와 친히 함께하고 계시므로 기쁨이 넘치는 것이다. 그러나 신랑 예수님을 마음에 새기지 않고 머리에 이성으로 아는 지식으로만 가지고 있는 경우에는 기쁨이 없고 증거도 하지 못하는 것이다. 또 "네 팔 위에 인장처럼 나를 새기라"는 것은 신랑 예수님이 신부 성도의 팔을 벌려서 기쁘게 순교하게 해 주신다는 믿음의 확신을 갖게 하심을 계시한다.

7. 질투는 음부처럼 잔인하다

8장 6절에서 "네 팔 위에 인장처럼 나를 새기라" 하였다. 성도의 팔에 예수님을 도장같이 새기라. 이를 베드로 사도를 통해 확실히 깨닫게 하신다. 요한복음 21장 18절에 예수께서 베드로에게 말씀하시기를 "네가 젊어서는 너의 허리띠를 스스로 두르고 원하는 곳으로 다녔어도 늙으면 네 팔을 벌리고 다른 사람들이 띠를 둘러 주며 또 원치 않는 곳으로 너를 데려가리라"고 말씀하셨다. 이는 베드로가 어떠한 죽음으로 하나님께 영광 돌릴 것인지를 나타내심이라고 하셨다. 이와 같이 "네가 신부 성도의 자리에 있느냐?", 그러면 네 팔 위에 나를 인장처럼 새기라는 것이다. 이는 주님을 성도의 팔 위에 새기는 것은 주님이 내 팔을 벌리고 그 안으로 나를 껴안으셔서 목 베임받는 곳으로 친히 인도하여 순교하게 해 주실 것임을 계시한다. 이러한 순교 믿음으로 확고히 서 있으면 내 팔에 도장처럼 주님을 새긴 것이 된다. 네 마음에 인장처럼, 네 팔 위에 인장처럼 신랑 예수님을 새기면, 그 새긴 자에게 주님은 어떻게 반응하시는가? 6절 하반절과 7절의 말씀과 같다. 이는 그 첫 번째가 사랑은 죽음처럼 강하게 된다는 것이다. 두 번째가 질투는 음부처럼 잔인하게 된다는 것이다. 마지막 세 번째가 심히 맹렬한 불길같이 된다는 것이다. 주님의 사랑이 죽음처럼 강하다는 것은 설령 내가 죽으려고 불 가운데 뛰어든다 할지라도 도장같이 새겨진 예수님이 나를 그냥 내버려두지 않고 그분도 같이 그 불 가운데로 떨어져서 나를 불구덩이에서 끄집어내시는 분이심을 말한다. 시몬 베드로가 주님을 세 번이나 부인했다고 해서 그를 멸망시킨 것이 아니라 다시 돌이켜서 순교하게 해 주신 주님이시다. 이와 같이 내가 비록 주님을 부인하고 여러 가지 죄를 범하는 등 열매 없는 죽음으로 떨어졌을지라도 주님은 나와 함께하셔서 그곳에서 건져내어 반드시 신부의 자리로 세우시는 주님이다.

"질투는 음부처럼 잔인하다"는 것은 신랑 예수님이 신부 성도를 사랑하시는 거룩한 질투를 말한다. 남녀 간의 사랑에서도 한쪽이 외도를 하면 불같은 질투가 생기듯이 만일 신부 성도가 세상과 짝하면 신랑 예수님이 음부처럼 잔인하게 질투하신다. 신부 성도가 세상으로, 또는 육신이 좋아하는 데로 빠지면 음부처럼 잔인하게 질투를 하신다. 어떻게 하시는가? 신부 성도가 세상과 짝하면 세상 것으로 빠져 가고 있는 그 부분을 뽑아내 주시기 위해서 음부의 불꽃 같은 거센 불로 불태워 주시는 역사를 하심을 가리킨다. 오직 신부가 신랑 예수님만을 바라고 신앙의 정도(正道)로만 가기를 바라시는 주님이시다. 그렇지 않고 주님 이외에 다른 것을 좋아하면 그 좋아하는 것을 잔인하게 불태우시는 역사를 하신다. 이는 거룩한 주님의 질투이다. 이것은 주님의 입장에서 보면

참되고 절대적인 사랑이다. 그러나 신부 성도의 입장에서는 굉장한 아픔이 된다. 그래서 결국 신부의 자리에 세워 주시는 것이다. 또 "그곳의 숯은 불타는 숯, 곧 심히 맹렬한 불길을 가진 것"이라고 하였다. 이것은 신부 성도에 대한 신랑 예수님의 사랑이 심히 맹렬한 불길 같다는 것이다. 숯은 사랑의 숯불을 의미한다. 신랑 예수님이 나를 사랑하셔서 쏟으시는 그 사랑이 심히 맹렬한 불길을 가진 것 같다고 하였다. 이 불길은 히브리서 12장 29절에 "우리 하나님께서는 소멸케 하시는 불이심이라"고 하신 그 불이다. 이는 신부 성도의 마음과 팔에 신랑 예수님을 인장처럼 새겼기 때문에 그가 아직 끊지 못하고 있는 미련이 있으며 이는 주님이 사정없이 불태워 주시는 것을 말한다.

8. 많은 물들로 사랑은 끌 수 없다

8장 6절 "네 마음에, 네 팔 위에 인장처럼 나를 새기라. 그리하면 사랑은 죽음처럼 강하고 질투는 음부처럼 잔인하고 많은 물들로도 사랑은 끌 수 없다"고 하신다. 음부처럼 잔인한 질투는 주님의 거룩한 질투를 가리킴을 우리는 깨달았다. 그곳의 숯은 불타는 숯, 곧 맹렬한 불길을 가진 것이다. 신부 성도가 신랑 예수로 만족지 않고 다른 것으로 치우치며 미련을 가지면 이를 주님이 사정없이 불태워 주시는 것이다. 그 주님의 사랑의 불길의 기세는 누구도 막을 수 없다는 것을 상고하였다.

(아 8:7) 많은 물들로도 사랑은 끌 수 없으며 홍수로도 잠기게 할 수 없나니, 사람이 그의 집의 모든 재산을 주어 사랑과 바꾸려 한다면 그 일은 완전히 멸시를 받으리라.

"많은 물들로도 사랑은 끌 수 없다"는 것은 주님의 사랑의 불길이 얼마나 거센지 많은 물로도 그 사랑의 불길을 끌 수 없으며 주님의 사랑은 끝까지 실현된다는 것을 말씀한다. 여기서 사랑은 신랑 예수님이 내게 역사하시는 사랑을 말한다. 즉 나를 순교의 제물로 드려지게 하여 첫째 부활의 영광을 입혀 주시고 천년왕국의 왕이 되게 하는 과정들이 모두 나의 남편, 즉 신랑 예수님의 사랑에 의해서이다. 이 사랑은 많은 물들로도 끌 수 없으며 홍수로도 잠기게 할 수 없다고 하였다. 많은 물보다 더 큰 힘을 가진 것이 홍수이다. 홍수로 산이 휩쓸려 가고 집도 떠내려가서 흔적조차 없게 만드는 큰 힘이 홍수에 있다. 신부 성도가 가진 모든 것들이 홍수 같은 역사로 사업이 부도가 나고 가산이 기울어져도 내 속에 새겨진 주님은 떠내려가지 않는다는 것을 말한다. 주님의 사랑은 홍수 물에 의하여 방해받지 않는다. 비록 홍수 물에 잠겨서 모든 것이 쓸모없게 된다 할지라도 내 마음과 팔에 새겨진 신랑 예수님의 사랑은 끊어질 수 없다는 것이다. 오히려 그분의 사랑이 나를 이렇게 하신 것이라고 은혜로 받으며 오히려 찬송하며 홍수 같은 역사를 이기게 하신다. 이것이 주님의 사랑인 것이다. 따라서 내게 새겨진 주님의 사랑에 그 어떤 것도 영향을 주지 못한다. 그러나 그 사랑을 사람이 일생 동안 벌어서 쌓아 놓은 모든 재산으로 바꾸려 한다면 멸시를 받으리라. 즉 결코 바꾸지 않는다는 것이다. 사람이 한평생 모은 모든 재산을 없애 버릴지라도 신랑 예수님을 맞이하는 첫째 부활의 영광과 그분이 주시는 천년왕국의 왕이 되는 신령한 복을 놓치지 않는다는 말씀이다. 신랑 예수님이 재림하실 때 내게 주실 그 복과 그 사랑과 그 영광을 포기하고 이 땅에서 한평생 쌓아 놓은 재산으로 행복하게 살라고 할지라도 절대 그렇게 하지 않는다는 것이다. 그러나 에서는 장자의 명분을 붉은 죽 한 그릇에 팔아 버렸다. 우리 안에도 이러한 요소가 있다. 물질이나 명예를 좋아하는 사람에게 그것들을 얻을 수 있는 기회가 생기면 신랑 예수님이 보여주신 첫째 부활의 영광은 뒷전이고 물질과 명예를 좇아가는 사람도 있다. 이러한 자는 믿음이 없는 자이다. 반대로 믿음이 거대한 바위산과 같아서 견고하여 절대 요동치 않는 믿음도 있다. 바로 이들은 주님을 자신들의 마음속에, 자신들의 팔에 도장처럼 새긴 자들이라고 계시하신다.

(아 8:8) 우리에게 한 작은누이가 있으니 그녀에게는 가슴이 없도다. 그녀가 청혼을 받게 되는 날에 우리가 우리의 누이를 위해 무엇을 할까?

여기서 '우리'는 신랑 되시는 예수님과 신부 성도를 가리켜 '우리'라고 말하는 것이다. 특히 여기서의 신부 성도는 4절을 통과한 자로서 말씀을 증거하여 영혼을 살리는 기쁨이 주님과 똑같은 기쁨으로 가득 채워진 자를 말한다.

9. 우리에게 한 작은누이가 있으니

8장 8절 "우리에게 한 작은누이가 있으니 그녀에게는 가슴이 없도다. 그녀가 청혼을 받는 날에 우리가 우리 누이를 위하여 무엇을 할까?" 여기 '우리'는 주님과 성도를 가리키고, '우리'에게 작은누이가 있다 함은 먼저 된 신부 성도가 말씀을 증거하여 영적으로 낳은 자가 작은누이가 되고 있다. 그런데 "작은누이가 가슴이 없다"고 했다. 이것이 무슨 뜻일까? 신부 성도와 예수님이 같이 하나가 되어 증거한 결과, 그 열매로 작은누이가 탄생되었다. 그러나 갓 태어난 작은누이는 모든 면에서 미숙한 것이 많다. 그러나 큰누이인 신부 성도는 잠자는 자의 입과 같이 말하는 자이다(7:9). 즉 신부 성도 혼자서 영광의 복음을 증거하는 것이 아니라 증거하게 하시는 주님과 신부 성도가 하나가 되어 주님이 증거하게 하시는 역사 안에서 신부 성도는 도구가 된 것이 '우리'이다. 그런데 작은누이에게 유방이 없다고 하였다. 청혼은 요한계시록 19장 9절의 어린양의 혼인 잔치 자리에 신부로 청함을 받는 것을 말씀한다. 신랑 예수님이 재림하셔서 신부로 취하려고 할 때 작은누이가 유방이 없으면 신부가 될 수 없는 것이다. 즉 작은누이는 첫째 부활의 영광을 믿고 사모하고는 있지만 자신에게 그 영광을 입혀 주시는 신랑 예수님을 깊이 경험하지 못하여 기쁨이 없다. 이 기쁨이 없으므로 유방이 없는 것이다.

당연히 내게 신랑이 계시면 그 신랑으로 인하여 기쁨이 생기게 마련이다. 그러나 작은누이는 첫째 부활의 영광이 복되고 좋은 것으로만 여기고 있지 정작 그것을 내게 구체적으로 이루어 주시는 신랑 예수님이 "나의 신부야!" 하고 부르시는 경험이 없다. 그러므로 유방이 없는 이 작은누이는 실상 앞으로 있을 환란 날을 두려워하고 불안해한다. 또 이러한 자는 이차적으로 말씀이 이뤄진 증거가 그 심령 속에 없으므로 첫째 부활의 진리를 증거하지 못한다. 재림 예수님이 신랑으로 오시는 그날에 작은누이가 신부로 청함을 받을 수 있게 하기 위하여 예수님과 신부 성도가 무엇을 해 주어야 할까? 유방이 있는 성숙한 신부로, 온전한 아름다운 신부의 모습으로 만들어 주어야 하리라.

(아 8:9) 그녀가 성벽이라면 우리는 그녀 위에 은으로 궁을 지으리라. 그녀가 문이라면 우리는 그녀를 백향목 판자로 두르리라.

유방이 없는 작은누이를 위해서 우리가 무엇을 해야 할까? 그것은 먼저 유방이 없는 작은누이가 성벽이 되도록 힘쓰는 것이다. '성벽'은 난공불락의 단단한 요새 같은 성벽을 말하는데 작은누이가 이와 같은 믿음의 성벽이 되는 것을 말한다. 시편 127편 1절에 주께서 집을 짓지 아니하시면 집을 짓는 자들의 수고가 헛되며, 주께서 성읍을 지키지 아니하시면 파수꾼의 깨어 있음이 허사라고 말씀하셨다. 믿음의 성벽으로 난공불락의 성벽 짓는 것이 주님으로 말미암아 지어지는 것이다. 그러므로 믿음의 성벽이 되려면 재림하실 예수님의 음성, 곧 예언의 말씀을 성령의 귀로 들어야 된다. 듣는 자가 되면 그 말씀을 듣고 믿어서 반드시 그 말씀대로 이루어진다는 것도 믿어야 된다. 그러면 믿는 자에게 말씀대로 이루시는 역사가 나타나며, 그 역사 안에서 안식하는 자가 되므로 믿음의 성벽이 생긴 것이 된다. 작은누이에서 온전히 성숙한 신부가 되려면 이와 같은 믿음의 성벽이 먼저 세워져야 된다. 이렇게 작은누이에게 믿음의 성벽이 세워지면 "우리는 그녀 위에 은으로 궁을 지으리라"고 하였다. 은은 흰색이므로 희고 깨끗한 세마포 옷을 입을 때까지 예수님과 신부의 자리에 서 있는 먼저 된 자가 도와주고 인도해 주는 것을 말씀한다.

10. 우리는 그녀 위에 궁을 만들리라

8장 9절 "그녀가 성벽이라면 우리는 그녀 위에 은으로 궁을 지으리라. 그녀가 문이라면 우리는 그녀를 백향목 판자로 두르리라." 여기 '우리'는 신랑 예수님과 신부 성도라고 깨달았다. '우리'가 유방이 없는 작은누이를 성벽, 즉 난공불락의 단단한 요새 같은 성벽으로 만들어 주신다. 작은누이가 이와 같은 믿음의 성벽이 되게 하심이 곧 종말에 사는 우리에게도 그렇게 해 주시리라. 그리고 어린양의 신부는 희고 깨끗한 세마포 옷으로 단장해야 되므로, 작은누이에게 흰옷을 입혀 주면서 궁을 지어 준다는 것은 작은누이가 사는 궁, 즉 영광을 입혀 준다는 의미이다. 궁은 왕과 왕비가 사는 집이다. 그런 궁을 지어 준다는 것은 유방이 없는 작은누이가 영광을 입을 때까지 '우리'가 지어 준다는 말씀이다. 또 '그녀가 문이라면'은 새 예루살렘 성의 진주 문을 의미한다. 이제 작은누이가 새 예루살렘 성문이 되었다는 것은 어린양의 혼인 잔치 자리에 청함을 받는 성숙한 신부로 세워졌다는 것을 의미한다. 새 예루살렘 성은 어떻게 들어갈 수 있는가? 그 성은 문으로 들어가야 되는데, 요한계시록 21장 21절에 사방에 문이 세 개씩 있어서 열두 성문이 있고, 그 문들은 각각 한 개의 진주로 되어 있다고 하였다. 진주 문을 통과하여 새 예루살렘 성으로 들어간다. 진주 문의 의미는 우리에게 진주 같은 성화를 통해서 순교하게 될 것을 말씀하고 있다. 그러므로 순교한 자는 진주 문으로 들어간 자로서 어린양의 신부의 영광을 받는 새 예루살렘 보석성이 된다. 그녀가 문이라면—작은누이가 성숙되어서 새 예루살렘 성의 진주 문이 된다면—우리는 그녀를 백향목 판자로 둘러 주겠다고 하였다. 백향목은 수명이 천 년이고 향기를 발하는 특성이 있다. 레바논 같은 높은 산중에 서식하므로 풍파에 시달려서 나무 빛깔이 하얀색을 띤다. 이러한 백향목의 특성을 들어서 영적 의미를 두고 말씀하신 것이다. 작은누이를 백향목 판자로 두르면 그 나무의 향이 천 년 동안 지속되는 것이다. 이 말은 주님이 재림하셔서 세우시는 천년왕국에서 왕이 되는 영광을 미리 믿음으로 앞당겨 누리면서 찬송하는 것을 상징한다. 그런데 작은누이가 온전해져서 어린양의 아내로 진주 문이 되었으면 그것으로 완성된 것이다. 그런데 왜 진주 문에 백향목 판자로 둘러 주겠다고 하였을까? 이는 사방에서 거세게 괴롭히고 찌르는 악한 자가 있기 때문이다. 진리를 대적하는 자뿐만 아니라 앞으로 적그리스도와 그의 군대에 의해서 고통을 받지만 이것을 통하여 천년왕국의 왕이 되는 최고의 영광을 더하게 하시는 역사로 깨닫고 오히려 찬송하며 영광을 돌리는 것이 백향목 판자로 두른 문이 된다. 유방이 없는 작은누이를 '우리'가 힘써서 세우는데 먼저 큰 믿음의 성벽으로, 다음은 은으로 궁을 지어 준다. 그리고 새 예루살렘의 진주 문이 되듯이 순교하게 되는 것, 곧 백향목 판자로 둘러 주겠다고 하였다.

(아 8:10) 나는 한 성벽이요, 나의 가슴은 망대들 같나니, 그러므로 내가 그의 눈에 은총을 입은 자같이 되었도다.

'나'는 8절의 '우리'에 속하는 자로서, 신랑 예수님과 함께 작은누이를 낳고 기르는 일을 감당하는 14만 4천의 종의 자리에 서 있는 먼저 된 자이다. 8-9절은 작은누이의 신앙에 대하여 말하였고, 10절은 믿음으로 완성된 14만 4천의 종 자신의 신앙이 어떠하다는 것을 고백하는 내용이다. "나는 한 성벽이요" 하는 것은 요한계시록 21장 10절 이하의 새 예루살렘 성의 성벽을 가리키며, 이는 주님께서 완성시켜 주신 어린양의 신부의 영광된 모습을 말하고 있다.

11. 나의 가슴은 망대 같다

우리는 앞서 아가서 8장 10절에 "나는 한 성벽이요, 나의 가슴은 망대들 같나니, 그러므로 내가 그의 눈에 은총을 입은 자같이 되었도다"라는 말씀을 상고했다. 신부 성도를 왜 성벽이라 하는가? 이는 요한계시록 21장 10절 이하의 새 예루살렘 성의 성벽을 가리킨다. 또한 그 성벽은 바로 주님께서 완성시켜 주신 어린양의 신부의 영광된 모습을 계시한다. 특히 신부 성도에서 더 높이 올라선 14만 4천의 모습을 계시하고 있다. 이 14만 4천의 종은 믿음으로 이미 순교 이후에 주님이 재림하셔서 주실 첫째 부활의 영광을 미리 믿음의 실상으로 받아 가진 자이다. 그는 주님과 같은 영광의 몸으로, 영광의 모습으로 변모된 것을 믿음의 실상으로 소유하고 있는 상태이다. 믿음 안에서 새 예루살렘 성으로 완성된 자신의 신앙을 고백하는 것을 "나는 한 성벽이요"라고 하는 것이다. 이와 달리 앞서 9절의 작은누이가 성벽이 된 것은, 아직 새 예루살렘 성의 성벽으로 완성되지 않은 단지 작은누이의 믿음의 성벽임을 말씀한다. 즉 작은누이는 주의 말씀을 영으로 듣고 반드시 그 말씀대로 이루어진다는 것을 믿고 그분 안에서 안식하는 믿음이요, 그 믿음의 성벽으로 만들어진 것을 말한다. 10절의 나의 성벽인 14만 4천의 하나님 종의 새 예루살렘의 완성된 신앙의 성벽과 분별하기 바란다.

또 "나의 가슴은 망대들 같다"고 하였다. 망대는 적의 동태를 살펴서 상황을 알려 주는 탑이다. 이와 같이 14만 4천의 종의 가슴이 망대와 같아서 멀리 주의 재림의 때를 알고, 또 재림 전에 있을 환란 날을 넉넉히 대비할 수 있는 말씀이 풍부하여 그 말씀들을 증거하여 열매 맺는 것을 말씀한다. 이뿐만 아니라 환란 이후에 천년왕국에서 부활의 몸으로 1천 년 동안 또다시 열매를 맺게 하시는 말씀도 가지고 있어서 그 말씀을 증거하여 열매를 맺는 것이 망대 같은 가슴이다. 14만 4천의 종으로부터 때에 따른 말씀을 증거받은 자들이 주의 재림의 때를 대비하며,

또 환란 날의 영적 전쟁에서 이기는 자가 되면 이것이 증거하는 자의 열매가 되는 것이다.

"내가 그의 눈에 은총을 입은 자같이 되었다"라는 것은 내가 신랑 예수님의 눈에 구원의 은혜를 입은 자가 되었다는 것을 말씀한다. 구원의 은혜의 첫 출발은 우리 자신이 멜기세덱의 구원의 은혜를 받은 것이다. 창세기 3장에서 아담이 하나님이 금한 선과 악을 알게 하는 나무의 실과를 먹음으로 지옥의 심판 받은 자, 즉 죽은 자가 되었다. 이 아담과 함께 하나님의 아들의 영들을 이미 예비한 멜기세덱으로 구원해 주셔서 영원히 지옥 갈 수 없는 구원을 이루어 주셨다. 이후에 하늘나라에서 아무리 큰 영광을 받아 누릴지라도 그 영광으로 인하여 교만, 타락하여 지옥에 떨어지는 자가 될 수 없는 영원한 구원을 받았다. 이것이 첫 번째로 그분의 눈에 은총을 입은 자가 된 것이다. 그다음은 아담의 원죄로 말미암아 우리가 날 때부터 죄인으로서 우리에게 원죄를 두신 것이다. 이는 나로 말미암아 맺는 열매는 죄의 열매, 즉 저주의 가시와 엉겅퀴만 나오게 하신 것이요, 오직 내가 아닌 성령으로만 열매를 맺게 하신 것이다. 그 성령의 열매만이 내게 영생이 되게 하셨다. 이것이 두 번째로 은총을 입은 자이다. 나의 옛 사람은 믿음으로 주님과 함께 십자가에 못 박혀 죽었고 부활하신 예수님과 함께 부활에 연합한 자가 되어 새 피조물, 그리스도의 것이 되게 하였고 순교까지 하여 첫째 부활의 영광에 들어가게 하신다. 이것이 세 번째로 은총을 입은 신부 성도가 됨이라.

12. 바알하몬의 포도원의 신비

앞서 아가서 8장 10절에서 "나의 가슴은 망대들 같다"고 하였다. 망대는 파수꾼이 높은 곳에서 성을 늘 살피는 곳이다. 이는 종말에 주의 재림의 길을 예비하는 14만 4천의 하나님의 종과 같다고 계시하고 있다. 즉 그의 가슴이 망대와 같아서 멀리 주의 재림의 때를 알리고, 또 주 재림

전에 환란 날을 넉넉히 대비할 수 있는 말씀으로 충만한 것을 가리킨다. 또 그 말씀들을 증거하여 많은 사람들을 옳은 길로 세우는 사역을 하므로 영생의 열매 맺는 생명이 풍성함을 계시한다. 우리들의 궁극적 신앙 목표가 가슴이 망대 같은 이 14만 4천에 이르는 것이다. 그러므로 우리가 필설로 형용할 수 없는 주님의 은총을 입은 자가 될 것이다. 구약 시대에 주께서 다니엘에게 70이레의 재림의 비밀을 가르쳐 주실 때 그에게 주의 눈에 크게 은총을 받은 자라고 말씀하셨다(단 9:23). 종말의 14만 4천의 주 재림의 길을 예비하는 하나님의 종들이야말로 이 다니엘보다 훨씬 더 큰 은총을 받은 자가 되리라.

(아 8:11) 솔로몬이 바알하몬에 한 포도원을 가졌는데, 그가 그 포도원을 지키는 자들에게 내어주고 각자 그 열매로 은 일천 개를 가져오게 하였도다.

과거 솔로몬 시대나 현재 이스라엘의 지도에 '바알하몬'이라는 지명이 없다. 그래서 이 바알하몬은 신비한 비밀이다. 이는 성령 충만했고 하나님의 지혜가 충만했던 솔로몬이 마지막 날, 장래의 일을 영안으로 보면서 이를 기록한 것이 '바알하몬 포도원'이다. 솔로몬이 서 있는 시점에서 아주 먼 장래에 있을 일, 즉 그리스도(메시아)가 재림하시고 그가 세울 왕국인 소위 천년왕국에 있게 될 장소가 바알하몬이다. 즉 그리스도의 천년왕국 교회를 가리켜 '솔로몬의 바알하몬 포도원'이라고 표현한 것이다. 이것을 신부 성도들이나 더 나아가 종말의 하나님의 종들인 14만 4천들은 반드시 영으로, 믿음의 눈으로 이 바알하몬 포도원을 볼 수 있어야 된다. 아가서 3장에서 솔로몬의 병거(어가)를 본 것과 같은 맥락이다. 즉 아가서 3장 7절의 솔로몬의 병거(어가)가 나오는데 이는 재림하시는 만왕의 왕 예수님을 상징적으로 말씀한 것이다. 이 재림하실 예수님의 병거에 함께 타는 자들이 과연 누구일까? 이들은 바로 아가서 3장 11절의 시온의 딸로서, 이들은 어린양의 아내들을 말씀한다.

“그가 그 포도원을 지키는 자들에게 내어 주었다”는 것은 그리스도가 만왕의 왕으로 재림하셔서 그가 세운 천년왕국 포도원 전체를 통치하신다는 의미이다. 또 그분으로부터 위임받아 분봉 왕 같이 천 년을 통치하는 왕들이 있으리니, 곧 이들이 그 포도원을 지키는 자들임을 계시한다. 이 포도원을 지키는 자들은 종말의 7년 대환란 날에 끝까지 신앙 정절을 지킴으로써 목 베임을 받아 순교한 자들이다. 이들은 주님 재림하실 때 첫째 부활 하여 영광의 주님과 똑같은 신령한 몸, 영화로운 부활체가 된 자들이다. 이들이 바알하몬 포도원, 즉 천년왕국 교회를 지키는 자들임을 가리킨다. 또 은 일천 개의 열매는 포도원을 내어준 삯을 말하는 것이 아니다. ‘은 일천 개’는 상징적 의미로서 이 은은 깨끗한 것을 상징한다. 즉 천년왕국의 포도원을 지키는 자들은 아담의 후손인 죄인으로, 또 혈육의 몸으로 사는 것이 아니라 죄 없는 부활체로 산다. 신령한 몸인 부활체로 사는 이들은 아담의 후손, 즉 혈육체로 사는 것이 아니다. 종말의 대환란 날에 대량으로 순교한 자들이 주 재림 때 첫째 부활 한다. 주님의 부활과 같은 영광스러운 몸으로 변모된 몸이 된다. 즉 하늘에 속한 신령한 몸이 된다. 우주 안의 이 물질계에 속한 몸이 아니다.

13. 신랑 예수여 어서 오시옵소서

앞서 아가서 8장 11절에서 바알하몬의 포도원의 신비한 비밀인 장차 주 재림 후 세워지는 천년왕국의 왕국 교회를 가리킴을 깨달았다.

(아 8:12) 나의 것인 나의 포도원이 내 앞에 있도다. 오, 솔로몬이여, 당신은 일천을 갖겠고 그 열매를 지키는 자들은 이백을 갖겠나이다.

여기의 ‘나의 포도원’과 ‘오, 당신 솔로몬이여’의 솔로몬은 재림하실 예수님을 가리킨다. 신부의 자리에 있는 솔로몬이 그의 남편인 재림하시는 그리스도를 미리 영안으로 보고 찬양하는 것이 이 아가서이다. 그러므로 당신은 일천을 갖겠고, 포도원을 지키는 자들은 이백을 갖는다는 것도 재림하실 그리스도는 천년왕국을 다스리는 만왕의 왕, 만주의 주가 되심으로 그 왕국의 모든 것인 일천을 갖는 분이다. 또 신부인 첫째 부활 한 자들은 전체 중 일부분이 해당된다. 즉 마치 분봉 왕 같으니 이백을 갖는다고 했다. 물론 이는 상징적 의미이다.

(아 8:13) 동산에 거하시는 당신이여, 동료들이 당신의 음성을 듣나니, 나로 그것을 듣게 하소서.

'동산에 거하는 당신'은 천년왕국에서 그리스도와 함께 왕으로 통치하는 신부 성도를 가리킨다. 창세기 2장의 에덴동산은 튀르키예를 중심으로 한 지역이었고 반면에 여기의 동산인 천년왕국은 그리스도가 세운 온 세계이다. 그곳은 마귀가 무저갱에 갇혔고 마귀나 악령 역사 없는 삶, 즉 죄짓는 역사가 없다. 즉 천년왕국은 에덴동산의 회복과 같다. 또 "동료들이 당신의 음성을 듣는다"고 하였다. 이 동료는 신부 성도의 동료로 지나간 환란 날에 사역한 하나님의 종인 14만 4천을 가리킨다. 이 동료들은 신부 성도들보다 더 우위의 영광의 자리에 있음을 계시한다. 또 "나로 그것을 듣게 하라", 이는 만왕의 왕이신 예수님이 천년왕국에서 각자의 영광 가운데 기뻐 찬송하는 신부들과 동료들의 찬양과 감사, 영광 돌리는 것을 듣기를 원하심을 가리킨다. 그들과 함께 기뻐하시는 것이다. 이는 천년왕국 교회에서 1천 년간 영체들로 일하는 신부들과 그들의 동료들과 또 만왕의 왕이신 재림 주님과의 의와 희락과 평화가 가득한 복락원의 삶을 계시하고 있다.

(아 8:14) 나의 사랑하는 이여, 서두르소서, 향기 나는 산들 위에 있는 노루나 어린 사슴같이 되소서.

여기의 “나의 사랑하는 이”는 신랑 예수님을 가리킨다. 또 “서두르소서”는 “신랑 예수님이시여 어서 빨리 오시옵소서”(계 22:20)와 같은 뜻이다. 즉 이는 우리들도 신부로 이미 준비 완료됐으니 신랑 예수님이 속히 재림하시기를 소망하는 것이다. 또 그가 세우실 왕국을 그리워하는 것이다. 그리고 신랑 예수님이 노루나 어린 사슴같이 빨리 오시기를 갈망하는 것이다. “향기 나는 산들 위에 있는 노루나 사슴같이 되소서” 한다. 여기의 ‘향기 나는 산’은 첫째 부활의 영광을 받은 자의 탄성과 감사가 넘치는 곳이다. 이는 마태복음 17장 1절에 엿새 후의 변형산과 같다. 또 이 첫째 부활의 영광을 빨리 입고 어린양의 혼인 잔치에 속히 들기를 갈망한다. 이것이 신부 성도의 고백이요, 곧 14절이다. 여기 향기 나는 산에 도달하기까지 신부 성도가 거쳐 온 산들이 있었다. 즉 아가서 4장 6절에 몰약의 산과 유향의 작은 산을 거쳐 왔다. 이는 어둠의 권세자 적그리스도가 등장하는 7년 환란 때에 주님의 발자취를 따라 유향 산인 겟세마네 동산을 거쳐 십자가에 달린 갈보리 산인 몰약 산으로 왔다. 이 신부가 결국에는 순교한 것이다. 아가서 1장 1절부터 각 연단과 성화의 과정을 거쳐, 마침내 신부로 세우는 바, 하나님의 구속사를 계시한다. 결국 14절에 신부 성도의 고백으로 대단원의 신부와 신랑 예수의 사랑의 영교의 끝을 맺는다. 할렐루야!

영문판

THE PART II

THE EXEGESIS OF SONG OF SONGS

| ACKNOWLEDGEMENT |

The Christian Newspaper with most authority and long time honored tradition let me be published serially my column for one year and nine months. My column, the Song of Songs, the Song of Solomon was published serially in the Christian Newspaper.

Subsequently, by the grace of God I come to publish a Korean-English edition of the book of the Song of Songs, caused that not only admirable Giu Chang Choi, director of bureau chief editor made me strongly recommend for its publishing as the Lord's love, but also pastor Jung Mi Kim donated big money enough to publish the book. May the Lord's abundant blessings rest upon them. And I genuinely glorify the Trinity God.

Earlier, in the July of 1980, at the Haneol Mountain prayer garden in Korea, I was totally changed from my old self to the new one, like Saul who met the Lord at Damascus. Since then, nowadays, I have lived as the witness of the Lord day by day, received by the mission of martyrdom to finish my life in preaching the truth in the future.

It was surely confirmed by the Word of God and the Holy Spirit to offer the sacrifice of the martyrdom following the road the Lord went to the cross to the end, and also by the Jesus' Word saying to apostle Peter in John 21:18, I came to understand and experience only by the illumination of the Holy Spirit.

Therefore, I am living from day to day, received to be martyred after finishing the mission of preaching the truth as two witnesses on last days.

Meanwhile, I was finally understood the Book of the Revelation which I longed for, through the long-term prayer and profound meditation on the Bible. Therefore, I began to witness it and realize that there is a song the bride of the Lamb(the bride of the Lord of Second Coming) and those who are called unto the marriage supper of the Lamb sing in Rev. 19:7-8. In terms of its song, I understood that the important part of the song becomes the book of Song of Songs.

And then, the book of Song of Songs I did not know was spiritually revealed to me widely, and God made me stand on the place listening to the voice of the Lord, calling me, "My Spouse, my spouse!"(Song of Songs 4:8) in spirit by faith. On February in 1991, 33 years ago from now, I started to witness this book of Song of Songs for the first time.

As it is shown in Song of Songs 1:1, this is the Song of Solomon which means Song of Songs, "Shirhashirim(שִׁיר הַשִּׁירִים)" in original Hebrew text. Solomon who was fulfilled with the wisdom of God through the Holy Spirit made 1,005 songs(1 kings 4:32). Furthermore, the book of the Song of Songs of Solomon which contains the deeper inspiration of the Holy Spirit and the sense of mystery was interpreted by a number of scholars who had the holistic and traditional approach to this book, such as the typological interpretation to consider the antitype of the historical fact of Solomon's wedding, the figurative interpretation to suggest the deeper and noble purity of human love and so on.

However, I consider that this book is specially revealed the very noble and pure Agape love with the Christ who not only came to this world, but also will come again through Solomon by the Holy Spirit. Namely, Solomon praises and sings God as the position of the bride of Christ.

Accordingly, the book of Song of Songs perfectly match the other contents of the Bible one another. By the working of the Holy Spirit that is in us, we can experience the stages of the maturity of our faith and perfection of the bride of the Christ through the words of this text. First of all, God surely gave me this wonderful experience. Hallelujah!

This book, the Exegesis of Song of Songs is specially used the Bible King James Version (KJV).

Finally, I eagerly hope those who love the Lord Jesus Christ receive the great and wonderful grace and profit in Spirit, through this publication of a spiritual and exegetical study on Song of Songs.

Also, I really appreciate God's grace that this book is written in the version of English translation for the purpose of providing the bride saints in the world, and also thanks deaconess Hea Ryung Chang devoted herself to writing scripts.

12th September 2025
at the office of
General Assembly of JINRI Presbyterian Church in Korea
President Rev. Han-kook Chang

| CONTENTS |

Chapter FIVE

THE BRIDEGROOM COME TO HER TO GIVE THE GREATER GRACE, THE BRIDE TO WITNESS HIM

Chapter SIX

THE BRIDE AND BRIDEGROOM REACH THE STATE OF THE PERFECT ONENESS AND TOGETHERNESS

Chapter SEVEN

ADMIRING THE BEAUTY OF THE PERFECT BRIDE TO WITNESS THE WORD, THE REVELATION OF THE WORK OF THE MANDRAKE

Chapter EIGHT

MAKE HASTE, MY BELOVED BRIDEGROOM JESUS

| INTRODUCTION |

With the book of Song of Songs, the books like Psalms, Proverbs, Ecclesiastes, Lamentations and so on are the praising and singing books as the poetical books.

Even Nowadays also, in Israel, whenever the event of their faith happens, they place the poetical books at their special place, for example, especially Proverbs at the court of the temple, Ecclesiastes at the inside of the holy place, Song of Songs at the most holy house and so forth.

As we know that there was the book of Song of Songs at the most holy house, which the high priest entered once a year, we can guess the spiritual meaning and profundities of the book of Song of Songs. After the common people read the book, in order to be misunderstood it as the physical love or desire between male and female, it was able to be read only by the high priest after the order of Aaron God made.

Nowadays, when we associate with God and praise Him as the temple of our soul in Jesus Christ who is our temple, our spiritual love song of our fellowship in the midst of the most deepest profundities is to sing and praise ‘Song of Songs’ indeed.

If those who are written in the book of martyrs(the bride saints) in Rev. 13:8 after understanding the Revelation in the stage of faith read ‘the book of Song of Songs’, they themselves can be perfectly associated with the Lord in spirit. But although someone reads the book of Song of Songs again and again, only trying to understand it reasonably, it is difficult to vitally have it as ours in our souls.

First of all, generally looking at the book of Song of Songs, it starts with the kiss as the beginning of love in chapter 1, because it contains the sharing of deeper love between God and the bride saint.

It is written in chapter 2, “For, lo, the winter is past, the rain is over and gone; The flowers appear on the earth; the time of the singing of birds is come, and the voice of the turtle is heard in our land”(2:11-12)

The meaning of that the winter of the tribulation and judgement was past and the rain was over and gone and now the flowers appear on the earth; the time of the singing of birds is come is the time when the millennial kingdom is fulfilled with the second coming of the Lord, which we hope that there will be joy, peace, and a variety of wishes we eagerly long for.

In chapter 3, there is a scene the saint who stands on the faith of the bride seeks the Lord to come again, and then finally finds the bridegroom Jesus Christ. In chapter 4, there is a title the bridegroom Jesus Christ for the first time calls the bride, “my spouse”(4:8).

In chapter 5, the saint as the bride boasts about the bridegroom Jesus Christ. In chapter 6, the bridegroom Jesus Christ praises the beauty of the bride and boasts about her. In chapter 7, there is the mandrakes(7:13).

As a conclusion, in chapter 8, it is written, “Set me as a seal upon thine heart, as a seal upon thine arm”(8:6). And it is also written about a vineyard at Baalhamon(8:11).

Like this, the book of Song of Songs is consisted of the spiritual communion and praise between the selected and confirmed bride and the bridegroom and husband Jesus Christ.

Chapter ONE

THE VERY BEGINNING OF THE LOVE BETWEEN THE BRIDE AND BRIDEGROOM JUSTLY MET EACH OTHER

Greeting

After My columns the theme of "The Bible and the Faith" were over, I couldn't be spiritually in rhythm for a while with you, just lovely reader. I am really happy to meet you again taking this opportunity, the exegesis of the Song of Songs.

This is absolutely by grace of God also by great love and care of the director of bureau, the chief editor, Giu Chang Choi and others of the editorial department. I really appreciated them.

(1) Song of Songs, Which Is Solomon's

This book is Song of Solomon(1:1) which means 'Song of Songs',

"Shirhashirim(שִׁיר הַשִּׁירִים)" in original Hebrew text. Solomon who was filled with the wisdom of God through the Holy Spirit made 1,005 songs(1Kings 4:32).

The most deep spiritual inspiration and mysterious sense among song of Solomon is the Song of Songs which was interpreted by a lot of pastors who consider either the antitype of the historical fact of Solomon's wedding, or consider the figurative interpretation to suggest the deeper and noble purity of human love and so on.

However, differently from them I interpret that this book is specially revealed the very noble and pure Agape love not only with the Christ of the First Coming but also with the Christ of the Second Coming as the revelation of the Christ's love to Solomon who embodies the position of the bride of Christ.

With the book of Song of Songs, the books like Psalms, Proverbs, Ecclesiastes, Lamentations and so on are the praising and singing books as the poetical books.

Even nowadays also, in Israel, whenever the event of their religion happens, they recite and sing the poetical books. They place books in five volumes of their temple, especially Proverbs at the court of the temple, Ecclesiastes at the inside of the holy place, Song of Songs at the most holy place and so on.

We can guess the spiritual meaning and profoundities of the book of Song of Songs. After the common people read the book of Song of Songs, in order to be misunderstood it as the physical love or desire between male and female, it was able to be read only by the high priest whom God made.

Nowadays, we who live in the times of New Testament have

confidence to enter the Most Holy Place by blood of Jesus.

The Song of Songs revealed, what I consider, that after entering the Most Holy Place in spirit we can deeply associate with God and praise Him.

Namely Christians who became mature, attaining to the whole measure of the fullness of Christ deeply experienced and praised the love of the Lord by full inspiration of the Holy Spirit.

The Lord call several times "My spouse" in the contents of the Song of Songs. Who is this spouse? The spouse indicates those who are invited to the wedding supper of the Lamb as the bride of Christ. Precisely, they are the bridegroom Jesus and His bride as heroes of wedding ceremony.

This bride indicates those who arrayed in fine linen, clean and white in Rev. 19:8. That is to say, they revealed the martyrs implying those who were risen as the first resurrection. Therefore, the Lord call my spouse to those who reach the stages of martyrdom of our faith. From now on, this Exegesis of the Song of Songs is specially used the Bible King James Version(KJV), which was translated on the basis of the Hebrew Codex of Stephen in the Old Testament. Let's begin to consider Chapter 1 verse 1 in earnest.

1:1 The song of songs, which is Solomon's.

It is shown that the book of Song of Songs was sung by Solomon in verse 1. However, there are a lot of songs in the Bible, such as the song of David, the song of Moses the Psalms and the new song of the one hundred and forty and four thousand in Rev. 14:3 and so forth.

Among these songs, the best song of songs is 'the book of Song of Songs' of Solomon.

The two main characters of the book of Song of Songs are the bride and the bridegroom. The bridegroom is Jesus Christ and the bride is Solomon. The right setting up the relationship is that Solomon at the position of the bride loves and praises the Lord as the bridegroom.

But there are a number of wrong interpretation about this relationship, such as Solomon as a king symbolized Jesus Christ and Shulamite as a bride. Therefore, they say it is shown the love between the bridegroom Solomon and Shulamite as a bride.

Such a wrong interpretation is wiped out by the verse 1. That is to say, Solomon sang a song, not at the place of God, but at the place of a believer. If realizing God's love and inspiration of it. Solomon cannot stand on the place of the bridegroom.

(2) Kiss Me, Thy Love Is Better than Wine

(The Revelation of the Greater Love of Jesus Christ
Who Will Come Again than That of Jesus Christ Who

Firstly Came)

1:2 Let him kiss me with the kisses of his mouth: for thy love is better than wine.

In verse 1, since Solomon sang to God, 'me' in verse 2 means Solomon and 'him' and 'thy' indicate God. When we change the expression that "Let him kiss me with the kisses of his mouth" into "Let him kiss me over and over again," it becomes on the basis of the original Hebrew text. Solomon the believer loves God and the beginning of the love is kiss. The kiss does not end only once, but repeat it over and over again.

Kiss the Son, lest he be angry, and ye perish from the way, when his wrath is kindled but a little. Blessed are all they that put their trust in him. (Psalms 2:12)

'The Son' indicates Jesus Christ, the Son of God, as it is written Psalms 2:7, "Thou art my Son; this day have I begotten thee." Every heathen persecuted 'the Son' and killed Him, but you should receive 'the Son'; that is, Jesus Christ who came for the first time was the Son of God, so you should kiss Him-receive Him.

Like this, the kiss in Song of Songs 1:2 means to kiss, to receive Jesus Christ, the Son of God. Those who receive Jesus Christ who came firstly are those who are fulfilled with the first kiss and the second kiss to kiss the Son again means to receive Jesus Christ who will come again. The sign we love God begins with believing in His Son Jesus Christ as the kiss of love. In addition, to love and welcome Jesus Christ who will come again is to stand in front of Him as a bride.

It is written that 'for thy love is better than wine.' To confess that now thy love is better than the time when I drank wine and rejoiced and was completely enchanted is because the second kiss is better than the first one. In other words, the love we will receive from Jesus Christ who will come again is greater.

Wine is not normal alcoholic beverages, but the Gospel of Atonement of our sins and crimes when Jesus Christ said that this is my blood of the new testament, which is shed for many for the remission of sins after taking the cup and giving thanks at the Last Supper(Matthew 26:27-28). By the way, now, thy love is better than the new testament Jesus Christ set up in His First Advent. That is to say, he sings that the grace and love of the Lord who will come again is more delightful and fascinating than the first wine.

> 1:3 Because of the savour of thy good ointments thy name is as ointment poured forth, therefore do the virgins love thee.

'Thy good ointments' means the Holy Spirit Jesus Christ pours in us. Now, the saints who kissed God secondly focus on Jesus Christ who will come again. 'Thy good ointments' Jesus Christ pours in us in order to receive Jesus Christ who will come again means the seven Spirits(Revelation 1:4; 4:5; 5:6).

The expression 'thy name is as ointment poured forth' means the things to be saved by His name, such as being received forgiveness by the name of Jesus Christ, casting out demons, praying and so forth. In addition, there is the deeper ointment poured forth by His name than that. This is the better ointment, the name of Jesus Christ, 'the king of kings and the Lord of lords' poured forth who will come again.

If Solomon the bride stands on the place of the bride, he belongs to 'the kings,' and Jesus Christ who will come again is the king to rule over the kings. Since Jesus Christ to have 'the king of kings' saved through pouring the seven spirits in us to be able to enter 'the kings,' it is so wonderful and fascination for us; therefore, as our confession, it is written that the virgins love Thee. 'The virgins' means the wives of the Lamb like the wise virgins to go out to meet the bridegroom at midnight(Matthew 25:2).

1:4 Draw me, we will run after thee: the king hath brought me into his chambers: we will be glad and rejoice in thee, we will remember thy love more than wine: the upright love thee.

In the expression of 'the king hath brought me into his chambers,' 'the king' symbolizes Jesus Christ who will come again. In verse 2, the beginning of love started with the kiss, and then now He draw his bride into the secret chambers to make deeper love between the bride and the bridegroom. Thus, the saint of the bride loved by the king sings that 'we will be glad and rejoice in thee, we will remember thy love more than wine.’

In this context, ‘the upright’ are those who believe in the word of Jesus Christ who will come again as it is and live in the work to fulfill according to the word. They are those who are the people like verse 2, ‘the virgins love Thee.’ Such people can receive Jesus Christ who will come again at last.

1:5 I am black, but comely, O ye daughters of Jerusalem, as the tents of Kedar, as the curtains of Solomon.

Those who confess that ‘I am full of sin and crime and depravity in front of God’ are those who are black. Such people show themselves in front of God, believing the fact justified only by the grace through the blood of Jesus Christ and the righteousness of the Lord.

However, the daughters of Jerusalem have another wrong belief, not the level of faith of the bride of the Christ. That is to say, it symbolizes the church of the Law. The belief that they themselves keep and act according to the Law and justify their faith means the daughters of Jerusalem.

The tents of Kedar were the tents the sons of Ishmael made of the black goats’ hair(Genesis 25:13). Like this, although we are black, those who were born again by the first kiss, the righteousness of Jesus Christ who firstly came are so comely.

In addition, the expression that I am comely as the curtains of Solomon does not mean the curtains of the palace of Solomon, but the physical curtain of Solomon himself. Although the body of Solomon is like the temporary curtain, through the black body, we should make ourselves the comely beings, the brides of Jesus Christ.

1:6 Look not upon me, because I am black, because the sun hath looked upon me: my mother's children were angry with me; they made me the keeper of the vineyards; but mine own vineyard have I not kept.

'Sunlight' symbolizes the Word of God(Psalms 84:11; Genesis 1:3; John 1:4-5; 2 Corinthians 4:6). If the Word of God shines a beam at our souls, our dirty and evil things are continuously revealed; therefore, we begin to be black. Like this, although we are black, God kisses us secondly to set us up as the bride for Jesus Christ who will come again; thus, we say that look not upon us.

'My mother's children' is the relationship that they are my brothers and I am their sister. The vineyard symbolizes the church or the inner temple of the saints. The vineyard of my brothers is the church of the Law and the church of the work of their own efforts as the hypocrites, like the daughters of Jerusalem in verse 5.

The vineyard of the secondly kissed saints means the state of their souls to be a bride associating with Jesus Christ who will come again in the deeper spiritual fellowship. That is, it is the state fulfilled with the spiritual grace through the Word and prayer.

But the meaning of that the secondly kissed saints became the keepers of the vineyards is that they were inclined to eagerly act bound to deeds not to faith. By this, the state of their souls not to be deeper associated with Jesus Christ who will come again in spirit is not to keep their own vineyards.

> 1:7 Tell me, O thou whom my soul loveth, where thou feedest, where thou makest thy flock to rest at noon: for why should I be as one that turneth aside by the flocks of thy companions?

As it is written in verse 6, because of not keeping the vineyard, in order to seek the Lord, in this context, there is a cry, 'O thou whom my soul loveth.' In fact, it is to seek the Lord to recover the vineyard of the faith of the bride to welcome Jesus Christ who will come again.

How can we recover the vineyard of the faith of the bride, although we went to the spiritual depression and the wrong way temporarily while we were led as the bride saints?

The way is to give some information about the place where thou feedest, where thou makest thy flock to rest and then I can be recovered. This is the cry, "for why should I be as one that turneth aside by the flocks of thy companions?"

The reason why we seek the place where thou feedest is to meet the shepherd to lead the flock there. The secret to welcome Jesus Christ who leads us into His chambers with kiss and deeply loves us is to know the place where He feeds.

Noon is 12 o'clock on a day when there is no shadow. The whole Bible completes at noon; a woman of Samaria met Jesus Christ at noon(John 4:6). That my spiritual state become noon is the state without shadow, which disappeared my figure(shadow) due to rely 100% on Jesus Christ. As my shadow appears in sight, I live by my own character or figure only.

If we are 100% captured by the Word of the Lord, our own shadows disappear. And then, we can rest in Him without the shadows of worries and lingering attachment.

By the way, if we have the anxiety whether we deny the Lord when we face martyrdom or the worries about the way we will be martyred, we do not rest at all because of not knowing the place to rest at noon.

'Thy companions' means the followers or coworkers of Jesus Christ. Firstly, the coworkers of Jesus Christ primarily means the 12 disciples, such as Peter, James, John and so on. Through them, we could receive Jesus Christ who came firstly.

They were the coworkers of Jesus Christ to lead the flocks. However, the secondly kissed coworkers of Jesus Christ who will come again is two witnesses. Through two witnesses we can gladly welcome the bridegroom Jesus Christ.

Through the Word of two witnesses, we can be led to the chambers of the Lord who secondly kisses; for why should I be as one that turneth aside by the flocks of thy companions?

(3) Thou Fairest among Women, We Will Make Thee Borders of Gold

1:8 If thou know not, O thou fairest among women, go thy way forth by the footsteps of the flock, and feed thy kids beside the shepherds' tents.

The one who become the bride of Jesus Christ who will come again among the saints is the fairest one. The expression 'among women' includes 'the daughters of Jerusalem' and 'my mother's children.' The fairest one among all of the believers is the saint as the bride.

The meaning of that 'if thou know not, O thou fairest among women, go thy way forth by the footsteps of the flock' is to make us know the way to follow the footsteps of the flock, if we do not find the place to feed the flocks. Sheep follow the footsteps of the shepherd, so we should follow the footsteps of the flock.

In this context, we do not follow the footsteps of the Lord according to the footsteps of the flock with our own wisdom and strength. It should be given the Word of the Lord. In addition, we should believe in the Word and the Lord makes us follow it. If we are bound to the keepers of the brother's vineyard, we cannot follow the footsteps of the flock. We should get out of the place.

It is written that 'if thou know not, go thy way forth by the footsteps of the flock' and then 'feed thy kids beside the shepherds' tents.' The word 'feed thy kids' is like the word before the ascension of Jesus Christ said to Peter, 'Feed my lambs'(John 21:15ff). It means to work for the Lord as the apostle. Jesus Christ said to Peter, 'Feed my lambs' and then finally told him martyrdom.

However, if he was not able to deal with the task of 'feeding my lambs,' he might not be able to be martyred. Therefore, if we know the feelings of the Lord and the heart of God, we should do what Jesus Christ did.

1:9 I have compared thee, O my love, to a company of horses in Pharaoh's chariots.

For those who love and long for Jesus Christ who will come again and want to be set up as the faith of the brides, the Lord called them 'O thou fairest among women' in verse 8.

Now, in verse 9, Jesus Christ compared such a person as the horse in Pharaoh's chariots. The best horse in Egypt is the horse in Pharaoh's chariots. For horses, it is the most glorious and honorable thing to set the Pharaoh on their backs. Due to the glory, the horses in Pharaoh's chariots ride more gloriously and heroically like the fine horses or swift horses.

Like this, those who kissed Jesus Christ who will come again, because of the glory and happiness to be the wife of the Lord, run faster than the horses of Pharaoh, but they do not become tired. The glory of Jesus Christ who will come again, the heavenly glory is greater than the worldly one, the glory of Pharaoh.

Let's take an example. When the people of Israel was living in their bondage, they had more babies than the people of Egypt. Although their slave lives were tired and painful, they wished the love and glory of God by faith.

Therefore, their fatigue melted away by the love, when they loved each other; so the result of their love is to have many children.

> 1:10 Thy cheeks are comely with rows of jewels, thy neck with chains of gold.

The thing which is by the cheeks of the woman to be the wife of the bridegroom Jesus Christ symbolizes her long hair. This is the spiritual figure of the bride of the Christ. The hair is black as a raven(5:11) and comely with rows by the cheeks. The Lord considers the hair of the bride saint as the comely rows of jewels; in this context, the hair symbolizes wisdom.

Your figure to be delightful with the happiness and love Jesus Christ who will come again will give is so beautiful. The Lord praises us that you are so beautiful, because we are delightful only with the happiness and glory Jesus Christ who will come again will give, overcoming everything good in this world, according to the wisdom to understand Jesus Christ.

Neck symbolizes life. The life the bride saint lives is to live on the faith of martyrdom to receive the golden crown, considering the martyrdom as the delightful thing. Seeing the heart of the believer, the Lord says that "thy neck is so comely with chains of gold."

1:11 We will make thee borders of gold with studs of silver.

'We' indicate the Trinity God, the Holy Father, the Son and the Spirit, and 'thee' means the bride. That is, it means that the Trinity God makes borders of gold with studs of silver for the bride saint. 'Silver' symbolizes the thing which is holy and clean. That the Trinity God makes us holy and clean is to ultimately save us until Christ be formed in us. The 'borders of gold' is the same as Pharaoh put a gold chain about Joseph's neck when Pharaoh set him over all the land of Egypt in Genesis 41:42. The gold chain of Pharaoh symbolizes the glory of Pharaoh and Pharaoh gave Joseph the glory.

Likewise, there is the inheritance of the heavenly glory the Trinity God reserved in heaven for the children of God(1 Peter 1:4).

In order to inherit the glory and happily enjoy it for ever and ever, 'we'(the Trinity God) will make the children of God clean like silver by saving us continuously.

Jesus Christ the Son sacrificed Himself in person and bled His blood and forgave our sins and crimes. The Holy Spirit makes us believe the work of salvation Jesus Christ the Son fulfilled. The Father God prepares the glory and leaves us His inheritance. Therefore, the Trinity God is the one who not only saves the believers until Christ be formed in us like silver, but also makes us inherit the borders of gold, the glory of God.

(4) My Bridegroom Is My Bundle of Myrrh and My Cluster of Camphire in Engedi

1:12 While the king sitteth at his table, my spikenard sendeth forth the smell thereof.

'The king' indicates the glorious Lord among the Trinity God in verse 11. The expression the king sitteth at his table means that the Lord eat some food.

Behold, I stand at the door, and knock: if any man hear my voice, and open the door, I will come in to him, and will sup with him, and he with me. (Revelation 3:20)

If believers give the glory to the Lord and bear fruit, it becomes food the Lord joyfully eats. It is written that while the king sitteth at his table, my spikenard sendeth forth the smell thereof. If we are glad and give thanks to the Lord, because of the things He bestowed upon us and our experiences of the love of the Lord, it means that my spikenard sendeth forth the smell thereof. That is to say, it is to glorify only the Lord and praise Him.

This equates to that Mary took a pound of ointment of spikenard, very costly, and anointed the feet of Jesus(John 12:3). The love Mary was loved by the Lord is like the precious ointment of spikenard so she returns it to the Lord. To praise and give the glory to the Lord because of the love we were loved by the Lord means having an alabaster box of ointment of spikenard very precious; and breaking the box, and pouring it on the feet of the Lord.

1:13 A bundle of myrrh is my well-beloved unto me; he shall lie all night betwixt my breasts.

'My well-beloved unto me' means the king in verse 12, the glorious Lord. Myrrh is the spice that uses in funeral service not to decay(John 19:39-40).

'A bundle of myrrh' is a small pouch to have the spice of myrrh, which the bride saints have betwixt their breasts instead of perfume. That the Lord becomes the spice of myrrh unto me is that the Lord becomes the spice not to decay unto me. If we receive and have the love the Lord broke His own body and sacrificed for us, it is the same that the bundle of myrrh of the Lord is in us. The love of the Lord not to disappear eternally is in us.

On this, the continuous love is written in this verse; he shall lie all night betwixt my breasts. 'All night' means the time when I was in trouble and suffered. In addition, the time when it should be all night for all of the human beings is the time of the 7 years great tribulation. At that time, the Lord shall become the bundle of myrrh and lie all night betwixt our breasts. The love of the Lord do not appear like the spice of myrrh not to decay for us and the Lord shall be with us to the end as ever betwixt our breasts while we are suffering in trouble and tribulation.

1:14 My beloved is unto me as a cluster of camphire in the vineyards of Engedi.

The vineyard symbolizes the church. Engedi means the fortress David and his followers dwelt in strong holds at Engedi avoiding Saul(1 Samuel 23:29). That my beloved is unto me as the vineyards of Engedi means that Jesus Christ becomes my fortress, strong hold church like the case of David.

The vineyards of Engedi the bridegroom Jesus Christ protects me to be the bride and makes me win the war is the church of golden candlesticks(Revelation 1:20).

If we belong to the Babel church to be the great whore, not to belong to the church of golden candlesticks, we shall be corrupt and eternally destroyed.

Furthermore, it is written that the Lord is a cluster of camphire in the vineyards of Engedi. The cluster of camphire is the plant to grow naturally in the Middle East area, which is like the flower of garden balsam in Korea. The cluster of camphire has the yellow, red and white floral leaves. Among them, the yellow symbolizes peace. The Lord is peace and concord to me like the cluster of yellow camphire. Jesus Christ is the king of peace as the high priest after the order of Melchizedek(Hebrews 7:1-3), who is the bridegroom Jesus Christ to come again.

That the Lord gives us peace as the cluster of yellow camphire in the vineyards of Engedi is first of all the peace saved not worrying about going to the hell. In addition, the Lord made us the people who avoided the worries about falling in the evil world and going down to Hades.

That is, the Lord made us have no worry to betray the Lord in the day of tribulation. Due to the Lord who will make us win by faith in the time of tribulation, we become the people who have no fear or anxiety.

The cluster of white camphire symbolizes purity and holiness. Since the Lord makes us the holy ones like the Lord, as the image of the Christ, the Lord is the cluster of white camphire to us.

The cluster of red camphire symbolizes love. It is written that the face of the one who sat on the throne in the heaven was to look upon like a sardine stone or carnelian(Revelation 4:3).

A sardine stone or carnelian symbolizes God's love. The love the Lord pours in us is very red. The Lord loved us bleeding His blood. In addition, He pours the Holy Spirit in us fulfilling with the seven spirits so that we may be martyred because of the love of the Lord.

(5) My Bride Is Fair; Thou Hast Doves' Eyes

1:15 Behold, thou art fair, my love; behold, thou art fair; thou hast doves' eyes.

The Lord says that thou art fair. The time when the Lord considers the saints as beauty is to be the things for the Christ in living in the Christ. Although our face or mind is beautiful, the Lord does not consider it as the beautiful thing. We ourselves are the beings to produce the evil and depravity only.

Nonetheless, if I am in the Lord and the Lord in me, so I agree the mind, thinking and plan of the Lord, the Lord considers us the beautiful ones.

Since Jesus Christ is in me, my faith grows day by day and the Lord in me become a cluster of camphire in the vineyards of Engedi, the bridegroom to make me be martyred. And then, when the Lord look at me, saying 'Oh, my love, thou art fair and beautiful.'

That the eyes of the fair saints are like the eyes of doves is to reveal the spiritual truth through the attributes of doves. Jesus Christ says that He send the disciples forth as sheep in the midst of wolves: be therefore wise as serpents, and harmless as doves(Matthew 10:16).

To send the disciples forth as sheep in the midst of wolves means to send them in the place of the false prophets who kill the spiritual life of the sheep and plunder them as the wolves in sheep's clothing. To keep their fidelity of faith to Jesus Christ, although they shall be killed by wolves while coping with mission, is pure or harmless as doves. Like this, the Lord said that my beloved and fair one had the eyes of doves, so she had the fidelity of faith due to having the eye of faith of doves.

It is written that the eye is the light of the body(Matthew 6:22). Also it is said that if therefore thine eye be single, thy whole body shall be full of light.

But if thine eye be evil, thy whole body shall be full of darkness. If we have the eye of the Christ, we become the pure eye; if we have the eye of the Devil, we shall be full of darkness because of the evil eye.

If we have the eye of the Devil, we shall be full of the thinking of the Devil and follow the way of the Devil. If we have the eye of doves, we have the eye of Jesus Christ. Jesus Christ kept the commandment of the Father and the fidelity of faith to the end through the cross as the sacrifice of atonement. But our faith changes a lot according to the situation, event and environment. There are a number of cases that are different from the first, midst, and last stages to believe in Jesus Christ.

1:16 Behold, thou art fair, my beloved, yea, pleasant: also our bed is green.

'Our bed' is the bed to use together between the bridegroom Jesus Christ and the bride saint. Before entering the bed, love started with kiss(1:2) and she sought the shepherd and went through the stage of building the house. The spiritual meaning of that our bed is green is that life is growing, throbbing with life and energy and full of everything.

Also, the Word that the throne of God is in sight like unto an emerald(Revelation 4:3) is not the meaning that the throne of God is nice and splendid like an emerald. The throne of God is the throne of glory. The fact that God shows us the throne means that God will help on us with the glory of God. In addition, the glory we shall be given is the glory to continuously increase geometrically like an ever green color.

The bridegroom Jesus Christ is the glorious Lord who died

and was resurrected. Although He was cursed and persecuted and killed on earth, as a result, He received the glory of resurrection.

By Him, we can get the glory of the first resurrection(Revelation 20:4-6). Thus, martyrdom is including, not to be martyred for ourselves, but to make us be martyred by the Lord.

If the bed become the bed I am lying with the Lord who will come with the glory of the resurrection, I myself must be the one who receive the glory of the first resurrection. The glory of the first resurrection is the best glorious blessing for the saints. The eternal life to enjoy the glory of the first resurrection is green like an emerald.

1:17 The beams of our house are cedar, and our afters of fir.

'Our house' means the house which Jesus Christ lives with the saints in. At the place of the wedding banquet of the Lamb full of joy and blessing, I will become the bride wearing the glory of the first resurrection through my martyrdom and the glorious Lord who will come again will be the bridegroom; therefore, 'our house' will be made. Cedar is a tree with white color and the natural lifespan of cedar tree is a thousand years. The fact that the beams of our house are cedar mean that our house emits a sweet fragrance for a thousand years. Fragrance is to give thanks and praise the Lord, when the saints who were martyred due to the Word of God and the witness of Jesus Christ at the time of 7-year tribulation are firstly resurrected and live bearing the fruits and reign with Christ a thousand years when Jesus Christ comes again.

The days of joy and happiness the Lord who will come again will live with the bride saint are the beams of our house. The core point of the hope of the saints should be the fact that 'the beams of our house are cedar.' With what am I uplifted? The substance of things of our faith must be the fact that 'the beams of our house are cedar.' It is written that 'our rafters of fir.' A fir tree is building materials for the temple. In addition, Noah built the ark of gopher wood, which stands upright toward the heaven and is not bent and not to easily decay by water.

The characteristic of the fir tree reveals the characteristic of the truth. To grow upright toward the heaven means the truth to proceed along the road of life looking at the glory God prepared. The fact that the fir tree is not bent or flexible means the truth not to compromise on untruth in our fidelity of faith.

And not to decay by water is the truth not to be fallen or tempted by the worldly one. Such a truth is the Word to reach the glory of the first resurrection.

Nowadays, the believers who believe in Jesus Christ and become the temple of the Holy Spirit is the temple and the church the saints gather is the temple. Therefore, we should make our temple of souls the characteristics of truth like the characteristics of fir tree. That is, the Word to make us reach the first resurrection should become our rafters and the materials of our house.

Chapter TWO

TURN RAPIDLY, THE WINTER IS PAST, THE RAIN IS OVER AND GONE

(THE REVELATION OF THE BRIDE TO LONG FOR THE SECOND ADVENT OF THE LORD AFTER TRIBULATION)

(1) My Love among the Women Is the Lily among Thorns

2:1 I am the rose of Sharon, and the lily of the valleys.

'Sharon' is the fertile plains located between Mt. Carmel where Elijah performed miracles and Joppa. If we have a lot of grace received from God like the plains of Sharon, we praise God because of it; it is, therefore, the rose. The one who becomes the bride confesses, due to the limitless grace, like this, "I am the rose of Sharon." Not realizing our grace, we might be the roses of Sharon, because we could not accept the grace as grace. If we understand it, the grace of God is boundless.

'Valleys' are the low places. Lilies emit the sweetest fragrance among the flowers. In the lowest place, the figure of faith emitting the sweetest fragrance is the bride. That I am in the valleys is to be in the state of the humble and lower place for myself.

When we make ourselves humble, humbler and humblest, we will be full of humility and gentleness; and then, if we respect only the Lord as the bridegroom immensely, we become the lilies to emit the sweetest fragrance.

Viewed in this Word, Shadrach, Meshach, and Abednego were the lilies of the valleys. To make the Lord highest and lower them is even to be cast into the midst of a burning fiery furnace. Therefore, if we become the lilies of the valleys, we as those who make the Lord highest can be 100% martyred.

> 2:2 As the lily among thorns, so is my love among the daughters.

'Daughters' indicate the believers who believe in Jesus Christ like the daughters of Jerusalem. The bride saints among the majority who believe in Jesus Christ have something different and special. The bride saints are those who cast their lives as bits of straw for the Lord.

So it is said that 'my love is special as the lily among thorns.' If there is the lily among thorns, when it blows, thorns sting the lily. In this context, because 'thorns' and 'daughters' are apposition, it means that the daughters who have the physical faith persecute and bully the bride saints as thorns; therefore, they become those who sting.

Lilies indicate the bride saints who are stung by thorns. Lilies, the bride saints, know well the Lord, because of receiving too much love of the Lord. Thus, they dedicate their lives for the Lord. That is to say, those who become lilies among thorns are those who are written their names in the list of martyrs.

The harder wind blows, the severer thorns sting the lilies. When we enter the period of the 7-year tribulation, there shall be the severer persecution to sting us. But, if so, lilies shall emit even more the sweetest fragrance. Through this Word, we should examine our faith. If we have the physical elements, we are still the place of the daughters like thorns.

(2) My Love among Men Is the Apple Tree among the Trees of the Wood

2:3 As the apple tree among the trees of the wood, so is my beloved among the sons. I sat down under his shadow with great delight, and his fruit was sweet to my taste.

It is confessed that my beloved Lord is special as the apple tree among the trees of the wood. 'The trees of the wood' are in apposition to 'the sons.' These are those who command universal admiration as the excellent people or the saints except Jesus Christ. Such people are many like the trees of the wood.

That is, the saints such as Confucius or Mencius, the excellent philosophers and theologians are the trees of the wood and the sons. But the trees which belong to the wood have no seed and the apple fruit has seeds. Seeds means something about the eternal life.

The one who gives us the eternal life is compared to the apple tree. The one who revives our souls and gives us the eternal life in the kingdom of heaven is like the apple tree.

The saints and heroes have the excellent teachings and lessons, but they cannot save my soul and become the eternal life. In addition, their teachings cannot be my bridegroom at all. Indeed, among the trees in the wood, who is my real bridegroom to revive my soul, give me the eternal life and take the responsibility of me? It is the very apple tree.

The sole one who shows me the glory of the first resurrection, eternally takes the responsibility of me so that the glory becomes the eternal life, and makes me blessed is only the apple tree among all of the trees of the wood. Not only the existence of the Lord, but also the Word of the Lord is the apple tree for me.

So we should examine whether the Lord is close to me as the amount and position. For example, when I was sick, the Lord I sought and relied on healed my disease. When I sought the Lord to get any peace, the Lord gave me peace. And I am rich because I relied on the Lord when I was poor. Such cases are not the apple tree for the Lord.

That I sat down under his shadow, the apple tree, Jesus Christ, with great delight, means that the Lord like an apple tree with me in person — Immanuel. That I take a rest in peace in the Immanuel Lord is that I sit down under his shadow. It is joyful. Accordingly, we do not have to worry about anything difficult, cares or anxiety and so forth. Although I cry Jesus Christ is my bridegroom, if the Lord is far away from me, it is of no use.

That the fruit of the apple tree was sweet to my taste means that because the Lord is in me as Immanuel and I enjoy the peace and rest in Him; therefore, there should be the great joy and it finally becomes the fruits.

If we bear the fruit of giving thanks and praising the Lord, the Lord will accept it and make us the glory we will forever enjoy. It is the sweet fruit to my taste. Those who are happy because of the worldly blessings are the people who misunderstand it as putting bitter for sweet(Isaiah 5:20).

(3) The Bridegroom Brought Me to the Banqueting House

2:4 He brought me to the banqueting house, and his banner over me was love.

The best banqueting house for the bride is the place of wedding banquet. The bridegroom Jesus Christ brings me as the bride and marries me is the best banquet for the bride. All of the people invited at the banqueting house look at the splendid scene the bride wearing the bright white dress and wedding veil reached from her head to her feet is being led down the isle with her bridegroom Jesus Christ. 'The banner' means that the winner country in the war raises the flag of the victory. The meaning that his banner over me was my love is that my beloved one is the one who makes me win the victory.

The one who makes us continuously win the victory to beat and break the false and evil one is my love. To where does He make us win the victory? He makes us win the victory to the Antichrist in the day of tribulation. Therefore, although our bodies shall be beheaded al last, we will succeed in spirit; accordingly, my beloved one will be like the banner over me.

> 2:5 Stay me with flagons, comfort me with apples: for I am sick of love.

If we leave a bunch of grapes a few days at room temperature, it goes rotten. But sun-dried raisins do not go rotten. To live in the earth making big money and enjoying healthy and wealthy life is like a bunch of grapes full of juice. Since there is moist, it is abundant. It is, however, the thing finally to go to decay soon like a bunch of grapes full of juice. The Lord is the one who makes us the people like raisins through completely drying up the good worldly things and the people rather to praise in troubles and tribulation through it. God dried up Job in order to give him twice as much as he had before and to give him the true eternal blessing. God made Job raisin. God let the seven sons and three daughters of Job be killed and his wife left him and his own body was afflicted with painful sores and because of the skin cancer he was painful to death.

Even the friends and servants of Job left him and his three friends visited him and played the role to sting him. Through all kinds of things, God made Job raisin. Was Job as raisin destroyed because of it? At last, he became the one who enjoyed all the glory God prepared. When the Lord makes us raisins to be dried up by something, if we have a grudge or complain anything, we are not raisins yet. But the Lord makes the bride raisin to praise in any tribulation and hardships.

Next, it is written 'comfort me with apples.' In this context, apples are different from the apple tree in verse 3. The apple at the place of the bride brought to the banqueting house in verse 4 means to burst into joy although we are persecuted or tortured and praise and give thanks to God. Therefore, it is 'comfort me with apples.'

It indicates the time when we are led to the course to be martyred in the 7-year tribulation. At that time, we are able to be martyred by the one who comfort us with apples, glorifying God with joy and praise. By the way, it is also written, "I am sick of love." If I love Jesus as I am sick, is it good? Not good.

This is my commandment, That ye love one another, as I have

loved you. (John 15:12)

Since there is the love the Lord loves me, if I love the love and my neighbor with the love of the Lord, I am not sick. But if I love the Lord in the state as I am the subject of love, I am sick because of lovesickness. Like this, when we are sick, the Lord does not leave us, but accomplishes according to the Word of verses 6–7.

(4) The Left Hand of the Bridegroom Is under My Head and His Right Hand Embraces Me

2:6 His left hand is under my head, and his right hand doth embrace me.

As a pillow, there is the left hand of the Lord is under the head of the bride saint and the right hand of the Lord embraces the bride. As the Lord embraces the bride entwined over her body, they unite together.

Since the bride receives the spiritual grace in the bosom of the Lord, she is in the process of the body to be able to bear the fruits by the Lord, being healed her sickness and mature in the part of the immaturity.

2:7 I charge you, O ye daughters of Jerusalem, by the roes, and by the hinds of the field, that ye stir not up, nor awake my love, till he please.

The daughters of Jerusalem indicates the physical believers, not the bride saints. The one the bride saint loves is likened to roes and hinds. Until the Lord like a roe and a hind wants, she makes a request not to stir Him up, nor awake her love.

The characteristic of roes and hinds is to rapidly run away recognizing the noise even the soft rustling. That is, as the Lord is like a roe and a hind, since He embraces me and we unite together, she says not to disturb us.

Until when does the Lord want to unite together with the bride saint? The Lord wants the time until when I become the one who witnesses the truth, after understanding and filling the love of the truth.

In this context, that the Lord is likened to roes and hinds, is that their characteristics are related to them that divide the hoof, eat only medicinal herbs and drink clear water. The fact that roes and hinds have a split hoof means that they belong to the holy animals to explain in the 11th chapter of Leviticus. Likewise, the Lord is the holy one and makes me holy.

In addition, as roes jump among the rocks, not set foot on soil, the Lord is our rock. As roes eat only medicinal herbs and grow up to be the medicine as a whole body, the Lord is the Spirit to revive us.

As roes to drink clear water, the Lord is the living water of the truth. Furthermore, the blood of Jesus Christ made our sins and crimes forgiven eternally and pour out the Holy Spirit to those who put on His blood.

(5) The Bridegroom Cometh Leaping upon the Mountains, Skipping upon the Hills

2:8 The voice of my beloved! behold, he cometh leaping upon the mountains, skipping upon the hills.

"The voice of my beloved" is the voice of the Lord. The voice of the Lord is not the sound to come in our physical ears. It means to listen through the spiritual ears.

For the people who believed in Jesus Christ and received the Holy Spirit, through the Holy Spirit, God makes us realize the will of the Lord in great detail by the Holy Spirit. This is the meaning of the voice of my beloved.

Although Jesus Christ is in us and the Holy Spirit also in us, if we try to listen to the voice of the Lord from any other places, Jesus Christ is not in us. As Elijah listened to a still small voice, if Jesus Christ is in me, the Holy Spirit makes us understand that Jesus Christ is in the Father God and the Trinity God is in me. It is not the level to make us understand what I knew Word by Word, but the level to make us realize while the Lord associates with us in person, treating us respectfully. It is like communicating with the Holy Spirit.

What is the first lesson to make us understand? It is that God makes us know that Jesus Christ, the Son of God, came to us in the figure of the sinful body and saved us by bleeding His blood on the cross through the Holy Spirit. Therefore, our faithful life starts with this fact.

2:9 My beloved is like a roe or a young hart: behold, he standeth behind our wall, he looketh forth at the windows, shewing himself through the lattice.

The bride herself confesses that the Lord came to her, leaping upon the mountains, skipping upon the hills, like a roe or a young hart. It is to know that the Lord makes us understand through His voice.

That is, the Lord quickly ran to here through the mountains of time, so that the Lord may save us. The salvation history of God is like a panorama linked with the big mountains in the Bible.

How beautiful upon the mountains are the feet of him that bringeth good tidings, that publisheth peace; that bringeth good tidings of good, that publisheth salvation; that saith unto Zion, Thy God reigneth! (Isaiah 52:7)

The place where the feet of the person that brings good tidings are, where the Word falls down is mountains. Since we are the spiritual Jews in Jesus Christ, our ancestor is Abraham. Therefore, we should begin with Abraham; Where did God make Abraham stand as the father of faith? God made him stand on Mt. Moriah. When he offered Isaac on the altar, God said, "I know that thou fearest God," and made our father of faith stand on Mt. Moriah.

And where is the place where God made coats of skins and clothed Adam as the progenitor of human being? It was the garden of Eden. God made someone offer the Lamb as an offering to God, so there was the skin of the sheep. It is an invisible mountain. The garden of Eden is the mountain where the Lord as Melchizedek, before His incarnation, saved the souls of the people He foreknew with Adam.

In addition, the mountain Moses received the Law was Mt. Sinai. After receiving the Word of God, the Law, the place where we led our blessed lives before God was Mt. Sinai. The Lord quickly ran through such mountains.

From the garden of Eden through Mt. Moriah and Mt. Sinai, the Lord came to us, leaping upon the mountains. And He came to us, Mt. Zion, 'the hills.' From the garden of Eden to the first Advent of the Lord, it took 4 thousand years.

The Lord quickly ran, as if He had considered 4 thousand years as four days. In addition, since 2 thousand years passed after the first Advent of Jesus Christ, He rapidly came to me like a roe or a young hart for me, as I considered 6 thousand years as 6 days.

It is written that Asahel was as light of foot as a wild roe(2 Samuel 2:18). The Lord rapidly ran and came to see me.

'A young hart' involves the advanced and different spiritual meaning from the roes and the hinds in verse 7. That the Lord in 'the voice of my beloved' in verse 8 is compared to the roe deer means that the voice He said to me reaches me as the most beautiful sound.

When Jacob blessed Naphtali in Genesis 49:21, he said like this, "Naphtali is a hind let loose: he giveth goodly words."

Among the voice of the Lord we hear today, what is the sweetest and most beautiful word like beads? It is the most beautiful word that the Lord will come again to take me as a bride, making me wear the glory of the first resurrection.

As the Lord rapidly came to see me, we only need to welcome the Lord; however, the Lord stands after the wall of ours. There is a wall between the Lord and me. This wall symbolizes the wall of the sin and crime.

In the 2nd chapter of Act, on the day of Pentecost, did the Holy Spirit come slowly or rapidly like a rushing mighty wind? When the Holy Spirit of the Lord came, it came rapidly and strongly like a rushing mighty wind. How are we actually, then? The Lord who rapidly and urgently came from the garden of Eden have stopped and stands before the wall I made.

In addition, the Lord looks at me through the lattice. Why is there the lattice between the Lord and me?

Although we should be set up as the bribes in the state of that the Lord is in me and I am in Him by fully welcoming the Lord, there are the wall and the lattice blocked between the Lord and us.

Over the wall, in the crack of the lattice, although we hear the voice of the Lord and dimly see the Lord, we do not unite the Lord by entering the Lord.

Despite hearing the truth to reach the glory of the first resurrection, the people whose names are not written in the book of life of the Lamb early slain(Revelation 13:8) as martyrs yet have been disproved that they do not believe the Word of the Lord.

(6) My Love, My Fair One, Come Away, the Winter Is Past, the Rain Is Over and Gone

2:10 My beloved spake, and said unto me, Rise up, my love, my fair one, and come away.

It is the contents that the Lord corrects the problems to appear in verse 9 and accurately sets up the faith in verses 10-12. The expression that 'rise up and come away' is the Lord says to the one who sits still. The lame shall not come into the city of David(2 Samuel 5:8) and the city of David is revealed as the shadow of the millennial kingdom the Christ will come again and found.

Among the process of making the bride, the one who sits still is the one who has the spiritual state of sitting, but is the one who has the fair heart. If anyone become the one who welcomes the Christ who will come again and receive the inheritance of the millennial kingdom with Him, of course, since the one who sits still cannot enter it, the Lord says, “Rise up, my fair one, and come away.” It means that let us go together to the place of the glory of the first resurrection.

After making us stand from the state of sitting still as before, He wants to make us go the place to receive it after the Second Advent of the Lord.

> 2:11-12 For, lo, the winter is past, the rain is over and gone; The flowers appear on the earth; the time of the singing of birds is come, and the voice of the turtle is heard in our land;

The contents of verses 11–12 are the things to be done in the future and they apply to those who stood and left with the Lord in verse 9. ‘Lo’ means to see it with the spiritual eyes and realize it. The expression that ‘the winter is past’ contains the spiritual meaning. In spring we received the seed of the Gospel and believed in Jesus Christ; in summer we continuously bear the fruits filled with the Holy Spirit; in autumn we reap the fruits; in winter we store what we reap.

What we bear is to make stand on the faith of martyrdom in the period of grace like summer and be martyred in the great tribulation like winter. The contents of Revelation are the events of the tribulation times to occur when the Lamb opened the book sealed by seven seals. The time when this Word of Revelation is fulfilled is the winter.

That the rain is over means that the time of wrath and judgement of God is over. The rain in the Flood of Noah was the rain of judgement. At last, the time when the flowers come out and the birds sing, after 7-year tribulation and the judgement of God, that is, it is the time of the millennial kingdom to recover the new earth and the new heaven founded by the Second Advent of the Lord.

As the spring comes after the winter all is frozen and no green color is past, in this context, it is the time when the 7-year tribulation symbolizes as the winter is past and then all is recovered like the garden of Eden. It is written that "the flowers appear on the earth." We should understand that it relates to me. That the flowers come out to me symbolizes that I become the being to wear the glory. That the birds sing means that I become the one who sing like birds. That is to say, owing to the glory I wear, I praise and give thanks to God like birds singing and flying with two wings.

The expression that 'the cooing of doves is heard' is the joyful voice in the millennial kingdom after the Second Advent of the

Lord. It means that they praise because they kept their fidelity of faith to the end like doves(Matthew 10:16) and received the blessing of the millennial kingdom through their martyrdom. 'Our' in 'our land' means the same Trinity God as 'we' in 1:11. God the Father already prepared the glory — the inheritance of the millennial kingdom — for me and it is fulfilled as God said, so it is that God's will is done. This is the land of the Father. And He accomplished it in Jesus Christ.

God forgave us by the blood of the Lord, poured out the Holy Spirit in the name of the Lord, and made us receive the blessing of the millennial kingdom by making us be martyred in the day of the tribulation because of pouring the seven spirits; therefore, we become the land of the Lord.

In addition, He saved us through the seven spirits, the Holy Spirit, so we become the land of the Holy Spirit of God. Likewise, those who become the land of God — our land — and are supposed to get the blessing of the millennial kingdom become 'our land.'

2:13 The fig tree putteth forth her green figs, and the vines with the tender grape give a good smell. Arise, my love, my fair one, and come away.

'The fig tree' symbolizes Israel of the Old Testament and that they puts forth the fruits of salvation is that the fig tree bear the green figs. And the vines mean Jesus Christ likened to the true vine, the disciples as branches abided in the true vine, and the martyrs, the main character to receive the blessing of the millennial kingdom. The expression that the vines with the tender grape give a good smell is to give the glory with praise and joy only to the Lord who come again as the Lord of the lords, the King of the kings.

In this context, the expression 'arise and come away' is the part of mistranslation in King James Version of the Bible. The original Hebrew Version is 'leave together with me' and also in the spiritual context, it is correct 'leave together with me.'

In verse 10, He said to the bride who stand on the faith of lame, 'rise up and come away,' through the stage we come to this stage of verse 13. In this context, the meaning of the expression 'leave together with me' is the Word to leave into the millennial kingdom with the Lord as the work to continuously enhance the faith of the saints in spirit.

> 2:14 O my dove, that art in the clefts of the rock, in the secret places of the stairs, let me see thy countenance, let me hear thy voice; for sweet is thy voice, and thy countenance is comely.

'O my dove' is the title the Lord calls the beloved bride. In the process the Lord makes the saint the bride from the 1st chapter, that the title of the one who will become the bride is changed means that the faith is changed. Doves means the fidelity of faith as the Lord said to the disciples that be harmless as doves(Matthew 10:16). The bride the Lord loves has the heart to follow the Lord with the fidelity of faith that 'if I perish, I perish' to the end, so the Lord calls her 'O my dove.'

'The clefts of the rock, the secret places of the stairs' is the place located in the secret place under the rock of the edge of the high cleft and we can imagine that under the cutting edge the blue-dark rough waves are rolling in the sea. If we enter such a secret place under the rock of the edge of the high cleft, we can avoid the wild beasts and the sea animals; therefore, it is the best place as a place of refuge.

Such a place of refuge is Jesus Christ. Those who have Jesus Christ as the place of refuge would become those who keep their fidelity of faith and follow the Lord to the end, although they are in the difficult situations to be cast into the midst of a burning fiery furnace or be cast into the den of lions. Where is our place of refuge? The true place of refuge is to enter Jesus Christ.

It is written that 'let me see thy countenance' and the bride does not show her countenance to all sorts of people. As the bride wears her wedding veil, her face is hidden only to show the bridegroom Jesus Christ.

The bridegroom Jesus Christ see the bride raising a veil on the face of the bride. Why does the bridegroom Jesus Christ want to see the face of the bride? The face represents everything of the person.

The third living creature among four beasts had a face as a man(Revelation 4:7). The result of bearing fruits with the whole body and winning the victory represents the face to receive the glory. Therefore, the representative of the character of a person is his or her countenance. That the Lord wants to see the countenance of the bride means that He wants to see her changed figure of the whole body(personality).

Up to now, there were all the joints of the change of faith. There was a time not to keep my vineyard because of the brother of my mother and I was sick because of love. Like a lame, I had the depression of faith. Whenever I had the time, the Lord made me stand up and unite with the Lord inn order to be full of the love of the Lord. By doing this, He made me changed.

Thus, He wants to see the changed countenance of the bride to be martyred; Now, let me see thy countenance. He wants to see the fair countenance changed as the perfect bride of Jesus Christ. If my character changes the personality of Jesus Christ, it would be the character of the bride.

When I change myself as the thought of the Lord, the heart of the Lord, the will of the Lord, and the thing the Lord is glad, my heart and mind is totally changed as the character of Jesus Christ. So we should show our changed figure of faith only to the Lord.

In addition, the Lord wants to listen to the voice of the bride; the voice means the thought. Through the voice of the speaker, we can know the thought and thinking of the person. In the past, I knew I loved the Lord, but I have changed that I love Him in the love of the Lord by being full of the love of the Lord.

It is cured the sickness of love to cry out in tears to say I cannot live without the Lord. It is changed from the humanistic faith to the God-centered faith. Like this, the Lord wants to see the though of the bride changed from the past one.

2:15 Take us the foxes, the little foxes, that spoil the vines: for our vines have tender grapes.

'We' indicate the Trinity God as 'we' in 1:11. At first glance, we consider 'we' as the bride and the bridegroom; it is, however, not correct. First of all, God is the one who set up the vineyard. Although the nature is same, there is the spiritual vineyard as the kingdom of heaven of our heart; the church vineyard as the community of the truth; by extension, the kingdom of heaven in which God the Father exists.

After God sent the One and Only Son to the earth and made Him shed the blood to finish the salvation work, because of the Lord who received the glory, the church set up first of all. And there is 'We' in our church.

All of the works Jesus Christ accomplished are the will of the salvation of the Father. And the Holy Spirit is working to apply the salvation of Jesus Christ to the saints. This is that 'We' take care of the vines.

By the way, the foxes crossed the fence and entered. The false prophets are likened to the foxes in Ezekiel 13:4. The false teaching and the work of temptation through the false servant are foxes. The little foxes that spoil our souls means the work to make us tempt and fall down in our faith. The work to make us commit a sin and a crime and be tempted is fox.

Owing to the foxes, my heart can be destroyed, accordingly, to take the foxes means to get rid of the factors to commit sins and crimes. And it also means to get rid of the nature of temptation to be able to be tempted.

The head of the vineyard is Jesus Christ. If we absolutely depend on Jesus Christ and are caught by His Word, we could not be tempted. If Eve absolutely obeyed the word of Adam, she would not be tempted by the word of the serpent.

The little fox to spoil the vineyard of the church means the work to tempt with the false things, entering it still. For example, although we lead our lives with the truth of the first resurrection, to play a role to destroy our lives is the fox that entered the vineyard. We should catch such things.

As the church of Ephesus hast tried them which say they are

apostles, and are not, and hast found them liars(Revelation 2:2), we should catch the little foxes in our church.

(7) The Lord Is Mine and I Am His

2:16 My beloved is mine, and I am his: he feedeth among the lilies.

It is written in this context, 'My beloved(the Lord) is mine, and I am his(the Lord's).' Although it seems the word is nice, such faith is wonderful. Those who were baptized into Jesus Christ and united with the Christ(Romans 6:3-5) become the Christ's.

And then they become the belongings of the Christ; because the Christ has all kinds of mine, I led by Him according to what He wants. If the Christ was persecuted and cursed, I also as the belongings of the Christ should be persecuted and cursed equally.

If there are my parents, husband and wife, and children in my present position, my parents rule me in the relationship between my parents and me. Likewise, there is something to rule me, such as husband and wife, and children. Also there is the case to rule me by the work place and money.

If we say that 'the Lord is mine, and I am the Lord's one,' all of the above mentioned things become obstacles. If there is anything, such as my parents, husband and wife, children, work, money, between the Lord and me, I cannot perfectly become the Lord's one.

The Lord wants to rule me 100%, own me, and be dedicated to the Lord 100%. If there is anything even 0.01%, the Lord is holy jealous of me.

That my beloved(the Lord) feedeth among the lilies means that the Lord ministers to sheep among the lilies. The expression 'the lily among thorns' in 2:2 is to confess the figure of the faith of the bride herself.

Although there are the pain as thorns sting and even more than shedding blood, if we become those who praise and feel delight, it is that we as lilies are among thorns. Like this, my beloved one is not ministering to the ordinary sheep, but ministering to sheep among the lilies; therefore, it means that the Lord ministers to sheep to produce the bride of the Christ.

2:17 Until the day break, and the shadows flee away, turn, my beloved, and be thou like a roe or a young hart upon the mountains of Bether.

That the day breaks and the shadows flee away means that the day passed and darkness fell. The time when Antichrist, the ruler of darkness, appears and rules over the world is the time of 7-year tribulation. 'Turn' after the time passes means the Second Advent of the Lord. Those who stand on the faith of the bride long for the bridegroom; therefore, they call the bridegroom Jesus Christ who will come again 'my beloved.'

Although a roe or a young hart can be used as a variety of symbols, in this context, it is expressed the bridegroom Jesus Christ who will quickly come. It is expressed the earnest wish of the bride to long for the bridegroom Jesus Christ through martyrdom in the first 3 and a half years of tribulation, not longing for the Lord who will come again as the Lord of Judgement after finishing the 7-year tribulation in the last times the day breaks.

The mountains of Bether(Beth: house, El: God) are the place where Jacob took the stone that he had put for his pillows, and set it up for a pillar, and poured oil upon the top of it in Genesis 28:19.

Jacob called the name of that place Bethel, considering it as the temple of God, the door of heaven. Likewise, the place where the Lord exists is the temple. Therefore, if I am with the Lord, the place becomes the mountains of Bether.

When the Lord comes again in the air, after finishing the time to be in the right side of the throne of God, the air would be the temple. Accordingly, the wedding banquet would be held in the air. Thus, the earnest wish of the bride is that come quickly to the place of wedding banquet in the air and be my bridegroom!

Chapter THREE

BEHOLD THE BRIDEGROOM COMING LIKE PILLARS OF SMOKE WITH THE CROWN

(THE REVELATION OF THE FIGURE OF JESUS CHRIST WHO WILL COME AGAIN AS THE KING OF KINGS)

(1) By Night on My Bed and In the Big City I Sought My Bridegroom, but I Did Not Find Him

3:1 By night on my bed I sought him whom my soul loveth: I sought him, but I found him not.

It is a natural result that by night when we seek Jesus Christ on one's bed, we cannot find the Lord. It means that the spiritual state of the person is getting dark as night. Because Jesus Christ is the light, not the darkness, when we are in Him, there is no more night. If we are in the love of the Lord and in the Lord as the light, we belong to the day; therefore, we are not likely to seek Him by night on our bed in a hurry.

Accordingly, it means that the darkness entered ourselves as much. It means that because of the little foxes, as mentioned earlier in 2:15, we fell in being lazy and easy life. If not, when the Lord is everything to me and my husband, do not I speak of Him, boasting to others?

At that time, it is not to seek on the bed, but to witness and boast about Jesus Christ as the husband, going outside. Therefore, we can be those who are in the light because of resting in the love of His truth all the time.

The meaning of that 'I sought him, but I found him not' is that the spiritual communion with the bridegroom Jesus Christ on the standpoint of the bride. If we are keeping on the place to witness the bridegroom Jesus Christ in the love of the truth of the Lord as those who belong to the light, we cannot be those who are on the bed by night.

> 3:2 I will rise now, and go about the city in the streets, and in the broad ways I will seek him whom my soul loveth: I sought him, but I found him not.

Although the bride kept in step with the bridegroom Jesus Christ in the spiritual relationship up to the 2nd chapter, now she lost Him; so the heart and mind of the bride is crazy to death. Accordingly, too much anxiously yearning for Him, she rose and went about seeking Him in the streets and in the broad ways in the city. 'The broad ways' are not the right road. The place where the Lord exists is not the broad ways.

The Lord said to the disciples that enter ye in at the strait gate. Because strait is the gate, and narrow is the way, which leadeth unto life, and few there be that find it. The strait and narrow gate is the road the bridegroom Jesus Christ leads us to make us the brides. By the way, they cannot find Him, because they seek Him in the broad ways.

'The city' means the church; the big city means also the churches that are generally blessed so much. How does the big city become at last, however? In the tribulation day, most of the churches would betray and be destroyed. Although we go there and seek the bridegroom Jesus Christ, however we cannot find Him.

When we temporarily fall off the gracious life, while we are leading our faithful lives, we may feel the Lord is gone and have a difficulty to communicate with Him in spirit. The method to recover it is very important. As we can know through this context, if we are wandering in the wrong place, we cannot quickly recover.

3:3 The watchmen that go about the city found me: to whom I said, Saw ye him whom my soul loveth?

'The watchmen that go about the city' indicate the leaders and servants of the city(church), because they are the watchmen who go about the big city in the streets and in the broad ways.

That is, it is that we go to the pastors, the assistant pastors or the teachers of the big churches and ask them, "I am so sad, because I temporarily fall off the gracious life, and lost touch with Jesus Christ in the life of the spiritual fellowship, how can I recover it?"

They are trying desperately hard to recover their faith, receiving the counseling of faith and attending the seminars the big churches host. By the way, there is no answer from them. It is because the watchmen of the big city do not know the bridegroom Jesus Christ the bride lost, they cannot find Him.

The watchmen of the big city do not know what Jesus Christ is in the bride saints, so they cannot direct them to recover their faith. The watchmen do not teach the secret to welcome the bridegroom Jesus Christ to the bride saints.

(2) On Leaving the Big City, I Found My Bridegroom

3:4 It was but a little that I passed from them, but I found him whom my soul loveth: I held him, and would not let him go, until I had brought him into my mother's house, and into the chamber of her that conceived me.

The meaning of that 'a little that I passed from them' is not to find an answer from the watchmen to watch the city and to get clear away from the city. At that time, my soul met for the first time Him. If we go out the big city(the great prostitute church to betray), the broad ways, and the wide road, I can see the one my soul loves. We, generally thinking, the king is in the kingdom.

Where did wise men from the east go, after realizing the birth of King of the Jews through the star? On arriving at the land of Judea, they directly enter the royal palace of Herod. However, there was not Jesus Christ in the royal palace of Herod. When the wise men of the east realized the situation, they departed Jerusalem Herod ruled and saw the star that led them; through the guide of the star, they received Jesus Christ.

When we wholly depart our own humanistic thoughts and methods or assumptions, looking purely back on his Word, we can see the one our souls love.

It is written that 'I held him.' When we read the Word of God, we ourselves should be in such a situation. I had sought the Lord on my bed by night and wandered seeking the Lord like crazy, in the state of not eating and even not sleeping, when I lost the one I had spiritually associated with. Trying to do so, finding the Lord difficultly at last, I know how precious He is. Accordingly, it is the spiritual state that we decide that we never lose Him and are in His bosom.

By the way, when we examine our faithful lives, we softly lead our faithful life filled with relaxation. Therefore, our faith does not grow up or spear. We should be in the state we enter Jesus Christ who comes again and hold Him not to be cut off eternally.

Did you pray going through mountaintops until shedding the blood in your neck? If not, you are not thirsty as much. Working during the daytime, do you continuous pray by night? Fasting several days with all of your heart and strength, do you try to seek the Lord? Such things should naturally involve.

Not risking our life, seeking more precious than our life, we should struggle to Him. In the midst of enduring critical situation coming and going the polars, we should lead our spiritual lives. How much do you struggle in order to seek the truth, the true God and the Lord, and with Him to associate with the Lord all the time?

In this part, we should think about it. If we recover the spiritual relationship with Him doing so, when we meet Him, the meaning of that "I held him" is that we should live in Him holding Him as the figure of not to be cutting out.

When the Word of 'Song of Songs' enters our souls, immediately they would be done according to the Word. By the way, the reason why they do not become so is that we do not reach the spiritual amount and level through our experiences and situations as the Word of 'Song of Songs.' Nonetheless, it is much better to accept this Word by Spirit(by faith). We should not understand by our reason, but fall in the Word as the main character. The Word received by faith will come across in 100% realized food, when we pray in due time.

'My mother's house' means the place where a mother was pregnant and gave birth to her children. That is, the church that made the bride saint, the main character of 'Song of Songs' for the first time become the bride is 'my mother's house.'

Who did give birth to her as the bride, then? It is the Holy Spirit. The Holy Spirit led her to the bride church and made her the bride. The Holy Spirit played a role as her mother.

'The chamber of her that conceived me' appears after entering 'my mother's house.' The Holy Spirit led us to the bride church, the mother's house, and made us stand on the faith of martyrdom by the Word of the bride church; it is to be pregnant and give birth. Here is the chamber we were born after being pregnant. The place the Holy Spirit who gave birth to me as the faith of martyrdom worked is the mother's chamber.

In addition, the place the Holy Spirit made our old selves be born again is also the mother's chamber. That the virgin Mary conceived Jesus Christ is done by the Holy Spirit. For us, where is our mother's house actually? To be led to seven golden candle sticks church is our mother's house. And where is the chamber that conceived us? It means to be set up the faith of martyrdom growing up our faith while listening to the Word in seven golden candle sticks church.

The bride saint who recovered her faith came to the mother's chamber that conceived her, holding the bridegroom Jesus Christ.

It means that now, there is no fear to lose the bridegroom, because of coming back to the place to be set up on the faith of martyrdom and not leaving the place forever.

3:5 I charge you, O ye daughters of Jerusalem, by the roes, and by the hinds of the field, that ye stir not up, nor awake my love, till he please.

The believers who are distinguished from the bride saint, the main character of 'Song of Songs' are the daughters of Jerusalem. As we saw them in 1:5, the daughters of Jerusalem are the believers of physical faith.

'I' indicate the bride saint. Till he pleases, the bridegroom Jesus Christ wants, stir not up, nor awake my love. It is the state that the bride saint found the bridegroom Jesus Christ she had lost and was with Him in the chamber of her that was conceived in verse 4. In order to have no cause for worry to lose on the bed by night, the bridegroom Jesus Christ works to lock and fill to the brim of the bride saint with His love. Therefore, when the bride saint perfectly unites with the bridegroom Jesus Christ, He makes her boast her husband as much as she wants without limit.

However, the daughters of Jerusalem are those who remain their physical faith, so they cannot boast their husband. The reason why she ask not to awake Him is because they disturb. As Ishmael mocked Isaac, the physical believers disturb the spiritual saints and persecute them.

That she requests them by the roes and the hinds means that the bridegroom Jesus Christ who bestows the bride saint grace is like the roes and the hinds. That is, the Lord who is my husband and made me fall in His love and be full of it and have no shortage to go out and witness Him is like the roes and the hinds.

As the roes and the hinds have sharp ears and quickly run away even a still small voice, for Jesus Christ, not to do so; therefore, do not disturb.

(3) Who Is This That Cometh Out of the Wilderness like Pillars of Smoke?

3:6 Who is this that cometh out of the wilderness like pillars of smoke, perfumed with myrrh and frankincense, with all powders of the merchant?

After fully filled with the love of Jesus Christ until verse 5, the situation is verse 6. So it is written that He comes to me like pillars of smoke. The pillars of smoke are like the pillar of the cloud. When it fills with smoke, it becomes the pillar of the cloud. In the 13th chapter of Exodus, the LORD led the people of Israel the way in a pillar of a cloud.

When they made tabernacle in the 40th chapter of Exodus and Solomon made for the house of the LORD, then the house was filled with a cloud(2 Chronicles 5:13-14). In addition, it is written in

Revelation 5:8 that the temple was filled with smoke from the glory of God, and from his power. Therefore, the cloud symbolizes the glory and power of God. Likewise, that the bridegroom Jesus Christ comes out of the wilderness like pillars of smoke means that He comes to me in His glory. That is, the Lord of the glory comes to me most gloriously.

And He is the bridegroom Jesus Christ perfumed with an aromatic perfume. Myrrh as the aromatic perfume not to decay is related to the death. Jesus Christ is the Lord perfumed with myrrh. That Jesus Christ saved His people on the cross through shedding His own precious blood is to accomplish the incorruptible eternal salvation. This is the aroma of myrrh.

Frankincense means prayer. Those who received the grace of redemption by Jesus Christ would pray in the name of Jesus Christ. Those who became the holy temple forgiven sins and crimes through the blood of Jesus Christ pray infront of God and lead their faithful lives. When we pray to Jesus Christ, He will answer and make us perfect. When the believers pray in the name of Jesus Christ, as they pray, He will make them the brides at last. It is to make us perfect.

When those who are saved by myrrh pray in the name of Jesus, the one who makes us perfect as the answer of the prayer and comes to us and brings back at last is the bridegroom Jesus Christ who comes out of the wilderness perfumed with myrrh and frankincense, with all powders of the merchant.

'The one who comes out of the wilderness' is the bridegroom jesus Christ. Although the wilderness contains a variety of meanings, in this context, it is expressed the place that is beast-infested. When Jesus Christ comes in the glory like the pillars of smoke, the beasts of the wilderness will fight against Him, not being tolerate.

The head of the beasts is the Antichrist, and the next ones are the false prophets, and the prostitute churches with him and the army of the Antichrist. When Jesus Christ comes again, the time when the sixth angel pours out his vial and the outbreak of the war of Armageddon(Revelation 16:12ff), the beasts will gather together into a place. When the Antichrist, the false prophet and the kings of the earth gathered together to make war against the Christ who comes again, out of His mouth goes a sharp sword, that with it the Lord should smite the nations and come to us(Revelation 19:14-21).

Like this, the one who comes out of the wilderness like pillars of smoke, perfumed with myrrh and frankincense is my husband and the Lord as the king of kings.

Song of Songs become easier to understand after we study Revelation first. John the apostle who wrote Revelation understood Song of Songs first and then received the revelation of Jesus Christ and wrote the book of Revelation.

Without Revelation, for us, nowadays, we could have no way to confirm Song of Songs although we listen to the Word. On the contrary to John the apostle, we can quite easily understand the book of Song of Songs, because we have studied Revelation first.

3:7 Behold his bed, which is Solomon's; threescore valiant men are about it, of the valiant of Israel.

'Behold his bed' does not mean the bed we actually sleep, but the one who comes out of the wilderness like pillars of smoke, perfumed with myrrh in verse 6, the Lord who comes again. His bed is also mentioned as the chariot of silver, gold, and the wood of Lebanon in verses 9-10. Accordingly, 'his bed' in verse 7 and 'a chariot' in verse 9 indicates the same thing; it is expressed that the bridegroom Jesus Christ will splendidly come again in His glory, as the carriage of the king to visit. Therefore, the meaning of that 'behold his bed' is that 'behold his carriage.' The bride saint reached the 3rd chapter through the 1st and 2nd chapters says that behold how splendid Jesus Christ to come again to visit on the right side of the throne of God as her husband is.

It is written that it is Solomon's; it does not reveal the real king Solomon, but the position or place of the king Solomon. Perhaps, it is like the book of the generation of Jesus Christ in Matthew 1:1. In the record of the genealogy, although Jesus is introduced as the son of David, in fact, the son of David was Solomon and Jesus is the one who is before David, as the Lord of David. Understanding such a situation, when we examine the genealogy of Jesus, we can become easier to understand it. That is, the king David is the shadow and the reality is revealed as the antitype of the coming the king Jesus Christ.

In this context, as Solomon named 'peace' who ruled over the whole Israel and received tributes from the neighboring countries was the king of the glorious nation, when Jesus Christ comes again, He will come to us like such a king.

As I mentioned at the very beginning, Song of Songs is the song that Solomon as the place of the bride saint praises God. In other words, it is the song the one who is on the place of the bride saint praises God, considering God as the husband. In addition, it is to sing a song, watching Jehovah God as the husband to come to bring her. To Solomon, the king Solomon comes out of the wilderness. That is, to the bride saint Solomon, Jesus Christ visits her as her husband in the midst of the glory.

The book of Ruth is that Ruth praises God. Like Solomon, Ruth on the place of the bride of the Christ marries the bridegroom Boaz as the antitype of the Christ. The Lord who comes again as the king of kings is splendid and glorious like the carriage of the king, which is the belongings of Solomon, the belongings of the Christ.

'Threescore valiant men of the valiant of Israel' indicates that those who are coming with Jesus Christ when He comes again. By the way, are they the angels or the brides of the Christ who are resurrected firstly?

In the Bible, there is no title for angels as Israel. Only for the children of God who believed in God and in Jesus Christ, we use the title as Israel. Therefore, the brides of the Christ who are resurrected firstly are the 60 valiant warriors.

It is written in Song of Songs 6:8 that there are threescore queens. The formal wives of the king is 60 queens. That is, that the formal wives of the king Solomon is 60 queens means that the wives of the Christ who will come again are 60 people. Although monogamy is the social norm among most societies, the 60 queens of the Second Advent Jesus Christ, the king of kings, are the brides of the firstly resurrected.

In Revelation 19:14, when Jesus Christ comes again, those who clothed in fine linen, white and clean come also with Him. They are not the angels, but those who were beheaded for the witness of Jesus, and for the word of God in the 7-year tribulation; therefore, they are the brides of the Christ coming with the Lord, the king of kings, after the first resurrection, when the Lord comes again(Revelation 19:8). That they clothed in fine linen, white and clean means, in a word, that they put on white clothes; the white garments were given unto whom were beheaded for the witness of Jesus, and for the word of God in Revelation 6:11. We should be involved the number of the 60 valiant warriors. It does not mean the limited 60 people, but the symbolic number 6 as the people beyond count.

3:8 They all hold swords, being expert in war: every man hath his sword upon his thigh because of fear in the night.

In this context, it is explained the 60 valiant warriors who are the experienced soldiers. It is written in Ephesians 6:12 that our fight is the spiritual fight to wrestle not against flesh and blood, but against principalities, against powers, against the rulers of the darkness of this world, against spiritual wickedness in high places.

When we go out to the world and witness the Word, those who stand against us and block our path are not the people, but the evil spirits to rule them. It is written in Revelation 12:11 that they overcame the Devil by the blood of the Lamb, and by the word of their testimony; and they loved not their lives unto the death. This is the victory at last because of their experienced fighting skills.

In other words, those who win a victory in the spiritual war at last through the martyrdom become the 60 valiant warriors. And it is written that 'every man hath his sword upon his thigh because of fear in the night.' The 'night' is the time the authority of the darkness works, so 7-year tribulation before the Lord comes again is the night. To overcome the fear in the night is the sword. The sword is the word of God(Ephesians 6:17). That is to say, they win a victory with the word of truth of the first resurrection. The queens of the Lord who will come again are those who are the winners to overcome the enemies with the sword of the word. We should be involved in these places.

(4) The King Made Himself a Chariot and Comes by Chariot

3:9 King Solomon made himself a chariot of the wood of Lebanon.

That behold his bed and the chariot the king rides in verse 7 is the same that behold the glory of the Lord who comes again. In this context, it is mentioned how the chariot was made. For Jesus Christ Himself, the chariot is made of the wood of Lebanon. That is, when Jesus Christ comes again, His glory will be made of the wood of Lebanon for Himself. The wood of Lebanon indicates the cedars or firs, which are the very resources for the temple.

What is the meaning of the wood of Lebanon then? That Jesus Christ achieves glory is the results of not what He received in the Heaven, but what He had accomplished in the earth, after wearing the human body.

Although Jesus Christ is the Son of God and God Himself, He came to us as a cretion. And He suffered much and was killed. And then that He was resurrected is that He received the glory.

Now, He is achieving glory through that we saved by Jesus Christ praise and give thanks to Him for the grace of the atonement redemption of the Lord, while sitting on the throne of the right side of God after His Ascension. Through these, the glory of the Lord is getting more and more glorious. This is that Jesus Christ made of the wood of Lebanon for Himself and the glory would become the bed and the chariot with Him when He comes again.

Although Jesus Christ is God, that He wore the physical body and shed His blood is the ground and the seed; therefore, His works become His glory. With this glory, He will come again.

3:10 He made the pillars thereof of silver, the bottom thereof of gold, the covering of it of purple, the midst thereof being paved with love, for the daughters of Jerusalem.

That the pillars of the chariot was made of silver means that Jesus Christ Himself is like silver. Silver means holiness; Jesus Christ is the holy one without faults or trivial flaws. That the bottom was made of gold means that the nature of Jesus Christ is eternal and unchangeable. As gold has the unchangeable characteristic, Jesus Christ has the divinity(the nature of God) not to change like gold. In addition, the covering of the chariot is purple; therefore, when the people see it, they will see Jesus Christ in purple. Purple is the color of overcoat the king wears.

It means that the Lord who comes again in glory would come to us as the position of the king in purple. If we become those who are among the kings, we can closely see the Lord coming to us as the king of kings in the purple covering.

In this context, the daughters of Jerusalem are different from the daughters of Zion(the bride saints) in verse 11. The meaning of the midst thereof being paved with love, for the daughters of Jerusalem is that Jesus Christ to come again is the one who loves other believers as well as the bride saints. Although the daughters of Jerusalem could not be martyred, for the fruits by faith they produced, the glorious Lord will make them glorious. The raptured saints belong to the daughters of Jerusalem, so the Lord who will come again loves them. Moreover, there is the work the Lord takes the righteous away among the saints before the tribulation, because the Lord loves them(Isaiah 57:1-2). Although they are those who led their faithful lives, because of not standing on the faith of martyrdom, not to lose their faith in the day of tribulation, to take them away before the tribulation is the work of the love of God.

(5) Behold the King, the Bridegroom, with the Crown

3:11 Go forth, O ye daughters of Zion, and behold king Solomon with the crown wherewith his mother crowned him in the day of his espousals, and in the day of the gladness of his heart.

As we examined in verse 7, the king Solomon indicates the Christ to come again. the expression ‘O ye daughters of Zion’ means the martyrs, the brides of the Christ. Why do they behold Jesus Christ to come again?

That’s why He is the husband to miss even in a dream. The

physical husband is the shadow of the bridegroom Jesus Christ and the best husband for the saints is the Christ.

Before Jesus Christ came to us, in order to be fruitful and multiply, God created male and female; however there are the souls of the Son in them. Regardless of the outer figure of the physical body, to fill the soul in it with life is the will of God.

Before Jesus Christ came to us, for the people of Israel, to be fruitful and multiply in flesh was the blessing. However, after Jesus Christ came to us, to be fruitful and multiply in flesh or race became meaningless and it is changed to be fruitful and multiply the spiritual children through the churches.

Jesus Christ came and set up the church and became the head of the church. Therefore, nowadays, the most important thing is not the physical wife and husband, but the Christ and the church. It is written about this in Ephesians 5:22-33.

The Word that wives should submit themselves unto their own husbands and husbands have to love their wives as their own bodies does not mean the relationship between the wife and the husband, but the secret between the Christ and the church.

Since the husband the bride longed for and relied on came to her with crown, the meaning of that behold him does not mean just stare at him without speaking. Rather it contains the meaning to be the main character of the wedding ceremony with Him receiving Jesus Christ to come again.

It is written in Song of Songs 2:16, 'My beloved is mine, and I am his.' And we should experience the Word in person. That I become the Lord's is the easy thing. If we confess that we are sinners in front of the Lord and are baptized in the name of Jesus Christ, we become the Lord's. As a living sacrifice, we are united with the Christ as oneness. But the confession that 'my 100% is yours you have' when we go even further, is the perfect one of the Christ to be able to confirm only through the sacrifice of the martyrdom.

Who is His mother that crowned Jesus Christ on the wedding day? If we examine the time when Jesus Christ came to the earth as Immanuel, He was conceived by the Holy Spirit.

And it is written in Acts 10:38 that God anointed Jesus of Nazareth with the Holy Ghost and with power: who went about doing good. That Jesus Christ was tempted of the devil, but overcame it and that He was killed, but is risen are also the works by the Holy Spirit. When He was resurrected, not by His own power, but by the Holy Spirit. Therefore, the role of the mother of Jesus Christ is the Holy Spirit. Since the Holy Spirit made Jesus Christ overcome the suffering and the death and receive the glory, the Holy Spirit crowned Jesus Christ.

Which day mothers who gave birth to the children long for and are joyful? It is the time when their children get married to their partners after bringing up them. They worry about their children until getting married.

Therefore shall a man leave his father and his mother, and shall cleave unto his wife: and they shall be one flesh. (Genesis 2:24)

That to be crowned him in the day of his espousals means that his mother considered it as the great joy and crowned him on his wedding day. What does the Trinity God want most on the day when Jesus Christ comes again as the bridegroom? To hold wedding feast to invite the bride on the wedding ceremony Jesus Christ will come again is the most joyful thing.

Why does Jesus Christ like the king Solomon come, overcoming the beasts in the wilderness and riding the chariot and crowned Him? That's why He wants to marry His bride on the wedding ceremony. We never forget the very day even for a moment.

Chapter FOUR

MY SISTER, MY SPOUSE (THE BRIDEGROOM JESUS CHRIST PRAISES THE BEAUTY OF THE BRIDE)

(1) Thou Art Fair, My Love; Thou Art Fair

4:1 Behold, thou art fair, my love; behold, thou art fair; thou hast doves' eyes within thy locks: thy hair is as a flock of goats, that appear from mount Gilead.

Thou Art Fair, My Love

The bridegroom Jesus Christ is lavish in his praise and admiration for the bride saint to be His wife that 'Behold, thou art fair, my love; behold, thou art fair.' From the verse 1 to 5, there are the contents the bridegroom Jesus Christ praises the spiritual beauty of the bride saint.

But it is not to be beautiful for herself, but to be fair and beautiful for the perfect and flawless Christ in her. Because of Him, she changed into His beautiful wife.

Filled the bride saint with all kinds of things so many times from chapter 1-3, it is the work to make her beautiful. Therefore, we are made in the Christ and when we match His image, it is beautiful. The beautiful figure of the bride leads to her eyes, hair, teeth, lips, cheek, neck, breasts and so forth.

Thou Hast Doves' Eyes within Thy Locks

Locks symbolize the knowledge of the truth. This knowledge of the truth is the knowledge to know the Christ, the Word to be made the image of the Christ. That is, the eyes of the bride are like the eyes of doves in the knowledge of the truth. When the bridegroom Jesus Christ looks at the eyes of the bride saint, He admires and praises, with the meaning of that "I am falling down your eyes!" Why do the eyes of the bride express the doves' eyes then? It is written in Matthew 6:22 that if therefore thine eye be single, thy whole body shall be full of light, but if thine eye be evil, thy whole body shall be full of darkness.

The most important part of the whole body is eye. 'The single or good eye' indicates the eye of the Christ. The eyes of the bridegroom Jesus Christ unite with the eyes of the bride saint. Therefore, the discrimination of the Christ is the same that of the bride saint.

The opposition of 'the single eye' is 'the evil eye' that indicates the eye of the Devil. 'The eye of the Devil' is the broad gate to lead us to the broad way. 'Haplous'(ἁπλους) as the origin of the word 'single'(πλεο in Greek) contains the meaning of 'wearing the crown of thorns or going through hardships.' That is to say, that Jesus Christ put on the crown of thorns and went through the hardships is 'single or sound.'

Those who have the eyes of Jesus Christ follow the trace of the Lord with the same discrimination of the Lord. As the bride saint goes to the way of suffering, the strait and narrow road Jesus Christ went through put on the crown of thorns, considering it as the same joy with the same discrimination of the Lord, the bridegroom Jesus Christ admires and praises that 'your eyes are fair like doves' eyes.'

Those who proceed with such determination and faith actually have the intense eye. Moreover, they have the eyes filled with love.

The faith like a dove means the fidelity and constancy of the faith and that the eyes are like doves' eyes means to have the same discrimination of Jesus Christ. The faith like a dove is expressed the Word Jesus Christ sent His disciples in Matthew 10:16 that He send them forth as sheep in the midst of wolves: be they therefore wise as serpents, and harmless as doves.

It means that Jesus Christ said to them to be killed by the wolves at last, witnessing Jesus Christ in the midst of wolves. However, although their bodies are killed, it would be the victory of the faith; this is doves.

Thy Hair Is as a Flock of Goats, That Appear from Mount Gilead

Goats are the flock to offer God as an offering. When we watch the flock of goats to rest themselves, goats are sitting in a line like surging waves.

On the other hand, the flock of sheep is bunched together because the sheep are stupid, so they step on one another.

The reason why we put goats in the flock of the sheep is that goats play a role to scatter the sheep not to be stepped one another to death, when the sheep bunch up. Goats do not raise their back. They try to unite with the whole members, giving up their own will.

Hair symbolizes wisdom; therefore, the wisdom of the bride saint is like the flock of goats of Mt. Gilead.

Mt. Gilead in Genesis 31:23 is the place where Jacob stayed after seven days' journey both by day and by night, carrying away all his cattle, and all his goods and family unawares to Laban, his uncle. Running seven days' journey both by day and by night, there is no sheep that was fallen down, hurt or tired.

Likewise, the wisdom of the bride is like the sheep to reach the Mt. Gilead after running seven days' journey both by day and by night; that is, she has the trained knowledge of the impregnable faith. In other words, the Lord praises that she has the very powerful wisdom to set up on the faith. When we have the wisdom to reach the strong faith after the training and hardship of the faith, it means the hair of Mt. Gilead.

In addition, the hair like the flock of goats does not mean to break the harmony of the whole thing because of raising their back, but to be in harmony happily and beautifully together. It is written in Hebrews 12:14 that follow peace with all men, and holiness, without which no man shall see the Lord. It means that only those who get along amicably shall welcome and receive the Lord.

For the sake of his body, which is the church, for the whole members, for the kingdom of the Lord, for the will of the Lord, to dedicate ourselves to get along amicably is like the flock of goats.

4:2 Thy teeth are like a flock of sheep that are even shorn, which came up from the washing; whereof every one bear twins, and none is barren among them.

Thy teeth are like a flock of sheep that are even shorn, which came up from the washing

That 'thy teeth are like a flock of sheep which came up from the washing' means that the teeth of the bride are clean and excellent. If we have the strong teeth, we eat well just about any type of food. Then, the bride has the excellent teeth to eat any type of the spiritual food.

That the teeth of the bride are like a flock of sheep which came up from the washing means to be clean after repenting by the righteousness and the Word of Jesus Christ.

If the righteousness of men was destroyed by the righteousness of Jesus Christ, it would be that they came up from the washing. Moreover, it is written that your teeth are like the flock of the sheep(ewes). Ewes are the sheep to bring forth their young, so they are mature. That is to say, your teeth are the teeth not to eat mild food such as milk or porridge only, but to have the strong meat(Hebrews 5:12). In order to be made like these teeth, first of all we should come up from the washing after clearly washing away. The only way is to be the holy one by repentance through only the righteousness of God, the Word of God.

And then, getting maturer we can be the teeth of the adult to be able to eat the strong meat. As understood the Word and repented continuously, the next stage is to stand on the mature state to bear the young. To do that, we should eat the suitable strong food. Furthermore, it is written that every one bears twins as well as ewes to bear their young. It means to bear the same one who has the same knowledge to know the Christ. Especially, the sign to be united with the same knowledge to know the Christ to come again is to seal the seal of living God in their foreheads(Revelation 7:3).

As the mark to be united in the thoughts between the bride and the Christ to come again, we have the seal in our foreheads. Like this, those who were sealed will be used as the worker of God in the day of tribulation and the number of the people is 144,000(Revelation 7:4). It is the same as we bear twins. Without difference from the Christ to come again, we would know the same knowledge like the Christ and be united with the Christ in our thoughts. Likewise, we all and the Christ to come again should be twins. Those who reach the glory of the first resurrection and the servants to be used in the day of tribulation(sealed the seal of living God in their foreheads) have the teeth to be able to eat the food to bear the twins. Our teeth should be the teeth to be able to eat the strong food(Word).

4:3 Thy lips are like a thread of scarlet, and thy speech is comely: thy temples are like a piece of a pomegranate within thy locks.

Thy lips are like a thread of scarlet

Since the lips of the bride saint are so beautiful, the bridegroom Jesus Christ kisses her and says that 'your lips are unite with mine.' The thread of scarlet was the mark of salvation in the house of Rahab(Joshua 2:21). In addition, the blood of Jesus Christ is also scarlet.

That thy lips are like a thread of scarlet means what you speak and confess is to give thanks for the grace to be eternally forgiven through the blood of Jesus Christ. Moreover, to sing all the time that my old self died by the grace of the precious blood of the Lord and changed into the new one is the scarlet lips.

Thy temples are like a piece of a pomegranate within thy locks

'Temples' mean face, which represents his or her own self.

What we are made, what our inner selves reveal appears as our temples. To specifically present my whole body is the temples. That thy temples are like a piece of a pomegranate means that the one side of temple is the bride and the other side of temple is the face of the bridegroom Jesus Christ.

When we split a pomegranate, there are full of the kernel seed there. The seed means life. The temples like a piece of a pomegranate is the figure of the inner person filled with the life to bear the fruits for the eternal life. "You are full of the life to bear the suitable fruits for the eternal life that does not belong to this world, but belong to the kingdom of heaven!" praises the bridegroom Jesus Christ. 'Locks' as we have thought about it in verse 1, mean the knowledge of the truth of the Christ; thus, they are like a piece of a pomegranate in Christ.

4:4 Thy neck is like the tower of David builded for an armoury, whereon there hang a thousand bucklers, all shields of mighty men.

Thy neck is like the tower of David builded for an armoury

Thy neck is like the tower of David builded for an armoury, whereon there hang a thousand bucklers, all shields of mighty men. The 'neck' symbolizes life. Why is the neck(life) of the bride beautiful? Because she has the neck like a soldier to keep the armoury at the risk of his life. It is the greater damage rather that an armoury falls into enemy hands than that some soldiers die in the warfield.

Accordingly, the bride saint is the life to lead the life with the faith of martyrdom like the soldiers of David to keep the armoury at the risk of their life. That the shields are hung on the tower means that they hung their shields after their fighting. The 'bucklers' mean to win a victory against the small problems every moment and the 'shields' mean to be martyred as the victory with our whole body because the shields are to protect and defense.

It is written in Daniel 12:1 that at that time shall Michael, the great prince, stand up for us. It does not mean to stand up for us not to die in our physical bodies, but to be the winner through the martyrdom. Therefore, your neck, as the bride, becomes the life not only to win the victory all the time against the small things, but also to be martyred, winning consecutive victories. Since your neck is the life to lead the life at the risk of your life, when the Lord looks at it, it is too much beautiful.

4:5 Thy two breasts are like two young roes that are twins, which feed among the lilies.

Thy two breasts are like two young roes that are twins which feed among the lilies.

Two breasts indicate her bosom. The breasts of the bride can be touched only by the bridegroom Jesus Christ. Breasts are the milk of life and have the spiritual milk. It is written in 1 Peter 2:2 that desire the sincere milk of the word. When we look for the spiritual milk and continuously drink, we may be the twin breasts to bring up the same(twin) people, because of the breasts like two twin roes. That is to say, we have the same breasts to bring up the same people who have the knowledge to know the Christ, the faith and knowledge to know the Christ to come again and the wisdom and knowledge to know the Father God.

Although we are full of the Word to be larger breasts, if we do not witness, the bridegroom Jesus Christ offers us the opportunity to witness. Paul the apostle said that he brought up the people even as a nursing mother in the church of Thessalonians(1 Thessalonians 2:7). Paul was like the nursing mother to bring them up. We should breast-feed a baby and bring up like two young roes that are twins. We must be the rearers of the Word to set up the martyrs and two witnesses.

Lilies have the characteristic to abundantly emit a sweet fragrance. When we give the glory only to the Christ and purely praise God, it is filled with the sweet fragrance of the flower. Although the wind rises and lilies get pricked by thorns, the one who gives thanks to the glorious Lord is the bride saint.

(2) Until the Day Breaks, I Will Get Me to the Mountain of Myrrh, and to the Hill of Frankincense

4:6 Until the day break, and the shadows flee away, I will get me to the mountain of myrrh, and to the hill of frankincense.

As it is also mentioned in 2:17, the expression that 'until the day breaks, and the shadows flee away.' that the day breaks means that the time of the last days has come and that the shadows flee away means that the 7-year tribulation when the light disappears and the darkness rules over starts.

Thus, the expression that 'until the day breaks, and the shadows flee away' indicates the time when the Antichrist, the ruler of the darkness, appears, and the time when the tribulation begins, for the churches and believers then.

'The mountain of myrrh' means Mt. Calvary Jesus Christ shed His blood. 'The hill of frankincense' is Gethsemane where Jesus Christ prayed before shedding His blood in the mountain of myrrh, and He went to the mountain of myrrh at last according to the will of Father.

Like this, Jesus Christ who was slain in advance will go to the mountain of myrrh and the hill of frankincense in the day of the tribulation when the day breaks, and the shadows flee away in the future. It means that He leads the bride saint to the same way that Jesus Christ went. That is, with the guide of the Lord, He will make us be martyred led to the mountain of myrrh and the hill of frankincense.

4:7 Thou art all fair, my love; there is no spot in thee.

The believers themselves cannot be those who are flawless. We are those who have the sinful thought, mind and heart in everything like drinking water of sin and crime.

But God the Father sent us the only begotten Son as our Saviour so that Jesus Christ may bring us up to the faith of the bride and pour up His love into us. As we are the righteous who wear 100% righteousness of Jesus Christ and the bride saints filled with the love of truth of Jesus Christ to the brim, when the Lord looks at us, He considers that we are all fair and no spot in us.

(3) I Am Listening to the First Voice to Say "My Spouse"

4:8 Come with me from Lebanon, my spouse, with me from Lebanon: look from the top of Amana, from the top of Shenir and Hermon, from the lions' dens, from the mountains of the leopards.

'The song of Solomon' is the association of love between the bride saint and the bridegroom Jesus Christ; by the way, there is not the title 'my spouse' until this verse, because the ground is the Word of verse 6. Since she is confirmed as the martyr to go to the mountain of myrrh with Jesus Christ, He said to her "my spouse." Since confirmed as the bride of Jesus Christ to come again, we have led our lives as the sheep to be slain. Then the Lord examined the believer in the standpoint of the Lord and says to her or him "my spouse."

As we are confirmed as those who go to the mountain of myrrh, the Lord says to us to come with Him from Lebanon. In this context, 'with' does not mean that the bridegroom Jesus Christ comes with the bride saint, but that it is the work to bear the fruits to witness through the mouth of the bride by the bridegroom Jesus Christ.

The highest mountain Hermon is the mountain covered with snow all year round. The mountain Hermon is also called Mt. Amana or Shenir.

That the bridegroom Jesus Christ wants the bride to be fixed as the one who will be martyred to go to the highest mountain with Him is the same that the Lord showed His three disciples the glory of the resurrection of Jesus Christ after bringing them up into the high mountain apart in Matthew 17:1.

It is the work to make the bride saint prepare for her martyrdom with all kinds of truth. That is, it is to make her prepare for the one who will receive the glory as the reality of the faith and enjoy it. In addition, it is also to make her prepare more gospel and truth. Furthermore, He makes us have a good head on our shoulders in spiritual areas. Also, we surely receive and have the fact that we will enter the wedding ceremony with the bridegroom Jesus Christ after a while. When we receive this Word, we should look at it and believe that all of us will be led by the Lord to the place the Lord wants to go and see what it will be fulfilled with the Lord there in our spiritual eyes.

Finally, we will see the lions' dens and the mountains of the leopards, having the higher spiritual understanding with the Lord on the top of the mountain Hermon. "The lions' dens" is the same den of Revelation 18:2.

And he cried mightily with a strong voice, saying, Babylon the great is fallen, is fallen, and is become the habitation of devils, and the hold of every foul spirit, and a cage of every unclean and hateful bird. (Revelation 18:2)

Babylon the great to become the prostitute church drunk of the wine of fornication is the habitation of devils, and the hold of every foul spirit, and a cage of every unclean and hateful bird.

That the bride saint looks the lions' dens from the top of the mountain Hermon means that she understands the prostitute Babylon and realizes it.

That is, she looks the identity of the prostitute church and clearly understands it; therefore, she understands that the renegade church drunk of the wine of fornication is sitting on the beast, the Antichrist, enjoying the worldly luxury and glory with the beast.

'The mountains of the leopards' relate to the Word of Revelation 13:2 that the beast having seven heads and ten horns was like unto a leopard. The beast indicates the Antichrist. The identity of the Antichrist is like a leopard. Who is in 'the mountains of the leopards' then? There is the Antichrist symbolized as the leopards.

As there are colorful patterns on the skin of leopards, although the Antichrist seems to be beautiful because of crying out peace and love, in fact the Antichrist is the one that sits on the place of God called himself the Christ. In addition, the beast the Antichrist is the one who cruelly tears an opponents of the beast apart limb from limb surely like the spiritual leopard.

When we clearly see the identity of the Antichrist and all things of the Antichrist and realize them with the higher discernment, we would be those who look at the mountains of the leopards on the top of the Mt. Hermon. Nowadays, it is most important for us to be confirmed as the bride. Once we are confirmed as the bride, the Lord makes us go up to the top of the Mt. Hermon and prepare again. That is, the Lord makes us be those who have the glory of the first resurrection and have the higher discernment in order to directly protest Babylon the great and the Antichrist and expose and witness.

4:9 Thou hast ravished my heart, my sister, my spouse; thou hast ravished my heart with one of thine eyes, with one chain of thy neck.

In this context, the new title of the bride appears, and then Jesus Christ calls the bride saint 'my sister.' Abraham said that Sarah was "his sister" in front of Abimelech in Genesis 20:12.

Because Sarah became the wife of Abraham as the daughter of the father of Abraham. And to conclude, both Abraham and Sarah had the same father. That God set up Abraham as the father of faith and made Sarah, his friend and sister, become his wife is the shadow to teach us the antitype on the relationship between God and Jesus Christ and us in faith.

If we receive the glory of the first resurrection through our martyrdom, we will be the same spiritual body, the resurrected body, like the Lord. At that time, the relationship between Jesus Christ and us will be the relationship that Jesus Christ is the elder brother and we are his sisters.

Now we cannot call Jesus Christ our brother. Jesus Christ is the Saviour to save me and the Lord to make me be martyred. Although Jesus Christ is the only begotten Son, He is God. Could Jesus Christ be our brother, because the children of God were born through the life from God the Father? Never. If we enter the wedding ceremony as the bride of Jesus Christ, the same glorious resurrected body like Jesus Christ after receiving the glory of the first resurrection through the martyrdom, at that time, both Jesus Christ and we will be the same siblings born of God the Father.

Since the bride saint had these things as the reality on the top of the mountain Hermon, the bridegroom Jesus Christ called her 'my sister' changing her title. Therefore, my faith reaches the position of the bride to marry in the wedding ceremony of the Lamb, the Lord calls me 'my sister, my spouse' changing my title. Until the Lord calls me 'my sister, my spouse' the bridegroom Jesus Christ has continuously led the level of faith of the bride saint. For the first time, He called the bride saint 'O, my love' and then 'my dove' and the next time 'my bride.'

It is written that 'thou hast ravished my heart, my sister, my spouse'; it means that the bride saint captivated the heart of the bridegroom Jesus Christ with one of her eyes, with one chain of her neck. The eyes of the bride saint are the eyes of the dove in 4:1; it means the eye of truth, the eyes of Jesus Christ.

It is written in Matthew 6:22–23 that the light of the body is the eye: if therefore thine eye be single, thy whole body shall be full of light. But if thine eye be evil, thy whole body shall be full of darkness. That is to say, if we have the eye of Jesus Christ, our eyes become single, but if we have the eye of the Devil, ours are evil. If we have the eye of Jesus Christ, we shall follow the way of life Jesus Christ went.

As Jesus Christ was suffered on the earth and received the glory through the death on the cross, those who have discernment to follow the same traces of the glorious Lord are to have the eyes of doves. That we have the fidelity of our faith to go the same way of suffering and distress like Jesus Christ and the same discernment is to have the eyes of doves. Until the eyes of the bride saint become the doves' eyes, Jesus Christ has continuously led.

Thus, Jesus Christ says that, "You became the doves' eyes, the eyes have ravished my heart," looking at the bride with doves' eyes. If we want to ravish the heart of the Lord, we should have the doves' eyes.

In addition, it is written that the bride saint have ravished the heart of the bridegroom Jesus Christ with one chain of her neck. In Song of Songs 1:10, the bride saint has the beautiful chains of gold. It means the spiritual life of the bride saint to look for the glory of the first resurrection and lead her life with that.

Furthermore, as the Trinity God will make the bride saint borders of gold with studs of silver in Song of Songs 1:11, finally the bridegroom Jesus Christ brought the bride saint to the mountain of myrrh, and to the hill of frankincense in 4:6. It means that to be confirmed as the one who will be martyred become the bride as she wish the glory of the first resurrection by faith.

Now, she is confirmed to be the one who will be martyred and became the bride to be considered as the sheep to be slain. The life to lead her life being considered as the sheep to be slain is the golden chain in 4:9.

When we have the glory to give those who will be martyred as the reality, because of filling with the joy, we cannot bear the urge to have to witness it. Therefore, when we strive to set up the bride like us and lead our lives with the life to bear the fruits, that would be one chain of the neckof the bride.

In order to be martyred, not only the bride herself, but also others, the Lord is glad to see the neck of the bride to run with the life to witness the truth and bear the fruits and it is to ravish the heart of the Lord.

The one who wants to be martyred is completely different from the one who is confirmed as the martyr. The one who is confirmed as the one to be martyred is only to embrace and love even though anyone to harm or hurt him.

4:10 How fair is thy love, my sister, my spouse! how much better is thy love than wine! and the smell of thine ointments than all spices!

The Lord repeatedly calls the bride 'my sister, my spouse' following verse 9. This title means the spiritual state of the bride saint who become the bride to be firstly resurrected and stand on the place of the resurrected body to enter the wedding ceremony by faith.

It is written that 'how much better is thy love than wine!' It means the same expression of Song of Songs 1:2 that thy love is better than wine. Wine indicates the love Jesus Christ who firstly came eternally forgave my sin.

The wine of the Eucharist is to remember the Lord. 'Thy love' that is greater than this wine menas the love to love the bridegroom Jesus Christ to come again.

To receive the grace of redemption of Jesus Christ is the

wonderful love, but the greater love is the love Jesus Christ who will come again gives. Those who receive and have that the Lord makes them the same glorious body like Jesus Christ given the glory of the first resurrection are those who have the love of Jesus Christ who will come again.

The one who received the love of the bridegroom Jesus Christ and has it would love the bridegroom Jesus Christ with that love; it means 'thy love.' 'My sister, my spouse' is to enjoy the delight that Jesus Christ who will come again is my bridegroom and I become His bride and enter the wedding ceremony together as the reality and love the bridegroom Jesus Christ.

Now, it is great blessing that we as the people of faith live with joy as the body to bear the fruits; much more confess we that the blessing we are allowed to live as the same resurrected body like the bridegroom Jesus Christ is greater.

'The smell of thine ointments than all spices!' have already mentioned in Song of Songs 1:3. Oil symbolizes the Holy Spirit Jesus Christ pours. The Lord pours the Holy Spirit to the people who believe in Jesus Christ to lead their lives to bear the fruits. The Holy Spirit Jesus Christ who will come again pours is different from the fulfillment of the Holy Spirit in the period of grace; that is, He pours the Seven Spirits to us.

The seven spirits, the Holy Spirit, makes us not only be martyred in the day of tribulation, but also bear the fruits by the seven spirits; that is 'the smell of thine ointments.' That the bride saint who received the seven spirits revives and makes another soul set up the same bride like herself is to emit a sweet fragrance of life. This is the smell of ointments of the bride saint.

'All spices' includes that the believer prays to God and bears the fruits through the Holy Spirit, such as love, meekness, temperance and so on. To bear the fruits through the answer of the prayer is the beautiful spices.

By the way, the smell of ointments of the bride saint is better than all of these spices. As the one who received the seven spirits in order to be martyred in the day of tribulation after Jesus Christ prepares the tribulation that there is not from the creation of the world for me, to bear the fruits is to be the aroma of the Christ to reach the life.

4:11 Thy lips, O my spouse, drop as the honeycomb: honey and milk are under thy tongue; and the smell of thy garments is like the smell of Lebanon.

The expression of 'O my spouse' is the title Jesus Christ as the bridegroom calls the saint to be confirmed as the martyr. The lips of the bride means the mouth to speak. When the bride opens her mouth, there comes the Word just slipped out of her; it indicates that thy lips drop as the honeycomb. The Word the bride witnesses is to witness that Jesus Christ to come again becomes our bridegroom.

It is written that 'honey and milk are under thy tongue.' Honey is the Word to give us the true blessing, the blessing of the eternal life as a sweet. On the contrary, the bitter thing is the Word to show us the worldly blessings.

It is written in Psalms 19:10 that the Word of God is sweeter also than honey and the honeycomb. Since the Word from the mouth of the bride saint is the Word only to give the true blessing, to be the blessing of the eternal life of the kingdom of heaven, it is expressed that honey and milk are under thy tongue.

In addition, it is written that milk are under the tongue of the bride(1 Peter 2:2). As babies grow up by eating the free milk from their mother, the Word from the mouth of the bride saint is like that. The spiritual milk the bride saint witnesses is the Word to make people lead their lives only by the 100% grace and righteousness of God, without any human loyalty and righteousness. It means that she becomes the bride to enlighten and bring up with the spiritual milk.

It is written that 'the smell of thy garments is like the smell of Lebanon.' And the garment of the bride is fine linen, clean and white in Revelation 19:8; this fine linen is the righteousness of saints. 'The righteousness of saints' is the same meaning of 'the righteousness of God.' The bride prepared for the wife of the Lamb on the wedding ceremony is those who were martyred only led by the righteousness of God; at last, they have invited to the place of the wedding banquet.

Also before the bride saint was martyred, Jesus Christ led her faith and made her win the victory by faith. The sayings and doings and heart and mind of the bride saint to bear the fruits by the righteousness of God are like that 'the smell of thy garments is like the smell of Lebanon.' That it is like the smell of thy garments is like the smell of Lebanon means her higher level of the refined and noble sayings and doings and heart and mind.

When Paul preached the Gospel, many people believed in Jesus Christ; among them, there were the honourable women which were Greeks(Acts 17:12). Likewise, it means that the sayings and doings and heart and mind of the bride saint are only honorable and refined higher level like the honourable women.

(4) A Garden Inclosed Is My Spouse; a Spring Shut Up, a Fountain Sealed

4:12 A garden inclosed is my sister, my spouse; a spring shut up, a fountain sealed.

'My spouse' is the one who is confirmed as the one to be martyred, loves Jesus Christ to the end and even for Him will be martyred. Moreover, the one who stands on the place to witness the bridegroom Jesus Christ is 'my spouse.'

'My sister' is the relationship that Jesus Christ becomes my elder brother and I become His sister; it is not the relationship of today to lead our spiritual life of faith. The present relationship is that Jesus Christ is my Saviour and Lord. Is this relationship formed on the time to be martyred or on the time to have gone up to the heaven after being martyred, then? This relationship will be formed on the time that the martyrs are firstly resurrected when Jesus Christ comes again. Only the martyrs among the saints will be firstly resurrected as their rewards and they will be the bride of the Christ to come again. At that time when they wear the same glorious body as the Christ, both Jesus Christ as the resurrected body and the bride saint as the resurrected body become the sons of God the Father. He used the title of that time in advance.

The bride saint reached 4:12 leads her life receiving the glory to reveal after the first resurrection in advance; therefore, she is ahead of us in the level of faith.

A Garden Inclosed Is My Spouse

Nobody can open a inclosed garden, but only the one who has the key to the garden can open it. Since the bride saint is like the inclosed garden, only Jesus Christ can enter it, but the heresy or untruth cannot. That is, the inclosed garden is the faith to say that 'I am His, He is mine,' so we only see what Jesus Christ reveals.

The garden of Eden in the 3rd chapter of Genesis developed the inclosed garden and furthermore, will become the holy city New Jerusalem. In the garden of Eden, the Devil could enter it. It is the permitted work that the Devil temporary entered it in order to be fulfilled the salvation of the soul through Melchizedek by God.

However, in the inclosed garden, God did not allow the Devil to enter it. Only the bridegroom Jesus Christ to come again can come in and go out of the garden. There are flowers and fruits, all kinds of trees of frankincense and spices; there is also a spring shut up and more closely examined, there is the a fountain sealed.

My Spouse Is a Spring Shut Up

It is written in Genesis 29:1 and below that when all the flocks gathered: and many shepherds rolled the stone from the well's mouth, and watered the sheep. Then, Jacob rolled the stone with his own strength and watered the flock of Laban Rachel took care of(Genesis 29:10). Jacob was not such a shepherd like other common shepherds, but the servant of God to water the sheep, opening the cover of the sealed spring as the one who has the covenant of God. Without the cover of the spring, the rainwater could enter it and the dirty one, too.

Since my spouse is the spring shut up, when someone opens it in order to drink water; the one who opens it is the Spirit of the Truth. The saint who is led by only the Spirit of the Truth, the Word of Truth is my spouse and the golden candlestick church.

Although, today our church and believers have a tendency to accept everything, we should be the spring shut up. In the 10th chapter of John, Jesus Christ is the good shepherd and the sheep are believers. In this context, the shepherd of the sheep enters the door of the sheep; the porter opens the door and the sheep hear the voice of the shepherd.

The porter is the Holy Spirit. They are, however, a thief and a robber who climbs up some other way. Anyone cannot open the spring shut up, but the spirit of the truth only; therefore, the one who eats only the truth is the bride.

My Spouse Is a Fountain Sealed

The key of the sealed fountain belongs to the bridegroom Jesus Christ. Unless He will open the sealed fountain with His key, it could not be opened. If the bridegroom Jesus Christ opens the sealed fountain, what does come from there? The living water would pour out freely and rapidly.

I Jesus have sent mine angel to testify unto you these things in the churches. I am the root and the offspring of David, and the bright and morning star. And the Spirit and the bride say, Come. And let him that heareth say, Come. And let him that is athirst come. And whosoever will, let him take the water of life freely. For I testify unto every man that heareth the words of the prophecy of this book, If any man shall add unto these things, God shall add unto him the plagues that are written in this book. (Revelation 22:16-18)

The Word of Revelation is the sealed fountain like the gospel of the secret room. It is written in Revelation 22:16 that 'I Jesus testify unto you these things in the churches.' If the main character, the bridegroom Jesus Christ, does not open the word of prophecy, nobody can open it; if He opens it, no one can close it. This is the sealed fountain. The one who opens the sealed fountain and let us drink freely is the bridegroom Jesus Christ.

4:13 Thy plants are an orchard of pomegranates, with pleasant fruits; camphire, with spikenard,

4:14 Spikenard and saffron; calamus and cinnamon, with all trees of frankincense; myrrh and aloes, with all the chief spices:

The inclosed garden in verse 12 is the garden to welcome the bridegroom Jesus Christ only, so only Jesus Christ can open the garden and be coming and going all the time. In the garden, there are all kinds of beautiful trees and fruits including frankincense and spices of verses 13-14; therefore, the bridegroom Jesus Christ eats all fruits and smells all kinds of spices and so on. To be glad and praise as the bride saint is all kinds of beautiful trees and fruits including frankincense and spices in this garden. Moreover, it also means the figure to grow up continuously bearing the fruits in the perfect level of faith of the bride saint.

It is written that 'thy plants are an orchard of pomegranates with pleasant fruits' in this context. And it is also said in Song of Songs 4:3 that the temples of the bride are like a piece of a pomegranate.

The characteristic of pomegranates is many seeds. The seed symbolizes life, especially the life to bear the fruits of the eternal life. Likewise, the bride saint is full of the work to bear the limitless fruits of the eternal life.

'Spikenard' is the ointment Mary anointed the feet of Jesus Christ(John 12:3). This is her behavior in appreciation of the grace of salvation by Jesus Christ. In addition, a prostitute anointed the feet of Jesus Christ with the ointment(Luke 7:38).

The prostitute also anointed in appreciation of the grace of salvation to save even her. Like this, that the garden is full of spikenard means that my bride is full of appreciation. There is no rumblings of discontent. Now, there is nothing incomplete. We have only to give thanks for making us Christians and for looking forward to Jesus Christ to return.

'Saffron' is like camphire(1:14). The bride enjoys the peaceful relationship with the bridegroom Jesus Christ. There is no barrier between them. She enjoys the relationship in harmony that she faces the face of the bridegroom Jesus Christ all the time. In such a basic relationship, it is full of love connection that the bride is loved by the bridegroom Jesus Christ and loves Him.

'Calamus' is a flower to blossom in rock aperture of the side of waterfall. Through the general revelation of calamus to blossom in rock aperture of the side of water apart from the soil, the Holy Spirit makes us understand. Calamus means to be divinely separated from the worldly and physical things. That the garden is full of calamus means that the bride is divinely separated.

She does not walk in the counsel of the ungodly, nor stand in the way of sinners, nor sit in the seat of the scornful; furthermore, she does not belong to the prostitute church. The bridegroom Jesus Christ loves such a figure of the bride.

'Cinnamon' symbolizes holiness. When we chew cinnamon, the bad smell completely disappears in the mouth. Likewise, when Jesus Christ enters us who commit sins and crimes like drinking water, we become the possession of Jesus Christ who is holy and clean. When they make an holy anointing oil, they put cinnamon and calamus in the oil of holy ointment(Exodus 30:22-25). When they differentiate all the vessels from others, and Aaron and his sons were consecrated, the holy anointing oil was used. My bride is holy and not stained with dirt. In the meaning of sinlessness, it is said that there is the full of cinnamon.

All trees of frankincense, myrrh and aloes, with all the chief spices are the materials of incense that mean the prayer.

And when he had taken the book, the four beasts and four and twenty elders fell down before the Lamb, having every one of them harps, and golden vials full of odours, which are the prayers of saints. (Revelation 5:8)

And another angel came and stood at the altar, having a golden censer; and there was given unto him much incense, that he should offer it with the prayers of all saints upon the golden altar which was before the throne. (Revelation 8:3)

The prayers of saints are expressed as incense; that the garden is full of the materials of incense means that the bride saint has a conversation with the bridegroom Jesus Christ in the Holy Spirit all the time.

Especially, myrrh is the material of incense not to decay; therefore, the bride who stands on the faith of martyrdom not to decay eternally emits the specially sweet fragrance.

Since Shadrach, Meshach, and Abednego highly exalted God, they willing to be cast into the lowest burning fiery furnace. When three friends confessed to highly exalt God, how delightful Jesus Christ who listened to it? It is to emit the sweet fragrance of myrrh and only Jesus Christ accepts it.

4:15 A fountain of gardens, a well of living waters, and streams from Lebanon.

'A fountain of gardens' is the sealed one in verse 12; it means Revelation, the gospel of the secret room. Since only Jesus Christ has opened the Word of Revelation to the bride saint, the fountain flows in the garden.

'A well of living waters' is the inclosed well in verse 12 that means the bride church. As the living water flows from the church pulpit, the believers receive and drink it. By the way, only through the Spirit of the truth, God makes it overflow with the Word of the eternal life.

Especially, by Jesus Christ to return, God makes the pulpit overflow with the Word of the glory of the first resurrection. The well of living waters in the garden are not the stagnant well. The well of living waters in the garden burst into the garden and flow over it, so all kinds of trees, flowers and the materials of incense can grow up.

In the garden, that is, to the bride saint, 'there are streams from Lebanon.' For the bride saint, as the living water from the well and the pulpit overflows to make streams, it become the lifeline to wet the garden. First of all, the Christ overflowed like the streams. That Jesus Christ devoted Himself to others, saved them and made them grow up until Christ is formed in them without defect and blemish is that He has overflowed like the streams. And the one who is like a tree planted by the rivers of water, that brings forth his fruit in his season; his leaf also shall not wither; and whatsoever he does shall prosper(Psalms 1:1).

That the bride of the Christ is like streams means that she is used to make other souls grow up and bear the fruits while dedicating herself for others. Also the bride saint as the bridegroom Jesus Christ, devotes herself to others, makes all kinds of trees and the materials of incense grow up and bear the fruits.

4:16 Awake, O north wind; and come, thou south; blow upon my garden, that the spices thereof may flow out. Let my beloved come into his garden, and eat his pleasant fruits.

And to conclude, what is the work of the Lord to make all kinds of beautiful fruits and flowers, and the materials of incense in the garden emit their sweet fragrance much more and bear the abundant fruit?

That is to make the north and south wind blow upon the garden of the Lord in order to emit their sweet fragrance much more and bear the abundant fruit. The north and south wind symbolizes the tribulation.

Due to the fact that we love only the bridegroom Jesus Christ, if we are persecuted and suffer great losses, it is the north and south wind. Furthermore, the 7-year tribulation to come is also the north and south wind.

Those who stand on the faith of martyrdom rather praise and give thanks to the Lord and glorify Him more and more during the tribulation and distress. This is that the bride saint(the garden) emits much more fragrance because of the north and south wind; therefore, Jesus Christ willingly accepts this fragrance. The work to bear the fruits is the same like this.

Chapter FIVE

THE BRIDEGROOM COME TO HER TO GIVE THE GREATER GRACE, THE BRIDE TO WITNESS HIM

(1) Although I Sleep, "Open to Me" I Hear the Voice of My Bridegroom

5:1 I am come into my garden, my sister, my spouse: I have gathered my myrrh with my spice; I have eaten my honeycomb with my honey; I have drunk my wine with my milk: eat, O friends; drink, yea, drink abundantly, O beloved.

The inclosed garden, the bride, is the garden to welcome and allow only the bridegroom Jesus Christ. The reason why Jesus Christ who came in the garden said that all of them are 'mine,' such as 'my' garden, 'my' materials of incense, 'my' honey etc. is because the bride received the belongings of the Lord and produced the fruits for the bridegroom Jesus Christ only.

The garden produces the fruits for the bridegroom Jesus Christ only and the bridegroom Jesus Christ gladly accepts the abundant fruits the bride produced.

All kinds of the trees, flowers and fruits in the garden indicate the spiritual life of the bride. In the Word of the 1st verse, there are some features to bear the fruits for the Lord only, surely place my aims of life on the Lord, give the glory to Him and follow and obey Him.

'My myrrh' means that the bride who realized that Jesus Christ became the sacrifice of redemption on the cross is also waiting for her martyrdom following the bridegroom Jesus Christ. This is to take 'my myrrh' to be pleased by the Lord. As the bride follows the bridegroom Jesus Christ, she follows even to be the sacrifice by the death of the bridegroom Jesus Christ on the cross.

That the bridegroom Jesus Christ gathers 'my spice' means to happily accept the prayer of the bride. That 'I have eaten my honeycomb with my honey' means that there is honey under the tongue of the bride because she became the garden and is full of overflowing honeycomb with honey on the lips of the bride; and then the bridegroom Jesus Christ accept it. Whenever the bride opens her mouth, the Word the Lord gave and spiritual milk would flow from her mouth. 'My wine' means the gospel of salvation(the gospel of redemption) Jesus Christ shed His blood and saved us from our sin. That the bridegroom Jesus Christ has drunk the wine means that the Lord gladly accepts the bride who believes in the gospel of redemption, gives thanks to the Lord, not forgetting the grace of salvation, belongs to the Lord and follow Him.

That 'eat, O friends; drink, yea, drink abundantly, O beloved' is the scene of the banquet house. In our traditional custom, if there is a house to hold the feast, all of the village is filled with the smell of food and oil and all the people who live in the neighbor villages and even the group of beggars visit the house and have fun and enjoy eating and drinking.

Likewise, when the Lord comes again, the wedding banquet will be held. If we have the scenes of the Lord's return and the wedding banquet of the New Jerusalem Castle, the bride, in the 19th and 21st chapters of Revelation by faith, the Word of Song of Songs 5:1 can be easily understood. The Fest of the best joy id not only for the main characters, the bride and the bridegroom, but also for all.

The bride is 'the inclosed garden.' The first beginning of the garden is from the garden of Eden in the 2nd chapter of Genesis. The garden of Eden, the model of the heaven, is the archetype of the church.

The garden reached the book of "Song of Songs" as the inclosed garden perfectly decorated and shall be the holy city New Jerusalem, the wife of the Lamb in Revelation 21:9.

'Friends' indicate the people to congratulate the bridegroom Jesus Christ and the bride on their marriage and the angels and a multitude of the heavenly host. John the Baptist said in John 3:27-29 like this; John answered and said, A man can receive nothing, except it be given him from heaven. Ye yourselves bear me witness, that I said, I am not the Christ, but that I am sent before him. He that hath the bride is the bridegroom: but the friend of the bridegroom, which standeth and heareth him, rejoiceth greatly because of the bridegroom's voice: this my joy therefore is fulfilled.

When the bride saint as the inclosed garden bears the abundant fruits and fragrance, it was fulfilled, not for herself alone, but by the angels and the heavenly host the Lord sent; therefore, the angels that served gladly take part in the wedding ceremony of the bride.

In addition, those who were led to the prepared place from the judgement of the wrath of God and brought up during the latter 3 and a half years will be raptured and become the friends to celebrate on the day of the Second Advent of the Lord.

> 5:2 I sleep, but my heart waketh: it is the voice of my beloved that knocketh, saying, Open to me, my sister, my love, my dove, my undefiled: for my head is filled with dew, and my locks with the drops of the night.

Although the physical body sleeps, that the spirit is deeply associated with the Lord in oder to listen to the voice of the Lord and feel the Lord is that the heart awakes and the level of faith is very high. The bride saint listens to the voice the bridegroom Jesus Christ knocks. And the titles the Lord calls the bride are ‘my sister, my love, my dove, my undefiled.’

'My sister' means that the father of the elder brother is the same one of the sister. The time when the father of the bridegroom Jesus Christ is the same one of the bride saint is the time when the bride saint becomes the resurrected body to be made the elder brother–sister relationship between Jesus Christ and the bride saint.

Since the bride saint stands on such a faith, the bridegroom Jesus Christ calls her 'my sister.' 'My love' means that the bride saint who is loved by the Lord perfectly loves the Lord with the same love; therefore, He calls her 'my love.'

'My dove' means the fidelity of faith. Since the bride follows the bridegroom Jesus Christ to the end with the balanced direction, He calls her 'my dove.' Although 'my undefiled' has the meaning to be clean, it strongly emphasizes the meaning of perfection. Can we become the one who is perfect and faultless without spot, dirt, and defect in front of the Lord? With our own strength and righteousness, we cannot be the people who is perfect and faultless.

However, if the Lord recognizes us to be 'my undefiled' when He looks at us, we can be the people who is perfect and faultless. When we are covered with the 100% righteousness of Jesus Christ, it is possible. Since the Lord is perfect, I in Him am considered as the perfect one without any fault and spot and defect by Him. In contrast, if we have any righteousness of us, it would be defiled.

By the way, the situation that the bridegroom Jesus Christ says to the sleeping bride, 'open to me' is that a problem came up. When the bride became the wife of the bridegroom Jesus Christ, whenever the husband enters the bride, He can come to her without her permission.

Whenever the bridegroom Jesus Christ wants to enter her, the bride always welcome Him. In addition, it should not be the blocking door between the bridegroom Jesus Christ and the bride.

It means that there is kind of shortage in her, although she is the bride saint in verse 1 and has the high level of faith to awake her mind and heart. If the bride is together with the bridegroom Jesus Christ all the time and makes the relationship with no barrier between them, she forgets to sleep and wants to be always with the Lord.

By the way, in this text, although the Lord came to the bride taking long time filled with the dew of the night, the door is locked. Although the Lord continuously plays the role of grace for the bride saint, in what kind of state is the bride saint inside the door? It is the state of the mind of the bride that "it is enough!" with the spiritual abundance filled with the grace like the word of 1 Corinthians 15:10, because she have received too much grace up to now. This is the door to block between the bride and the bridegroom Jesus Christ.

However, the apostle Paul confessed that for I know nothing by myself; yet am I not hereby justified in 1 Corinthians 4:4. The bride saint do not maintain feeling of tension to receive the grace and love of the Lord filled up to the brim in His bosom and follow Him up to now. Although we are standing on the faith of the bride, we must infinitely run.

(2) Although I Made an Excuse for Putting Off My Coat and Having Washed My Feet

5:3 I have put off my coat; how shall I put it on? I have washed my feet; how shall I defile them?

That the bride saint put off her coat when she saw herself means that she is the righteous one put off the garment of the sin. And that she washed her feet means that the trace to lead her faithful life was washed with the washing of water by the word(Ephesians 5:26). It means to be done as the clean spiritual state without blame because of repenting and understanding by the Word.

Accordingly, the bride does not want to move again and be defiled, due to loving staying in her present spiritual situation. Although the bridegroom Jesus Christ wants to bestow more grace upon the bride saint to bear the fruits and enter the spiritually deeper stage of the grace, she does not open the door, making excuses of defiling her coat and feet.

5:4 My beloved put in his hand by the hole of the door, and my bowels were moved for him.

The Lord is still asking of opening the door; however, the bride is continuously in her bed not to stand up. At that time, the Lord put in His hand by the hole of the door. The Lord's hand is the bloody hand that was nailed to the cross.

Seeing the bloody hand of the Lord, anyone who is rebellious would come to consciousness and wakes up. Therefore, the bride saint came to consciousness and was moved for Him, after seeing the bloody hand of the Lord.

5:5 I rose up to open to my beloved; and my hands dropped with myrrh, and my fingers with sweet smelling myrrh, upon the handles of the lock.

Only when the bride saint saw the bloody hand of the Lord by the hole of the door, she recalled the grace of redemption of the Lord and the Lord who makes her the sacrifice of martyrdom like the Lord one more time and rose up to open with love. When she wants to welcome the Lord by opening the door, that myrrh dropped upon the handles of the lock means the death of redemption the Lord became the sacrifice to save me.

In addition, it also means the faith of martyrdom to follow the Lord who will make me be martyred as the sacrifice of martyrdom to the moment of death.

(3) I Opened the Door, but Could Not See My Bridegroom

5:6 I opened to my beloved; but my beloved had withdrawn himself, and was gone: my soul failed when he spake: I sought him, but I could not find him; I called him, but he gave me no answer.

The Lord has made the bride saint realize the work from verse 2 to 5 by speaking through the Holy Spirit. The Lord visited the bride saint to give her more grace. And then, when the bride saint opened the door, the Lord had already gone and there was no one. It was like the late repentance.

On the moment when the Holy Spirit makes us understand, when we listen to the Word, we should rightly respond and call Him at once. We must immediately respond, call and receive the grace, not hesitating, when He gives us the Word.

Otherwise, the time will be late. Therefore, the Bible says in Amos 5:4 that 'seek ye me, and ye shall live.' And it is also written in Isaiah 55:6 that 'seek ye the LORD while he may be found, call ye upon him while he is near.'

5:7 The watchmen that went about the city found me, they smote me, they wounded me; the keepers of the walls took away my veil from me.

'The city' already appeared in Song of Songs 3:2 and below.

The city on the great road, that is the big city will finally become the great Babylon by the time when it is the day of tribulation. The big city is shown for us to contrast the bride church; that is to say, 'the city' is the physical church, the church of the law, the churches not to be brought up and prepared for the faith of the bride. Such churches shall betray in the day of tribulation and become the prostitute. The watchmen that went about the city indicate the church leaders. It means that while the bride saint has seen by the church leaders of the big churches, visiting churches and prayer houses looking for the grace and wants to recover the lost thing, but she is rather hurt in spirit.

In addition, that they took away the veil of the bride saint means that the bride saint is in trouble rather than receive the grace in churches that shall be the whore, as Joseph was deprived of his garment by the wife of Potiphar, the woman who committed adultery. The bride saint may be hurt in spirit and taken by them and raped like Dinah, the daughter of Jacob, if it wrongly happens.

(4) The Bride Charges Daughters of Jerusalem

5:8 I charge you, O daughters of Jerusalem, if ye find my beloved, that ye tell him, that I am sick of love.

'Daughters of Jerusalem' indicate the physical believers of the physical churches who is differentiated from the bride saint. Since the bride saint looks for the bridegroom Jesus Christ in order to recover His grace and even is sick of love, she requests prayer to the daughters of Jerusalem. Because the bride saint was the one who had experienced the deep spiritual relationship with the Lord, she is sick of love like this, burning with yearning for the greater grace. This is not the experience to happen for the beginner of faith or the physical believers. As the one who stands on the place of the bride saint is extremely frustrated, while he or she tries to recover the grace going to churches, prayer houses or mountains, he or she purely requests prayer to the daughters of Jerusalem.

5:9 What is thy beloved more than another beloved, O thou fairest among women? What is thy beloved more than another beloved, that thou dost so charge us?

The content of the 9th verse is that the daughters of Jerusalem who did not reach such a spiritual level like the bride blame her, not accepting her prayer request.

That the daughters of Jerusalem says to the bride saint 'what is thy beloved more than another beloved, that thou dost so charge us?' means that although you fairest among women to stand on the faith of the bride have the best faith and say on the martyrdom, they blame the bride saint about her faith, saying like that we also believe in Jesus Christ and prepare for welcoming the Lord in awakening state all the time.

Due to the 7-year tribulation in the future, in order to welcome the Lord as the bridegroom when He returns, through martyrdom during the 7-year tribulation, they blame the Word we make the martyr even today. In contrast with the one who believes in the Word of Revelation to say on the Lord to return and the covenant and is led by the Word, the one who has no Word of Revelation without spiritual training, but has only the mind and heart to decide to receive the Lord to come again, shall actually create a commotion and betray Him in the day of tribulation.

By the way, they blame us like that 'if anyone believes in Jesus Christ, everyone becomes His bride; Is Jesus Christ you believe the bridegroom? Not only you, but also we can be martyred!'

While the worldly believers are watching for an opportunity to blame the deeper spiritual saints, if they find any fault, they trump up charges on even the slightest pretext and blame and trampled all over on them. Therefore, that the bride saint requests prayer to the daughters of Jerusalem is stupid.

(5) My Beloved Is the Chiefest among Ten Thousand (To Witness and Boast the Bridegroom Jesus Christ According to Experiences)

5:10 My beloved is white and ruddy, the chiefest among ten thousand.

The bride saint knows the bridegroom Jesus Christ well because of personal experiences with Him up to now. When the daughters of Jerusalem blame the bride saint, she is not still, but boasts the bridegroom Jesus Christ; it is the contents of the verses 10-16. However, the bridegroom Jesus Christ the bride saint witnesses is the Lord the daughters of Jerusalem have not experienced at all. Likewise, if we have many experiences about Jesus Christ and the work of the spiritual grace, they are unforgettable, so we can witness the Lord.

When I examine the verse 10 first of all, the bride saint does not simply explain the bridegroom Jesus Christ the bride saint has experienced, but expresses Him including that He is the spiritually mysterious one in spirit.

'My beloved' indicates Jesus Christ in us. If we are confirmed as the martyrs, we became the brides; therefore, the beloved of the bride is the bridegroom Jesus Christ.

The expression 'my beloved is white' does not mean the color only, but is holy and clean. For example, it is written in Daniel 12:10 that many shall be purified, and made white in the time of the 7-year tribulation. In addition, it is also written in Revelation 19:7 and below that the Lord makes the martyrs to be martyred because of the Word of God and the witness of Jesus Christ be arrayed in fine linen, clean and white in the wedding ceremony of the Lamb.

This is that the bride saint experiences the bridegroom Jesus Christ as the one who has the holiness and cleanness of God only of human beings. Although the bride saint herself is not white, the one who makes her white is the bridegroom Jesus Christ; it comes from her experience indeed.

In addition, that my beloved is ruddy indicates that God is the One who has eternity. It is written in 1 Samuel 16:12 that David was ruddy, and withal of a beautiful countenance, and goodly to look to, when he stood before Samuel.

Likewise, to be ruddy means to be healthy and powerful; that is, the eternity of the fullness of life. Although the creation is not eternal, the bridegroom Jesus Christ exists forever and the bride saint witnesses Him as the One who is for ever and ever.

That my beloved is 'the chiefest among ten thousand' means that the bridegroom Jesus Christ is the unique one to be incommensurable with anyone. Among ten thousand there are a number of excellent people such as Confucius, Mencius, philosophers and so on.

Since the one the bride saint loves is the chiefest among ten thousand, so she witnesses the one who is the unique one to be incommensurable. If we say the excellent people who belong to the thousand are candlelight, the one the bride saint loves is the sun to be incommensurable with anything.

5:11 His head is as the most fine gold, his locks are bushy, and black as a raven.

The expression that 'his head is as the most fine gold' means that Jesus Christ, the husband of the bride saint is the one who has the unchangeable divinity, like that although all metal and creation is changeable, but gold is unchangeable. It is written that 'his locks are bushy, and black as a raven.' When the hair got gray, it is the sign to get older and powerless.

But since the head of my beloved is black, it is extremely powerful and young. The most beautiful and expensive pearl among pearls is the black one as a raven. Likewise, she empirically knows that Jesus Christ, the husband of the bride saint is the precious and rare one.

5:12 His eyes are as the eyes of doves by the rivers of waters, washed with milk, and fitly set.

It is written that the eyes of the one the bride saint loves are as the eyes of doves by the rivers of waters. When a dove is perching on a drain, even the dove seems to be dirty. However, the dove perching by the clean and clear riverside seems to be clean.

As Noah sent forth the dove out of the ark, the dove found no rest for the sole of her foot, and she returned unto him into the ark, the dove symbolizes purity and fidelity. In addition, the dove symbolizes gentleness and peace. Like this, the Lord is kind, gentle, humble and pure.

And it is written that his eyes are washed with milk and fitly set.

If people have had an eye trouble, they used milk as treating with folk remedies instead of eye drops. For those who are sick and the people who need eye drops not to realize themselves, Jesus Christ heals them and set them rightly up. That the eyes of the Lord are like a flame of fire is the same meaning. The eyes to penetrate our minds and hearts and show our false things and heal with the love of the Lord are the eyes of the Lord like a flame of fire. When the eyes of the bride saint meet those of the Lord, the eyes of the bride saint are sucked into the eyes of the Lord and the Lord equally makes them like the gentleness, humility and purity. The Word in Matthew 11:29 that take my yoke upon you, and learn of me; for I am meek and lowly in heart is made by the eyes of the Lord.

> 5:13 His cheeks are as a bed of spices, as sweet flowers: his lips like lilies, dropping sweet smelling myrrh.

Both juniper and the fragrant flowers have something in common to emit fragrant. Likewise, the cheeks of the bridegroom Jesus Christ are full of fragrance. The sweet savour of the Lord is the aroma to make us reach life(2 Corinthians 2:14-16).

So the savour of his knowledge is the savour of life unto life for the saved, but the savour of death for others that perish. The result Jesus Christ performed with His whole body appears on the face(cheeks) of the Lord. That the cheeks of the Lord are as a bed of spices, as sweet flowers means that the Lord is the One who saved me and made me fulfill with the life to bear the fruits. The life saved me, the bride, and fulfilled me with the eternal life. Because of the cheeks of the Lord as a bed of spices, as sweet flowers, the cheeks of the bride became like a piece of a pomegranate(Song of Songs 4:3).

In addition, it is written that 'his lips like lilies, dropping sweet smelling myrrh.' The lips of the Lord are the lips to unite by kissing. In Song of Songs 1:2, love begins with the kisses of the mouth of the Lord. From the mouth of the Lord, the Word comes. Myrrh means the blood of Jesus Christ. To be sent us the gospel of the salvation by shedding blood of Jesus Christ from Him means that the lips of Jesus Christ like lilies, dropping sweet smelling myrrh. In addition, the lips of the bride who received the gospel and live with it are like a thread of scarlet(Song of Songs 4:3).

Scarlet is the same with the shedding blood of Jesus Christ in this context; the lips to confess and witness the grace of eternal forgiveness of sin by the blood of the Lord is the lips of the bride like a thread of scarlet.

Furthermore, there is the second kiss on the lips of the Lord. As the apostle Paul who confessed that fill up that which is behind of the afflictions of Christ in his flesh for His body's sake, which is the church(Colossians 1:24), if we follow the affliction of the Lord who shed his precious blood with joy, because of it, He shall add me the glory. Such a glorious gospel is like lilies, dropping sweet smelling myrrh on the lips of the Lord. When we follow the way to make us be martyred among the behind of the afflictions of the Lord, He shall give even the best glory; it is like lilies, dropping sweet smelling myrrh on the lips of the Lord.

Therefore, comrades of martyrdom kiss one another with love, when they greet. If we ourselves prepared for the sacrifices of martyrdom by uniting the lips of Jesus Christ with those of us, we would kiss the comrades of the same faith one another with the holy and lovely kiss.

> 5:14 His hands are as gold rings set with the beryl: his belly is as bright ivory overlaid with sapphires.

The Lord's hands are the hands to have worked for the children of God to save them. In this context, the story starts with the Lord who died on the cross. And the Lord to return in Revelation exists the working Lord among the golden candlesticks churches holding the seven stars as the Lord of the golden candlesticks churches.

Therefore, the Lord's hands in this context mean the hands holding the seven stars of the seven golden candlesticks churches in Revelation. That is to say, it is the revelation to set up the overcomer in the day of tribulation through the angels of the seven golden candlesticks churches.

Through the work to give the angels of the seven golden candlesticks churches the Word and lead them, the Lord makes them overcomers who finally reach the golden crown and become the brides of the Christ by giving the hidden manna and even the white stone written the new name. It means that His hands are as gold rings. In addition, gold rings set with the beryl indicates that the Lord makes our glory eternally new in the house of the Father, if we receive the glory of the first resurrection and become the brides of the Christ. It is also the same context in Revelation 4:3 that there was a rainbow round about the throne, in sight like unto an emerald.

The belly indicates the whole body. From the 11th verse and below, it means the rest body except for the head, eyes, cheeks, lips and hands.

That the body of the Lord is as bright ivory means that the body of the Lord is resurrected once after death. Ivory is the tooth of an elephant; therefore, if we want to get it, the elephant must die. As the ivory remains forever, although the body of the elephant is decayed by death, the body of the Lord is the eternally incorruptible body like ivory.

Moreover, that his belly is as bright ivory overlaid with sapphires means that the bride saint witness that Jesus Christ is the resurrected body and the figure of the body is the glorious one to shine with brilliance like sapphires.

Also it is written in Exodus 24:10 that God is as it were a paved work of a sapphire stone, and as it were the body of heaven in his clearness. Not the original figure of God, but the passing one is mysterious, beautiful and glorious figure. The bride saint experiences the Lord as her bridegroom together. In the Lord, she herself also stand on the faith united with Him. And she hopes to be the glorious body like the one overlaid with sapphires, when she will be resurrected through martyrdom and has it as the reality of faith.

5:15 His legs are as pillars of marble, set upon sockets of fine gold: his countenance is as Lebanon, excellent as the cedars.

Since the bride saint has experienced the bridegroom Jesus Christ, she knows His legs well. Legs are to walk or stand and trample. Fine gold symbolizes the divinity, as the head of Jesus Christ is like fine gold(verse 11). That is, that two legs of the bridegroom Jesus Christ are like 'sockets of fine gold' means that He basically has the divine authority.

And that His legs are as pillars of marble means that the Lord is so powerful and strong like the magnificent and unbreakable marble. Therefore, the bridegroom Jesus Christ is the One who has the authority of God and the most powerful and precious One.

It is written in Philippians 2:10-11 that at the name of Jesus every knee should bow, of things in heaven, and things in earth, and things under the earth. Furthermore, it is said in 1 Corinthians 15:25-27 that for he must reign, till he hath put all enemies under his feet and the last enemy that shall be destroyed is death.

For he hath put all things under his feet. But when he saith all things are put under him, it is manifest that he is excepted, which did put all things under him. It is because the legs of Jesus Christ is as pillars of marble, set upon sockets of fine gold.

In addition, it is said that 'his countenance is as Lebanon, excellent as the cedars.' It means the external whole figure of Jesus Christ. Mt. Hermon that is representative of Lebanon seems to be magnificent and dependable looks.

Likewise, Jesus Christ, the husband of the bride saint, is the dependable and trustworthy One and we should not worry about anything. We must experience Jesus Christ like that over and over again.

Furthermore, as the internal figure of Lebanon consists of the woods of cedars, the internal feature of Jesus Christ is like the cedars. That is, the internal nature(character) of Jesus Christ is full of the beautiful things. In other words, the personality and character of Jesus Christ are good, righteous, pure, trustful, lovely, gentle, humble, merciful and so forth.

When we experience such a Jesus Christ actually, He makes our internal features change into the same character of Jesus Christ in Him. This is the work to make us unite with the image of the Christ.

5:16 His mouth is most sweet: yea, he is altogether lovely. This is my beloved, and this is my friend, O daughters of Jerusalem.

While it is written in verse 13 that his lips are dropping sweet smelling myrrh, she boasts that His mouth is most sweet in this context. The opposite of sweet things is bitter things. Bitter things are something blessed to enjoy in this world and disappear and sweet things are the real blessing that belongs to the heaven. That the sweet things that come from the mouth of the Lord is that the Lord makes us eternally happy as thet rue blessing through the Word.

So she witnesses that the mouth of the Lord to give me the Word of the eternal life is extremely sweet. From the verse 11 to 16, the bride saint boasts the beloved bridegroom Jesus Christ as the 10 perfect things. Indeed, the Lord is the beloved One in all kinds of areas.

Chapter SIX

THE BRIDE AND BRIDEGROOM REACH THE STATE OF THE PERFECT ONENESS AND TOGETHERNESS

(1) I Am My Beloved's And My Beloved Is Mine

6:1 Whither is thy beloved gone, O thou fairest among women? whither is thy beloved turned aside? that we may seek him with thee.

Although the daughters of Jerusalem were requested by the bride saint and criticize her and direct ridicule against her in 5:9, when arrived at this context of 6:1, there is a reversal of the situation. The women of Jerusalem believe in Jesus Christ, but they are the believers who have no communion of deep love with Jesus Christ like the bride saint.

When the bride saint witnesses the bridegroom Jesus Christ she has experienced, although they do not know the bridegroom Jesus Christ well, they realize that Jesus Christ is great and excellent and change their mind into seeking Jesus Christ to be the bridegroom of the bride saint together.

6:2 My beloved is gone down into his garden, to the beds of spices, to feed in the gardens, and to gather lilies.

While the bride saint boasts and witnesses Jesus Christ, she knows that the Lord she thought the fact that He left her is with her and loves her and work for her. That the bridegroom Jesus Christ 'is gone down into his garden' indicates the garden of the bride. It is written in Song of Songs 4:12 that A garden inclosed is my sister, my spouse.

She realizes that the Lord is gone down into the bride saint herself to feed in the gardens and to gather lilies.

6:3 I am my beloved's, and my beloved is mine: he feedeth among the lilies.

The bride saint is the one who has Jesus Christ as her husband. With realizing the love of the truth the Lord loves me, since I love Him, my love is His. Such a relationship in John 13:23 is written that the apostle John was leaning on Jesus' bosom. That is, since he was falling in the love of the Lord, he is united with Him. Of course, when we were baptized in the name of Jesus Christ, we became the body united with the Christ.

Generally, the common believers stop such a faith, but the Lord makes us proceed more and more by pouring His love into us to be the Christ's. That is, He makes us be captured by the heart of martyrdom for the Lord. Such a person is the one who follow the Christ when He leads us to the same place as the Christ was distressed on the cross. Whatever he or she does, wherever goes, it would be to go according to the Lord's guidance. This is that 'I am my beloved's.' And it is also said that 'my beloved is mine.' In the oneness between the bride and the bridegroom Jesus Christ, as if Jesus Christ sealed us to be His possession, it is the same that He becomes mine, too. When we are perfectly united, it would be like this.

In addition, it is written that 'he feedeth among the lilies.' Lilies indicate the lilies among thorns in Song of Songs 2:2. Lilies which have the richest fragrance emit more and more fragrance when they are pricked by thorns swaying in the wind.

The more there are hardships, the more the bride saint praises and is rather delightful. Among the hardships, there are the serious illness, the death of the children, bankruptcy, that the thief came to burn everything and so forth. However, the bride saint realizes that her beloved gave her this trouble and rather praise. On the day of tribulation in the future, the bride saint who rather praises is lilies. But the physical believers, the daughters of Jerusalem is not delightful in the midst of the tribulation. When the tribulation comes, they will shrink back, lose their confidence and complain about it. The One who feeds the bride saint that praises and is rather delightful in the midst of the tribulation is the One who is among the lilies.

In addition, that 'He feeds' indicates that the flock of the sheep, whose names are written in the book of life of the Lamb slain from the foundation of the world in Revelation 13:8. My bridegroom Jesus Christ feeds me in order to be written as the martyr and He also feeds those who are confirmed as martyrs.

In other words, my beloved is the Lord of the golden candlestick churches and the head of them and makes us receive the glory of the golden crown through martyrdom in the tribulation. The daughters of Jerusalem cannot even imagine the level the bridegroom Jesus Christ brings up the faith of the bride saint.

(2) I Admire the Beauty of My Beloved Bride(The 2nd Time)

6:4 Thou art beautiful, O my love, as Tirzah, comely as Jerusalem, terrible as an army with banners.

That the Lord is delightful and praises the bride saint who was stood on the faith of the bride by the bridegroom Jesus Christ is the contents of the verses 4-7.

The bridegroom Jesus Christ praises the bride saint that 'thou art beautiful, O my love, as Tirzah.' Tirzah is the place where there was the palace Jeroboam's wife lived(1 Kings 14:17).

The reason why the queen is in the palace is to welcome the king and serve him; when the Lord sees the bride saint, she looks beautiful like this. That is to say, you as the bride, look beautiful in decorations, so as to welcome the king as the queen,

That 'thou art comely as Jerusalem' does not reveal the common city, but the city of New Jerusalem in Revelation 21:9-10. It is said that the great city, the holy Jerusalem, descending out of heaven from God, is the bride, the Lamb's wife.

The bride as the Lamb's wife does not just stare at Him standing in her wedding dress, but prepares and decorates most beautifully to welcome her bridegroom Jesus Christ. In this world, from a few months ago, the bride improves her appearance for her husband.

It is written that Esther improved her appearance for six months with sweet odours to be selected to be the queen(Esther 2:12). Likewise, the decorated appearance of the bride saint for the bridegroom Jesus Christ is the meaning of that 'thou art comely as Jerusalem.'

That 'thou art terrible as an army with banners' means that the bride has the authority and dignity. First of all, the bridegroom Jesus Christ is majestic, and the bride also has the same dignity. If we know that the bride comes with what figure she has, when Jesus Christ comes again, we can easily understand this expression. When Jesus Christ comes again, the martyrs shall become the brides, the Lamb's wife, after the first resurrection; they will follow the Lord upon white horses, clothed in fine linen, white and clean like the armies(Revelation 19:14). They have the authority of a rod of iron and exterminates all of the enemy forces like Jesus Christ and judge the wicked like treading the winepress. The figure the bride saint comes with the authority and dignity ike that is majestic like the army with banners.

6:5 Turn away thine eyes from me, for they have overcome me: thy hair is as a flock of goats that appear from Gilead.

The eyes of the bride saint have overcome those of Jesus Christ; in the same way, it is written in Song of Songs 4:9 that the bride saint have ravished the heart of Jesus Christ with one of her eyes, with one chain of her neck. Jesus Christ fell for the bride saint with the eyes of the dove(Song of Songs 4:1).

The eyes of the bride saint is the same as those of Jesus Christ. That the fidelity of faith is pure like doves is the eyes of the bride saint. The bride saint does not try to compromise with the prostitute and is not afraid of the Antichrist and the false prophets, but shows her fidelity of the faith very honorably. Since she has the eyes of Jesus Christ, she follows the same way Jesus Christ suffered and received the glory and has the viewpoint of faith to consider the affliction as her joy. When Jesus Christ watches the bride saint, Jesus Christ cannot help falling in her.

The Lord praises the bride saint that the hair of the bride saint is as a flock of goats, that appear from mount Gilead in Song of Songs 4:1. Gilead is the place where Jacob ran away from Laban and stayed after seven days' journey both by day and by night.

Running seven days' journey both by day and by night, there is no sheep and goats of Jacob that was fallen down, hurt or tired. Jacob's sheep were ringstraked, speckled, and spotted and they were very strong.

Likewise, that the hair of the bride saint is like Gilead means that she has the firm knowledge of the truth to easily go through the 7-year tribulation. The steadfast faith not to compromise with the falsity, the prostitute, the Antichrist and so on is the wisdom like Mt. Gilead.

Moreover, that it is the flock of goats on the steadfast faith means the wisdom of the bride saint to sacrifice herself in order to be harmonious with the whole. For the will and purpose of the Lord and the church as the body of the Lord, not showing herself, but rather sacrificing herself and dedicating herself to others, the wisdom to be harmonious with the whole and make the whole beautiful, is the wisdom of the bride saint.

6:6 Thy teeth are as a flock of sheep which go up from the washing, whereof every one beareth twins, and there is not one barren among them.

The Lord says the teeth of the bride saint(Song of Songs 4:2). It is to praise her that her teeth are strong enough to eat the hard spiritual food in the degree of eating the Word of God.

That the teeth are as a flock of sheep which go up from the

washing(bath place) means to always repent by realizing the Word. They have brought up repenting in heart by understanding the Word and reach the level to bear the young to witness the Word; in addition, they bear twins.

Twins mean two witnesses. When we are standing on the faith of two witnesses, we become those who have the strong teeth to bear the servants of God like two witnesses in the day of tribulation.

6:7 As a piece of a pomegranate are thy temples within thy locks.

When we cut a pomegranate in half, we can see the red seeds studded with it. The seed means the eternal life in the Bible. Temples indicate one's face; that is, all of the glory formed through the whole body or the condition of the body appears on one's face.

That the face of the bride saint is like a piece of a pomegranate is to praise the figure of the bride saint who is full of the life to bear the eternal life like the seed of the pomegranate.

(3) My Queens Are Threescore and My Concubines Are Fourscore

6:8 There are threescore queens, and fourscore concubines, and virgins without number.

The queens as the spouse of the king indicate the wives of the Christ to return. The queens are those who succeed the inheritance of the king. They are the subjects to take part in the wedding ceremony to be firstly resurrected when the Lord comes again, after being martyred in the day of the 7-year tribulation in the future.

Threescore queens are not the actual number, but the symbolic figure. On the human side, we cannot know the exact number; however there is the number God predestined(Revelation 6:11; 7:9). All who will be the queens become His brides when the Lord comes again, through their martyrdom.

Although concubines are not the queens who succeed the inheritance of the king, but the wives except for the first wife to experience the king. Therefore, concubines are not the bride of the Christ, but the saints of being raptured.

These are those who welcome the Lord through their rapture when the Lord returns, after being protected and brought up in the prepared place dyring the latter 3 years and a half.

Virgins are the court ladies not to experience the king. They are the angels and the heavenly hosts to serve the children of God. They either make the brides of the Christ and the saints of the prepared place receive the grace of God, or bring the prayers of the saints they received in front of God and so forth.

6:9 My dove, my undefiled is but one; she is the only one of her mother, she is the choice one of her that bare her. The daughters saw her, and blessed her; yea, the queens and the concubines, and they praised her.

'My dove' indicates the bride saint, especially the hundred and forty and four thousand standing in the front part. The bride saint is the one who is not carried along by the atmosphere of any kind of temptation to lead to the prostitute, the worldly things or the false belief, keeping the fidelity of the faith like a dove. In addition, as the bride saint captivated the heart of the bridegroom Jesus Christ with the eyes of a dove, since she is the one who has the view point of faith to joyfully run the same way of the affliction of the Lord, He called her 'my dove.'

Those who are not defiled, clean and perfect are the hundred and forty and four thousand in Revelation 14:4-5. When the Lord returns, as the bride, the most glorious one is the hundred and forty and four thousand. Like this, that the beautiful and perfect bride is 'but one' is the symbolic meaning. If we have two, there can be the is the comparison target; however, since there is but one, it is emphasized that the bride is not comparable to anything and so precious and beautiful.

The expression that 'she is the only one of her mother' is the same. In front of God, the Lord recognizes and praises her as the precious and beautiful bride like the one and only daughter. Furthermore, Jesus Christ is not only the Son but also the One and Only. Therefore, the one who marries the one and only son is the same as the one and only daughter.

'The mother who gave birth to her' indicates the Holy Spirit, the Spirit of God. As it is written that except a man was born of water and of the Spirit, he cannot enter into the kingdom of God, to bear is the Holy Spirit.

The Holy Spirit made Mary be conceived Jesus Christ as the Word in her womb. In the same way, the Holy Spirit makes the people who believe the Word of Jesus Christ and have it change into the same character united with the Word and the figure of the Christ.

'Daughters' indicate the daughters of Jerusalem. By the way, that the daughters saw and blessed her is the wrong translation. Rather the daughters of Jerusalem saw her and said that 'she was so blessed' looking up the bride saint, coveting her blessings.

6:10 Who is she that looketh forth as the morning, fair as the moon, clear as the sun, and terrible as an army with banners?

In the same way like verse 9, the daughters of Jerusalem and Jesus Christ admire the bride saint. That the bride 'looks forth as the morning' means the shining light that shines more and more unto the perfect day in Proverbs 4:18.

As the sun rises, the darkness disappears and from the dawn to the morning, and to the brightest noon; in the same way, the light rises to the bride and more and more perfect day; finally, in the bride, there is no darkness, so they praise that the bride really beautiful like the perfect daylight.

Likewise, if we are full of the light without darkness, it is filled with the life. And it is also full of God and the Word. The bride is the existence to shine like the sun of 0% darkness, but 100% light.

Moreover, it is written that the bride is 'fair as the moon.' The moon receives the sunlight and reflects the light. In the same way, the witness is the one who witnesses Jesus Christ, after welcoming Him and receiving the love of Jesus Christ. That the Lord admires that the bride to witness Jesus Christ by offering her life, when she witnesses, is fair and beautiful as the moon, the witness.

And it is also written that the bride is 'clear as the sun.' It is said in Psalms 84:11 that the LORD God is the sun. Since the light of the sun shines me, there is no darkness in me and I am clean like the sun. Like this, it is written that blessed are the pure in heart: for they shall see God. That is, the bride sees her God all the time and always experiences Jesus Christ, because she has the very clean and clear heart.

Furthermore, the Lord admires that the bride is 'terrible as an army with banners.' As we have thought about it in verse 4, there are the armies to follow the Lord upon white horses, clothed in fine linen, white and clean, when Jesus Christ comes again in Revelation 19:14. Those armies are the army with banners.

They are overcomers until they were martyred. The martyrs who were martyred in the day of tribulation will be firstly resurrected with the glorious body and follow the Lord when He returns; they are the army with banners of victory.

When Jesus Christ returns, not only the Lord, but also the martyred saints will come to follow the Lord with the authority of a rod of iron. They have the authority of a rod of iron and exterminates all of the enemy forces against Jesus Christ and judge the wicked like treading the winepress at the Battle of Armageddon. The bride saint who has these things as the reality of faith is full of overflowing the majestic authority and dignity.

(4) My Bridegroom Is With Me in the Garden of Nuts or on the Chariots of Amminadib

6:11 I went down into the garden of nuts to see the fruits of the valley, and to see whether the vine flourished and the pomegranates budded.

'I' indicates the Lord. As the bride was called as the garden inclosed in Song of Songs 4:12, the garden of nuts indicates the bride. That is, the bride saint is like nuts.

That the bridegroom Jesus Christ went down into the garden of nuts means that He came into the bride. That the Lord wanted to see the fruits of the valley mean to see the fruits the bride has born. The fruits the bride bears become the food of the bridegroom Jesus Christ.

It is written in Song of Songs 5:1 that "I am come into my garden: I have gathered my myrrh with my spice; I have eaten my honeycomb with my honey." And it is said in Song of Songs 4:16 that let my beloved come into his garden, and eat his pleasant fruits. That the bride saint is glad because of the bridegroom Jesus Christ and praises and gives glory is to bear the fruits; the Lord accepts them and will be delightful.

In addition, it is written that He went down to see whether the vine flourished. That the vine flourished means to be grown up in order to bear the grape. That is, the vine is the figure of the grown bride saint. It is said that Jesus Christ is the true vine(John 15:1).

As the grapevine is not differentiated from the grape tree, Jesus Christ and we are not differentiated because of being united in the oneness one another. In the same way, the bridegroom Jesus Christ and the bride saint are united each other.

Therefore, it is written in Song of Songs 6:3 that I am my beloved's, and my beloved is mine. That the Lord wanted to see whether the vine flourished means that He examines how much mature I am in spirit and whether I lead my life I spiritual richness, savouring the grace and love the Lord gives.

Furthermore, it is said that He went down into the garden of nuts to see whether the pomegranates budded. The face of the bride saint is like a piece of a pomegranate. Among all kinds of fruits, a pomegranate has the largest number of seeds. The seed symbolizes life. That is to say, the tree to abundantly bear the fruits to reach the eternal life is the pomegranate tree. In order to see the situation the bride saint bears the fruits to reach the eternal life, the Lord went down.

There is the spiritual meaning in the expression that the bride saint is the garden of nuts. If we want to eat the kernel of a walnut, first of all, we should crack the husk of the walnut. And then, we can not eat until we should peel the inner skin wrapping the kernel of a walnut. We, the garden of nuts, cannot crack the hard husk of the walnut for ourselves. Only when the Lord cracks the husk, we can eat the kernel of the walnut. The Lord works through the churches, and the angels of the churches are used as those who crack the husk of the walnut.

For example, the barley loaves are the same as the husk of the walnut. With five barley loaves, many people had eaten and then Jesus Christ said that whoever eats this bread, I will raise him up at the last day. The five barley loaves indicate Jesus Christ, not the bread for our physical body.

Among all kinds of grains, the one that firstly grows is barley. To reveal that Jesus Christ becomes the first fruit of the resurrection among all of the people is the barley loaves. The five barley loaves means that Jesus Christ had been killed as the sacrificial offering of redemption through the five stages until Jesus Christ was resurrected.

Those who eat this barley loaves will be offered as the offering of martyrdom through the same five stages as Jesus Christ. That the Lord will make the martyrs be resurrected in the last day is that He will make them be firstly resurrected as the reward among all of the saints in the day of the second coming of the Lord.

Such a truth cannot be understood for themselves. Since the Lord must crack the husk of the walnut, He makes the angels of the churches the Lord uses perform it.

Next stage, the inner thin skin wrapping the kernel of the walnut means the truth. The inner skin indicates that the saints realize the truth of the barley loaves and apply for themselves, when they receive the truth of the barley loaves by faith.

6:12 Or ever I was aware, my soul made me like the chariots of Amminadib.

That 'ever I was aware' is the monologue of the bride saint. Through the chapters 5-6, the bride saint was hurt when she went to the big city, looking for the bridegroom Jesus Christ. In addition, she knows that the bridegroom Jesus Christ exists in her without even realizing it, while witnessing her bridegroom Jesus Christ in even being scoffed at by the daughters of Jerusalem. And then, she confesses that now she is aware that she is on the chariot the bridegroom Jesus Christ rides with her.

Amminadib is the ancestor of the 7th generation of David(Ruth 4:20). The meaning of Amminadib is the most precious person as the ancestry of David. The chariot of the most precious person means the chariot the king rides.

According to the wish of my soul in my heart, without even realizing it, now I am aware of that the most precious Lord becomes the king and I am with Him on the chariot He rides. The bride saint confesses like that. Therefore, if I am with Him on the chariot the king rides, naturally I become the queen, the wife of the king.

(5) The Women to Entreat to Say 'Return, the Bride Shulamite'

6:13 Return, return, O Shulamite; return, return, that we may look upon thee. What will ye see in the Shulamite? As it were the company of two armies.

'As it were the company of two armies' in Hebrew original text means that 'as it were to come to see the dancers of Mahanaim.' That 'return, return, O Shulamite' is that the women of Jerusalem say to the bride saint. Since the bride saint is so blessed and they envy her, therefore, they ask for her to tell them Jesus Christ she has experienced and witness that.

Mahanaim is the place that Jacob was called the new name Israel, after the hollow of Jacob's thigh was out of joint(Genesis 32:1). Every year, a ball is hosted in remembrance of that Jacob had prevailed with God in Mahanaim.

The dance of Mahanaim is the dance to stand in a row with a partner face to face, and then the dancing figure seems to be as two armies are united.

'What will ye see in the Shulamite?' It is the expression that the bride saint, the Shulamite, to the daughters of Jerusalem; that is, it is said that the daughters of Jerusalem, as it were to hope to see the dancers of Mahanaim.

This situation is that the bride saint as the queen dances to the music with the king Jesus Christ on the wedding ceremony in verse 12.

When the daughters of Jerusalem led their faithful life with Shulamite, she had the black skin and was graceless; however, now she is not only in the high level of the status as the queen due to being upwardly mobile, but also the blessed woman to dance with the king Jesus Christ in person; therefore, they admire and envy her.

Chapter SEVEN

ADMIRING THE BEAUTY OF THE PERFECT BRIDE TO WITNESS THE WORD, THE REVELATION OF THE WORK OF THE MANDRAKE

(1) Admiring the Beauty of the Bride from the Bottom to the Top-To Establish the Witness of the Word

7:1 How beautiful are thy feet with shoes, O prince's daughter! the joints of thy thighs are like jewels, the work of the hands of a cunning workman.

The 7th chapter is the contents that the bridegroom Jesus Christ admires the beautiful figure of the bride saint, especially starting with the feet, the bottom prat of the body. The reason why the bride saint is so beautiful is to become the bride to witness the Word.

Up to the 6th chapter, the Lord has continuously made the bride saint establish the one who witnesses the Word and the Lord focuses on the figure of the bride to witness the Word as the most beautiful human being in the eyes of the Lord in the 7th chapter. It is the correct Word of God to suggest that our faith should stand like that.

Jesus Christ calls the bride saint 'O prince's daughter!' The prince's daughter is the princess, the daughter of the king. Although the princess of the king is the noble person, the one who is nobler than the princess is the bride saint.

That the bride saint is nobler than the daughter of the king of the worldly nation is that our Father is the Father of the glory and because she was born by Him. Especially, she is the bride saint who was born through the truth to give the best heavenly glory by the Father to give the glory; therefore, the Lord calls her 'O prince's daughter!' Since we are noble like this, even the angels show admiration towards us.

'How beautiful are thy feet with shoes' means the admiration for that the bride saint put on the shoes of the gospel. That is to say, the bride saint walks in the shoes of the gospel of the glory of the first resurrection.

It is written in Romans 10:15, "How beautiful are the feet of them that preach the gospel of peace, and bring glad tidings of good things!" We should also be those who preach the Word in season and out of season.

Next, the Lord says that the thighs of the bride saint are beautiful. Two legs that support the whole body of the bride saint are beautiful like two pillars of the temple of Solomon and they are the work of the hands of a cunning workman.

That the joints of thy thighs are like jewels, the work of the hands of a cunning workman; in this context, the cunning workman means the expert of the gospel of the glory, that is, the expert of the Word of the truth who makes the believers reach the first resurrection.

In other words, through the servant to witness the truth of the first resurrection, to establish through receiving the suitable Word and experiencing is the thighs of the bride like jewels. Accordingly, it is said in Revelation 21:9 and below that the Lamb's wife, the New Jerusalem City is the city of jewels. The city of jewels is, not the actual jewels of the real mineral matter, but the figure of the bride saint wearing the glory of the kingdom of heaven.

In 1 Kings 7:21, Solomon set up the pillars in the porch of the temple: and he set up the right pillar, and called the name thereof Jachin: and he set up the left pillar, and called the name thereof Boaz. Jachin means 'to set up' that is, 'to set up the covenant' or 'to set up the Word of covenant.'

Boaz means to have the ability to fulfill according to the Word of covenant. As the meaning of two pillars of the temple of Solomon, according to the gospel of the glory of the first resurrection witnessed by the cunning workman, the bride saint was established.

7:2 Thy navel is like a round goblet, which wanteth not liquor:

thy belly is like an heap of wheat set about with lilies.

It is written that the navel of the bride is beautiful like a round goblet. It is also said in Ezekiel 16:4 that the navel of the Canaanite girl was not cut on her birthday; it has the spiritual meaning. Nowadays, those who do not cut their navel cord, but stick to their mother are those who have the Gentile belief like the Canaanite girl.

Although they call themselves Christians who believe in Jesus Christ and worship God, in fact, they do not cut their navel cord, but still link to their mother's womb, relying on the physical body and living on the physical things; they are those who have no navel.

Those who do not cut their navel and have no navel are those who are not born again and worry about what they eat, what they drink, what they wear and so forth.

However, the bride has the navel because her navel cord was cut. She leads her life to hope the glory of the kingdom of heaven, as the spiritual Hebrew who belongs to the heaven, after cutting her physical things from her. In addition, due to the joy adding the glory, she leads her life to praise and give thanks.

Furthermore, it is written that her navel is beautiful like a round goblet, because it is reentrant. In this context, the alcoholic drink is wine; it means the gospel of the glory. Through the trial of the persecution and tribulation, finally coming forth as pure gold, since she is full of the gospel of the glory to be willingly martyred for the Lord in the round goblet, being free from everything, the navel of the bride saint is very brautiful.

Especially, the round goblet means that the bride saint herself bis the round goblet of offending none. It is said that David had five sling stones. The sling stones are the sleeky stones without any angular part. Like this, it is said that David himself was full of gentleness and humility before God; in the same way, the bride saint is also like that. The spiritual figure of the bride saint is to give the glory to the Lord joyfully following Him, wherever the Lamb leads, even though into a furnace of fire.

In addition, it is written that the belly of the bride saint is beautiful like an heap of wheat set about with lilies. The belly does not indicate the around area of the navel, but the past of the side. It is said that the side of the bride saint is beautiful like an heap of wheat set about with lilies.

When we bundle the barley straw, the volume gets well-rounded, but if we bundle the wheat, the waist looks narrow. The wheat bundle is related to the Word of John 12:24 that if a corn of wheat falls into the ground and dies, it brings forth much fruit. That the waist of the bride saint is like an heap of wheat means that her life becomes the life to save each soul one by one. even sacrificing herself and laying down her life, like a dying wheat.

For the people who do not know about the second coming of the Lord well and the secret to be the bride to welcome the Lord who will return, by preaching the truth of the first resurrection, for the sake of their souls, your figure that is even sacrificing yourself and laying down your life is beautiful like an heap of wheat. Moreover, it is written that the waist of the bride saint is beautiful because of setting about with lilies. Lily is the representative of fragrance among the flowers(Song of Songs 2:2).

Especially, when they get pricked by thorns and swayed in the wind, the fragrance smells strongly. It means the figure of our faith that the more there is the wind of affliction or tribulation, the more praise and thanks.

When Daniel became the prime minister, there is no mention of that he gave thanks to God. However, when Daniel knew that the writing was signed, to make a firm decree, that whosoever shall ask a petition of any God, he shall be cast into the den of lions, he prayed his windows being open in his chamber, and gave thanks before his God.

This is what Daniel set about with lilies. Daniel knew that the decree came from God. So Daniel knew that he himself was cast into the den of lions and the Lord gave Daniel himself the greater glory through this event.

Furthermore, he knew that God allowed it in order to confirm Daniel as the servant of the living God like the hundred and forty and four thousand.

If we have in our health problem and are in great pain, we should burst into the great thanks. Because God makes us know that our souls are sick through the worst illness and realize that it is the work of God to revive our souls. So we cannot but burst into the great thanks and joy.

7:3 Thy two breasts are like two young roes that are twins.

The bride saint has two breasts regardless of the physical sex. The breasts are the food mothers prepare for their children. The milk symbolizes the Word of God, the spiritual milk. The bride saint plays her role to witness and bring up the spiritually young children with her two breasts. That two breasts are like two young roes that are twins symbolizes two witnesses as we have mentioned.

If we are standing on the level of faith of two witnesses, the servants of God to save the souls by preaching the Word in the day of tribulation as well as standing on the faith of martyrdom, it is that two breasts are like two young roes that are twins. In addition, that they are like roes is related to running quickly like roes.

That is, the breasts of the bride saint are truly beautiful, when the Lord watches the figure that runs fast like roes in making the believers prepare for the martyrs through the Word to witness as well as standing on the place of the bride to be martyred.

7:4 Thy neck is as a tower of ivory; thine eyes like the fishpools in Heshbon, by the gate of Bathrabbim: thy nose is as the tower of Lebanon which looketh toward Damascus.

The neck, eyes and nose are beautiful. The neck symbolizes life. Since the life the bride saint lives as a tower of ivory, the Lord is glad. We can get the ivory, only when the elephant is dead. That the neck of the bride saint is as a tower of ivory means that the bride saint already has the death of martyrdom as her faith. Nevertheless, she does not think about the extreme sadness of the martyrdom, but hope for the glory of the first resurrection, the glory of martyr; therefore, her delightful life she has the joy of martyrdom is that her neck is as a tower of ivory. In addition, that her neck is as a tower of ivory means that the bride saint who is standing on the faith of martyrdom witnesses the Word to make know the time according to the times and lives to make prepare for the faith for the right time as the tower that is located in order to watch the situation of the enemies and inform that.

It is said that the eyes of the bride saint are beautiful like the fishpools in Heshbon by the gate of Bathrabbim. Eyes symbolize the discernment of faith.

Therefore, the discernment of faith of the bride saint is like the fishpools in Heshbon. It is written in Numbers 21:21 and below about Heshbon; that is, Israel sent messengers unto Sihon king of the Amorites, saying, Let me pass through thy land. And Sihon would not suffer Israel to pass through his border: but Sihon gathered all his people together, and went out against Israel and fought against Israel. It is the work of God that made the heart of Sihon king stubborn and fight against Israel in order to take over the land of the Amorites to the hand of Israel.

All of the work God performed in the land of the Amorites shines on the fishpools in Heshbon. That is, the event that God instigated Sihon king to fight against Israel in order to take over the land of the Amorites to the hand of Israel as the inheritance remains intact in the fishpools in Heshbon.

The eyes to see this are the eyes of the bride saint. When we preach the gospel and witness the Word of this prophecy, if there is a person who is against us like the king in Heshbon, we will accept it as the blessing to add up the glory to us to witness because of that.

In addition, the discernment of faith of the bride saint that believe that He destroys the enemy and gave herself who preach the Word the inheritance is the viewpoint of the monistic faith.

In the future, when the Antichrist outrageously appears having the life-or-death authority and tramples all over the churches and the saints, the saints will be able to be afraid of and intimidated by it. Yet, if we have the discernment of faith to realize the work of God that shone on the fishpools in Heshbon by the gate of

Bathrabbim, we cannot be intimidated.

That is, we can understand that God set up the Antichrist with the eyes like the fishpools in Heshbon and allowed the Antichrist to fight against the people of God and trample them and then, through this tribulation, wanted to add up the glory to us; therefore, we accept it as the blessing.

The nose of the bride saint is beautiful as the tower of Lebanon which looks toward Damascus. Damascus is the impregnable fortress city which is located on the 700 meters above sea level and has the long history and tradition. The tower that is set up on this place looks down toward Damascus from the higher place than Damascus. It means that the bride saint has a sharp nose as the tower of Lebanon which looks toward Damascus.

It implies the figure that the bride saint has the most highest hope, that is, the hope of the servant of God, and the dignity of the highest level. Thus, the bride saint does not easily behave, but stays at the place to witness the Word with the highest dignity and authority.

> 7:5 Thine head upon thee is like Carmel, and the hair of thine head like purple; the king is held in the galleries.

Mt. Carmel is the mountain where Elijah destroyed all of the false prophets and won the victory. It is written in 1 Kings 18:19 that Elijah asked for sending and gathering the prophets of Baal four hundred and fifty, and the prophets of Asherah four hundred. And then Elijah made the people believe in God he served as the true God and the god of the prophets of Baal is the false god at that place; accordingly, Elijah brought them down to the brook Kishon, and slew them there.

Likewise, that the head of the bride saint is like Mt. Carmel means to win the victory in the battle of goodness all the time. In the same way, we also fight the spiritual fight while we live in this world. When the Devil picks a fight with us, we fight with the gospel and the truth of the glory of the first resurrection and only to win the victory everyday.

In addition, the best victory is the martyrdom on the day of tribulation and then the golden crown shall be given to the martyrs. The bride saint decorated with the head like Mt. Carmel is to be decorated with the faith of the golden crown.

Furthermore, the Lord admired the hair of the bride saint that symbolized the wisdom and knowledge of the Word. There is the Word in the bride saint and the Word is like purple. As the purple color symbolizes the dress the rich wear, the purple hair reveals the bride of the spiritual richness.

Thus, the sparkle does not shine the world, but makes look up the glory of the kingdom of heaven. Due to the Word to add up the glory of the kingdom of heaven, the bride saint herself stands firm as the saint of royal authority; therefore, it is the power and authority.

Moreover, since she revives other souls by preaching the Word, she becomes the bride saint overflowing the spiritual richness in the power and authority of the wisdom and knowledge of the Word.

The king was fascinated by the figure of the bride saint that her hair fell over her shoulders in a mass of curls each strand of hair in purple.

That the hair of the bride fell over her shoulders in a mass of curls, not adhering or being dirty means that she has the Word the Lord gave, that is, the wisdom and knowledge of the Word. The figure of the bride saint that continues to work to save the life one by one by preaching the Word the Lord gave is the lock of hair overflowing over her shoulders in a mass of curls each strand of hair. The heart of the bridegroom Jesus Christ as the king looking at the figure of the bride saint is fascinated by her.

7:6 How fair and how pleasant art thou, O love, for delights!

Up to now, the bride has called 'my love'(Song of Songs 1:9; 1:15; 2:10; 2:16; 4:1; 6:4), but in this context, there is no difference between 'I' and 'you' and that to be developed as only one 'love' means that the faith of the bride saint has been continuously mature. When the bride loved the bridegroom, she called him 'my beloved' and when the bridegroom loved the bride, he called her ‘my love.’ By the way, now, there is no difference between ‘I’ and ‘you’ but the oneness to be completely united. It is written in John 17:21 that Jesus says that they all may be one; as thou, Father, art in me, and I in thee, that they also may be one in us.

It is the prayer of Jesus Christ that His disciples may be one in Him as the Father and Jesus Christ are one without discrimination. Today, the position of faith of the bride saint is one without discrimination, as the Lord in her, and she in the Lord.

Furthermore, the reason why the Lord says the bride is fair is because the figure of the bride mentioned verses 1-5. Especially, since the bride saint boldly witnesses the bridegroom Jesus Christ, wherever she goes, whenever she is in any circumstances, the Lord stresses that she is fair.

In addition, that the bride saint is fair indicates the faith to cast all kinds of worries into the Lord only being glad in the love of the Lord. That is to say, the bride saint becomes the one who receives everything the Lord gave as the grace and goodness. Moreover. to make happy means that the saint makes God glad. It is written that without faith it is impossible to please him: for he that cometh to God must believe that he is, and that he is a rewarder of them that diligently seek him.(Hebrews 11:6). Likewise, the bride saint pleases the Lord because she believes in the Lord who will give her the glory of the first resurrection when He returns and runs her way.

7:7 This thy stature is like to a palm tree, and thy breasts to clusters of grapes.

The spiritual stature of the bride saint is tall and as straight as the palm tree. The palm tree means the city of palm trees, Jericho in Deuteronomy 34:3. The city of Jericho is the city that was conquered by the way and the Word. That is, the LORD said unto Joshua that ye shall compass the city, all ye men of war, and go round about the city once; thus shalt thou do six days; and the seventh day ye shall compass the city seven times, and shout; the city of Jericho fell down. Likewise, the stature of the bride saint that is grown up is tall as the palm tree because she won and won the victory.

According to the Word to shout, when she shouted, in her experience she could break down, the stature of her faith is grown up. In the same context, it is written Song of Songs 7:5 that the head of the bride saint is like Mt. Carmel. The figure decorated by the crown through continuously fighting and winning the good fight is the head like Mt. Carmel.

In addition, it is written that thy breasts are like to clusters of grapes. And it is written that they cut down a branch with one cluster of grapes, and they bare it between two upon a staff(Numbers 13:23). How big were they then? Only such a imagination is a pleasure to think. As the branch hanging in the clusters of grapes, the fruits to set tup the same bride saints like her by reviving the souls with the spiritual milk and bringing up them.

7:8 I said, I will go up to the palm tree, I will take hold of the boughs thereof: now also thy breasts shall be as clusters of the vine, and the smell of thy nose like apples;

The palm tree indicates the bride saint; therefore, that the bridegroom Jesus Christ goes up to the palm tree and take hold of the boughs thereof means to joyfully welcome the bride. At the majestic moment when Stephen was martyred by stoning, how was the Lord? It is written that Jesus Christ who was sitting on the right side of the throne of the glory of God stood up suddenly(Acts 7:55-56). It is the majestic moment the Lord gladly welcomes him with the golden crown, the glory of the martyr. This is the right meaning of that the Lord goes up to the palm tree and take hold of the boughs. When the Lord returns, Stephen will be the bride. The time when we will be martyred is the time to be the bride and at that time it will be the majestic and magnificent time the Lord feels delight in excelsis.

As it is mentioned in verse 7 that the breasts of the bride saint are like to clusters of grapes, in this context, the Lord repeat it because it is important. The Lord feels delight to say that 'you do a lot of works to make the same bride like you with the spiritual milk you feed!'

When we put into the clusters of grapes and trample them, grape juice comes out of them. That the breasts of the bride saint are like to clusters of grapes means that the Word she witnesses becomes the true wine.

The true wine the bride saint feed is two kinds of wine. Firstly, it is the wine made from water(John 2:1 and below) that plays a role to revive. The wedding ceremony in Cana reveals the wedding ceremony of the Lamb to hold when the Lord returns. When the Lord comes again, the Word to lead the place of the wedding ceremony of the Lamb as the bride, that is, the gospel of the glory is the wine made from water.

Secondly, it is the reviving work by witnessing the salvation of Melchizedek. Melchizedek is the one who eternally exists as the heavenly priest, the king of righteousness, the king of peace. Jesus Christ is the high priest after the order of Melchizedek. God made every knee should bow, at the name of Jesus, of things in heaven, and things in earth, and things under the earth.

And that every tongue should confess that Jesus Christ is Lord, to the glory of God the Father. Therefore, when Adam, the representative of human beings, became the dead man by breaking the covenant of God, the one who saved the soul of Adam and the souls of the sons of God with him from the hell to the heaven is Melchizedek.

Before the Son God came into the earth in flesh, in the 3rd chapter of Genesis, He was Melchizedek, the priesthood, who performed the works to save the souls of the children of God with Adam. The bride saint is the one who understands the foundation of the salvation and witnesses it.

It is written that Adam and Eve who were innocent were both naked, and were not ashamed(Genesis 2:25). If the innocent Adam and Eve ate the tree of life and were filled with the life and produced the fruits to reach the eternal life, in such a situation, when they receive the reward according to their fruits in the kingdom of heaven, who should get credit for that? Certainly, they will talk about self-praise that they receive the rewards and glories according to their effort.

If so, they could also be arrogant to be like the corrupted Archangel. Preventing from happening such a thing in advance, when the Archangel became corrupt because of arrogance, God let the Archangel be the Devil to enter the garden of Eden. The Devil entered the garden of Eden and tempted Eve and then Adam and Eve ate the tree of the knowledge of good and evil and they became sinners to break the covenant of God(Genesis 2:17); therefore, they became those who were fallen under the judgement of the hell. They became the people who should go to the hel and be suffered eternally.

The sin is passed to the descendants of Adam. Although indeed we as the descendants of Adam make our efforts and work hard, because of the original sin, we have to only bear the fruit of the sin and finally become the existences to produce thorns and thistles only. This is the grace of God. He made us those who bear the fruits of the eternal life that belong to the heaven by the righteousness of God, as the people who saved by the grace of God by the prepared grace only by Melchizedek, not by the human righteousness or efforts. Either on the earth or in the heaven, He made us those who have only to confess the grace of salvation of God and the righteousness of God only. This is the deeper meaning of that the breasts of the bride saint are like to clusters of grapes.

Besides, the nose of the bride saint smells like apples. According to the fullness of the person, something that is inside him or her comes from the inside to the outside. Since the spirit of the bride saint is full of apples, whoever comes to her, it smells the fragrance of the apples.

Trees to bear the fruits are useful, not only their fruits, but also the trees themselves. By the way, the apple tree is not specially used as the different usage except for the firewood for the fire, because it is weak and bent. The only purpose the apple tree lives is for the fruits of apples. Except for bearing fruits, the apple trees are useless.

Likewise, the body and life of the bride saint are like the apple tree and she lives only to look for the meaning and the value in bearing the fruits of the eternal life. The purpose and the meaning the bride saint lives is to bear the fruits to save the souls by witnessing the Word only; therefore, she only pushes hard to bear the fruits.

The Lord feels delight, watching the spiritual figure of the bride saint. If we lead our lives for the purpose of getting anything corruptible, surely our nose shall smell corruptible.

7:9 And the roof of thy mouth like the best wine for my beloved, that goeth down sweetly, causing the lips of those that are asleep to speak.

The best wine, as I mentioned above, indicates the true wine to come from the breasts of the bride saint, that is, the gospel of the glory to reach the glory of the first resurrection.

The roof of the mouth of the bride saint, namely her mouth become the mouth to witnesses the Word of the first resurrection and then her mouth is the mouth to preach the Word easily like the lips of those that are asleep. As it is written in Isaiah 51:16 that 'I have put my words in thy mouth,' in the mouth of the bride saint, there is full of the best wine the Lord feels delight.

From before God sent me in this world, in order to give me the best glory, the first resurrection, God laid it aside; I have seen that with my eyes of faith and live in the confidence according to the Word. In me, there is the Word of the glory of the first resurrection; owing to it I try to witness the Word of the first resurrection.

By the way, it is like that the lips of those that are asleep to speak. It means that I rest as I do nothing without my effort and the Lord makes me witness the Word of truth of the first resurrection in me through the Holy Spirit by my mouth. Namely, my mouth is used as the tool of the Word.

'To go down sweetly' means to drink the best wine of the Word. When we lead our lives after eating the truth of the first resurrection and being revived, the Lord makes us witness it by our mouths through the Holy Spirit.

7:10 I am my beloved's, and his desire is toward me.

In Korean Bible, 'my beloved' is somewhat mistranslated verse 10-11. The whole 7th chapter is the contents the Lord says. By the way, because of the mistranslation of the 10th verse and below, we may misunderstand that the bride as the subject speaks to the Lord.

That I am my beloved's means the Lord becomes the husband of the bride saint. The one the Lord loves is the bride saint and the bride saint makes Him her husband, so the Lord and the bride saint are united in oneness.

In addition, the bride saint admires the Lord and the desire is toward Him. The first stage of the faith the bride saint could reach is that her old self was dead and belonged to the Christ. Next stage, the Lord gave her even the gospel of the glory in order to live with joy by the truth of the first resurrection.

And now she arrives at the stage the Lord uses her as the tool to witness the truth. That is, today she becomes the one who live by the passionate love to save the life one by one. Likewise, since the Lord leads me with the burning heart, I have only to love and admire the Lord.

This Word is not to say to the third party, but to us in the relationship between the Lord and ourselves. Therefore, we should consider that this book is not the book Solomon sang, but our songs. 'Song of Songs' is the Word of God to go for ourselves. Accordingly, we ourselves long for the Lord. First of all, I am the Lord's, and ultimately the Lord becomes my husband to return to bring me.

Not only did I revive by the gospel of the glory, but also the Lord makes me witness it in order that others may be saved; therefore, I love the Lord and even more long for Him. It is like that the wise five virgins went forth to meet the bridegroom because they longed for Him.

(2) My Bridegroom, Let Us Go Forth into the Field and Lodge in the Villages

7:11 Come, my beloved, let us go forth into the field; let us lodge in the villages.

Also it should have translate as 'come, my beloved' in Korean Bible. When the Lord said that let us go forth into the field and lodge in the villages, there is the figure of the bride saint to follow saying 'Amen.' That 'we' go forth into the field means that the Lord goes forth into the field. As the one who follows, wherever the Lamb goes, the bride saint go forth together sticking to the Lord. The reason why the Lord says to go forth into the field is because we are staying in the city. Since the city is the place where the people who look for the worldly wealth and honor and glory, that is, belong to the world, He wants to go forth into the field like the wilderness and lodge in the villages.

In Mark 8:23, when the people bring a blind man of Bethsaida to the Lord to heal him, the Lord took the blind man by the hand, led him out of the town and healed him. The city of Bethsaida is the place to make a man blind. In the place out of the town of Bethsaida, the Lord put His hands upon the blind man and recovered his two eyes.

Furthermore, the book of Revelation is the revelation the Apostle John saw in the island of Patmos like the wilderness. The Word of Revelation to welcome the Lord as the bridegroom to return and receive the fact on the second coming of the Lord cannot be understood, believed or applied in the city of Jerusalem, the village of the city.

'Villages' mean the houses or small town; the souls that have heard the gospel of the glory are the houses in the field. It is written in Hebrews 3:6 that 'Christ as a son over his own house; whose house are we, if we hold fast the confidence and the rejoicing of the hope firm unto the end.' We are the houses and the Lord is the owner to enter our houses. That is to say, the Lord enters in the saints to live with the gospel of the glory and lodges in them. That the Lord stays in the souls who heard the gospel of the glory and lodges in them until the Word is fulfilled means that the Lord will be with them until they are martyred.

7:12 Let us get up early to the vineyards; let us see if the vine flourish, whether the tender grape appear, and the pomegranates bud forth: there will I give thee my loves.

This text is the Word the Lord enters the bride churches, the vineyards, and watches them and gives the love of the Lord. Also there is a mistranslation in Korean Bible; we may change it into that 'there will I give thee my loves.'

'Vineyards' symbolize the churches; especially in this context, they indicate, not the general vineyards, but the faithful bride churches to listen to the gospel of the glory and hope for welcoming the Lord to return, the golden candlestick churches.

In addition, the golden candlestick churches do not mean the church buildings, but the bride saints. The bride saints are those who live to look for the martyrdom on the day of tribulation. Since the bride saint is united with the Lord to return, they become 'we'(in this text, 'us').

In verse 6, the bridegroom Jesus Christ has been already united with the bride saint with 'O love' and is continuously with her.

The Lord showed the bride church the Word related to getting up early. It means that we prepare for the tribulation to come soon by faith in order to win the victory, when we face it, watching it with our spiritual eyes and understanding it according to what the Lord taught. Those who watch the tribulation to come soon with their spiritual eyes and prepare for it by faith mean those who get up early and enter the vineyards.

On the contrary to this, although the Lord made us realize it, if we do not prepare for it by faith and ignoring it, finally we belong to the night and the day of the Lord will come like a thief in the night. Moreover, the Lord watches if the vines flourish, whether the tender grapes appear, and the pomegranates bud forth in the bride churches, the vineyards. These trees are used for us as parables.

First, that the vines flourish means those who believe the gospel of the glory and live filled with joy.

Next, that the tender grapes appear is to bear the fruits; that is, it means that the work according to that they believe the gospel of the glory is fulfilled. When we live with the gospel of the glory, the following event is that we should be hit by the wind of affliction.

Grapes completed well ripe should be beheaded by the wind of the great tribulation that has never been from the creation and the tender grapes in this text mean the work to make the faith to overcome the tribulation, although the 7-year tribulation does not start; that is, the stage to bear the fruits, making the faith ripe against the wind of affliction.

The bride does not become for free. For the sake of making us the brides, the Lord makes us go through the tribulation, endurance and trials for our perfection.

The characteristic of 'pomegranates' is many seeds in them. The seed means to make the eternal life abundant as the eternal life or the tool to save other souls. To appear the pomegranates in the vineyards is to say about us as the parable. If we receive by faith the fact that the Lord gave the gospel of the glory to whom we were poor, stupid and weak, not to whom they were distinguished, wise and rich families, it means that the pomegranates are full of the seeds. In addition, if we receive by faith that the Lord certainly made us bear the fruits reach the eternal life through us by making us speak the truth of the blessing with the lips of whom we are asleep, the seeds of the pomegranates become more densely populated. That the pomegranates bud forth indicates the saints to live with such a joy.

The perfect seeds of the pomegranates means to wear the clean and white fine linen. As the clean and white fine linen is the righteousness of saints(Revelation 19:8), To praise the righteousness of God to make be martyred and feel delight are the clean and white fine linen the bride wears. This is the eternal life. If we want to welcome with our knowledge and eagerness, we cannot be the pomegranates.

The Lord said, ‘there will I give thee my loves.’ Where is the place the Lord said ‘there’ in this text? In this context, the Lord entered the vineyard. The vineyard means the bride church, that is, the bride saint. The one who realizes the Lord who watches the bride church that has heard of the gospel of the glory is the very ‘there.’

That I(the Lord) will give my loves to the one who realizes the Lord who watches the bride church means that the Lord, the bridegroom, embraces her and makes love with her in the bed and will be united with her to make one body perfectly.

And then, the next stage following it is the verse 13 that the mandrakes give a smell. When the bridegroom Jesus Christ makes love with the bride saint and becomes one body in the bed, their joy will be united and the result of their love is to bear a baby. Like this, the children the church bears with the mandrakes are an hundred and forty and four thousand of the sealed servants of the living God.

(3) I Will Do My Work to Bear the Bride As the Mandrakes Give a Smell

7:13 The mandrakes give a smell, and at our gates are all manner of pleasant fruits, new and old, which I have laid up for thee, O my beloved.

In this text, 'mandrakes' is the right translation from the Hebrew original text[Du-daim] to English, not Korean. Mandrakes in Genesis 30:14 were that Reuben went in the days of wheat harvest, and found mandrakes in the field, and brought them unto his mother Leah.

Leah hired Jacob, her husband, instead of the mandrakes and slept with him that night. Rachel returned her physical husband who was always with her to Leah in order to take the mandrakes of Reuben.

Leah slept with Jacob, her physical husband, instead of the mandrakes, and bare Issachar, and Leah conceived again, and bare Zebulun.

On the contrary, Rachel enjoyed the mandrakes with her mouth and bare Joseph, the spiritual firstborn son. At that time when Leah and Rachel lived, there was the idea that the mandrakes(Du-daim) was considered as the grass to promote pregnancy for the barren women among them; accordingly, we may also generally interpret that Rachel bare a baby by using the same way.

However, when we reveal the cover of the event one more time, the mandrakes in the spiritual meaning to make bear Joseph is the gospel and truth.

The mandrakes mean to have one joy in the relationship between the bride and the bridegroom. At wedding ceremony, the bride and the bridegroom exchange nuptial cups. The ceremony to mark to have one joy in the relationship between the bride and the bridegroom is to exchange nuptial cups. After drinking nuptial cups, the bride and the bridegroom go to the bed together. When they sleep each other, they will give birth to the children. Likewise, it reveals the spiritual children to bear as the result of sleeping between the Lord and the bride saint.

As Rachel enjoyed the mandrakes with her mouth and bare Joseph, the spiritual children to bear in oneness in our joy to be united with the Lord who gave the gospel of the glory are to bear the people who will receive the glory of the first resurrection and an hundred and forty and four thousand.

It is said in Isaiah 62:4-5 that for as a young man marrieth a virgin, so shall thy sons marry thee: and as the bridegroom rejoiceth over the bride, so shall thy God rejoice over us and marry us. Because of this, we become ‘Hephzibah’ who have the joy of fiance and ‘Beulah’ who have the joy to be married; the levels of the joy are completely different.

The work to be united with the one body by marrying and bear the children is the joy of Beulah. The mandrakes indicate to bear the bride of the Christ, the firstborn son like Joseph by being united with the joy between the bridegroom Jesus Christ and the bride saint.

If although they slept, one had joy and the other did not have it, it was not being oneness. So their children never become the bride of the Christ, but the physical children like the sons of Leah.

Accordingly, the mandrakes are not the physical things, but the reality of the work of the gospel of the mandrakes through the parable of the bride and the bridegroom. That is to say, when the bride and the bridegroom sleeps together, as the genital organ of the husband enters the body of the wife, they primarily feel delight because of their oneness.

Next, the husband ejaculates semen internally at last, reaching the organism because of the delightful face of his wife and then the wife is pregnant and bear the children so they secondly have another joy that the husband will see her joy to have a baby. Like this, being united oneness with four kinds of joy, to bear the children is a model; and the reality is the work to bear the bride of the Christ, the spiritual children, being united oneness with four kinds of joy, between the bridegroom Jesus Christ and the bride saint.

As I mentioned above in the parable of the bride and the bridegroom, when the genital organ of the husband enters the body of the wife, they primarily feel delight and then the wife is pregnant. The channel or tool to be fruitful and multiply according to the Word of God(Genesis 1:28) is the genital organ of man. It is not that the genital organ of a man makes a woman pregnant.

As the parable of the bride and the bridegroom, since the

bridegroom Jesus Christ as the Word enters me and gives the glory of the first resurrection to become the bride of the Christ, I am full of the joy and exclamation. The bridegroom Jesus Christ who sees and hears it makes me witness the gospel of the glory of the first resurrection with the great grace and power.

At that time, when I as the wife witness the truth of the first resurrection and bear the bride of the Christ, it becomes the secondary joy to make the Lord and the bride happy.

In the final analysis, there are two kinds of joy at the moment when the Lord and I as the husband and wife are united in one body and also there are two kinds of joy when the Lord Himself makes me bear another bride like me.

Therefore, that these four kinds of joy make one is the gospel of the mandrakes, the truth of the mandrakes to bear the bride of the Christ, the mysterious work. 'Our gates' indicate the holy city, New Jerusalem. The saint, the house where the Lord went to the field and lodged was martyred at last and furthermore since the mandrakes smell, even the work to bear the spiritual children was fulfilled, so the saint becomes the city of New Jerusalem.

The city of New Jerusalem indicates the figure of the bride to wear the glory as the bride of the Lamb. That there are all kinds of fruits both the old and the new in front of the gates of the city of New Jerusalem means to bear the fruits abundantly.

'All manner of new pleasant fruits' are the fruits produced by the gospel and truth. To live in praising with joy because of believing the gospel to reach the glory of the first resurrection and witness to bear the fruits to make other souls brides are new fruits. 'Old pleasant fruits' is to bear the fruits of repentance according to the commandments of the Law. Without the Law, we cannot understand our sins and crimes. Our repentance could be fulfilled by the commandments of the Law.

In Christ, the Law became the New Commandment and the spiritual Law that is righteous, holy and good to bring up our souls. Thus, the fruits to understand our sin by the Law and repent melted in the love of the Lord to save the sinner like me are the old fruits. Even though we believe in Jesus Christ, without commandments, repentance is impossible. In this point of view, the sect of salvation[namely, Goowonpa] to destroy the Law is regarded as a heresy and the wrong work of the evil spirit. Because Jesus Christ did not come to destroy the Law, but to fulfil.

It is written that 'these are the things I have laid up for thee.' That the Lord have laid up both new and old things for us means that He prepares the glory to give us according to the fruits as well as the fruits only. That is to say, the Lord makes us bear the fruits in this word with the Lord and prepared things the Lord have laid up in front of the gates of the city in order to wear the glory.

The Lord said that there are the glory prepared for us, that is, the gates of the city, the precious and pleasant old and new fruits. In Revelation 21:10 and below, the Lord says that the glory to make the bride wear is prepared as the New Jerusalem of the splendid jewel city.

Chapter EIGHT

MAKE HASTE, MY BELOVED BRIDEGROOM JESUS (OH, LORD COME QUICKLY)

(1) If You Were My Brother That Sucked the Breasts of My Mother, You Would Have Been Blessed

8:1 O that thou wert as my brother, that sucked the breasts of my mother! when I should find thee without, I would kiss thee; yea, I should not be despised.

That the bride saint says in the subjunctive that 'O that thou wert as my brother, that sucked the breasts of my mother!' means that you are actually not my brother(the elder brother). In this text, 'thou' means the believer who sucked another milk, not the breasts of the mother of the bride saint. In fact, the bride saint was the one who witness the Word of the truth to reach the first resurrection in the 7th chapter.

By the way, after the bride saint was despised and maligned by another believers and pastors who did not understand the Word of the truth she witnessed, feeling sorry for them, she says that 'O that thou wert as my brother, that sucked the breasts of my mother!'

When we are brought up in the same Word by the Holy Spirit as the spirit of the truth, we are the same brother who sucked the breasts of the same mother.

However, if it is not the spirit of the truth and the spirit of the prophecy, they cannot understand the one who speaks the real truth and feels delight for it, but despise and malign, regarding as a heresy.

Therefore, the bride saint feels sorry for it. If they were brothers who sucked the breasts of the same mother, they would not have despised or been despised. The mother who gives milk indicates the minister to preach the Word or the church.

That 'when I should find thee without, I would kiss thee' means to give the glory to God feeling delight one another in the same truth. But I am despised because we have not sucked the same milk. Revelation is the Word of prophecy on the second coming of the Lord. Nowadays, to understand or transmute the Word in humanistic way is commonplace.

Accordingly, if we witness the real Word of the truth on Revelation, the fake that understands in humanistic way despises and maligns the real. In addition, those who do not understand Revelation slander us saying why you touch the things Calvin, the father of Presbyterian, did not teach.

8:2 I would lead thee, and bring thee into my mother's house, who would instruct me: I would cause thee to drink of spiced wine of the juice of my pomegranate.

'My mother's house, who would instruct me' means the church that brought up and taught me with the Holy Spirit as the spirit of the truth. It is the golden candlestick church to make me the bride saint today by understanding the truth to reach the glory of the first resurrection by the Hoy Spirit.

It is said that I would cause 'thee' to drink of spiced wine of the juice of my pomegranate by leading to the golden candlestick church. This is not the common alcoholic drink, but the wine that means the gospel. The alcoholic drink to drink in my mother's house that instructed me is the spiced wine of the juice of my pomegranate. In a word, it is the cup to make us be martyred.

In Luke 22:17 and below, it is written that Jesus Christ took the cup, and gave thanks, and said, 'Take this, and divide it among yourselves.' After that, He took bread, and gave thanks, and brake it, and gave unto them, saying, 'This is my body which is given for you: this do in remembrance of me.' Likewise also the cup after supper, saying, 'This cup is the new testament in my blood.' The bread and cup is administered as the sacrament according to the Lord's command today.

But the cup the Lord gave before the Last Supper, saying 'Take this, and divide it among yourselves' was given to the disciples who must go the same way. This cup the disciples drank is the cup of martyrdom that is the same as the cup of the death of the cross the Lord took. The disciples who drank this cup were offered as the sacrifice of the martyrdom following the Lord. This cup is the cup of the spiced wine made from the juice of my pomegranate.

It means that to make 'you' that hope for the rapture before the tribulation or insist that there is no millennial kingdom or claim that the church goes through the tribulation and the raptured saint after tribulation becomes the bride saint, because of misunderstanding, lead to my mother's house(the golden candlestick church) that taught me and to make you drink the spiced wine made from the juice of my pomegranate.

Thus, if 'you' will be brought up drinking the spiced wine in the church, you will understand the Word the bridegroom Jesus Christ makes you be martyred and go to the way of martyrdom with joy.

However, that the bride saint said in the subjunctive that 'O that thou wert as my brother, that sucked the breasts of my mother!' means that he did not receive the truth the golden candlestick church gives at last.

If you are led to the golden candlestick church and receive the truth laying humbly down your own things, you can receive the grace and become the brother; however, it is very difficult. Because each individual believer has the unbreakable things like a strong fortress. From the first step to believe in Jesus Christ, it is very important what kinds of seeds fell on the souls.

By the Word that firstly received, the figure of faith forms in us and it becomes the strong fortress for us. When my own self is broken as the broken jar, the strong fortress can disappear and I can yieldingly receive the truth of the first resurrection my mother's house that instructed me gives.

8:3 His left hand should be under my head, and his right hand should embrace me.

This text is the same letters as Song of Songs 2:6, but the totally different meaning. The Word in Song of Songs 2:6 expresses the process that the left hand of Jesus Christ is under the head of the bride saint and His right hand embraces the bride saint in order to fill her with the Word of the truth up to the brim and perfectly make the Lord and the bride saint oneness.

By the way, His left hand and right hand in this text is 'your' hand in verse 1. If the one who despises and slanders the faith of the bride saint drank the same spiced wine of the juice of my pomegranate like me in my mother's house that instructed me, he or she would have been surely deeply moved and loved each other, uniting with the bride saint who led him or her as the bridegroom Jesus Christ embraced the bride saint and loved each other.

If you realized that He set up the worst sinner who despised and condemned the truth of the bride saint rather as the one who receives the abundant blessing to reach the first resurrection, your left hand should be under my head, and your right hand should embrace me.

8:4 I charge you, O daughters of Jerusalem, that ye stir not up, nor awake my love, until he please.

'The daughters of Jerusalem' mean the physical believers and churches. Moreover, those who run towards the other way of faith different from the bride saint because they did not suck the milk of the Word to reach the first resurrection are the daughters of Jerusalem. Up to the verse 3, the one who despised and resisted the bride saint is 'he,' but 'he' in verse 4 indicates the bridegroom Jesus Christ.

Thus, it is written that ye stir not up, nor awake my love, until the bridegroom pleases. It is the work to fill her with the deeper grace and love of the Lord in this position of faith of the bride saint; He wants to fill the bride saint with them to the quantity of the joy Jesus Christ feels delight.

The bride saint who went through Song of Songs 7:13 plays the role to bear by uniting with the Lord with the joy of the mandrakes. Because of setting up the bride of the Christ one by one, there are the joy of Jesus Christ and that of the bride saint; the degree of the joy is different between the two. In order that the joy of Jesus Christ to set up the bride and revive the life becomes the same joy for the bride saint, now the bridegroom Jesus Christ loves the bride saint herself; therefore, until the love is filled to the brim, do not disturb. This request that ye stir not up, nor awake my love, until he pleases has been given many times before, too.

At first, there was the work to fill with the truth to the brim and then, it is said that He loves for the mission to witness and joy. In 8:4, He fills with love while witnessing with the bridegroom Jesus Christ. For the bride saint, it is perfect, although there is nothing in 8:4; however, if it is fulfilled, now she can enjoy the delight to be the king in person and become that of Jesus Christ. That is, the result the Word of 8:4 is completed is the 11th verse.

Solomon had a vineyard at Baalhamon; he let out the vineyard unto keepers; every one for the fruit thereof was to bring a thousand pieces of silver. (Song of Songs 8:11)

The bride saint the Word of 8:4 is fulfilled receive the thousand pieces of silver in a vineyard at Baalhamon. The vineyard at Baalhamon means the church of the millennial kingdom and the fruits of the thousand pieces of silver indicates the fruits to bear for a thousand years. There was no place called Baalhamon as the name of a vineyard in the time of the king Solomon.

From Song of Songs 1:1 on, the song of Solomon is the joyful song of the bride to welcome Jesus Christ to return. That is, it is not the song of the king Solomon in the past, but the relationship between the Christ and the bride. Accordingly, it is clear that the vineyard at Baalhamon of Solomon is not the vineyard in the time of the king Solomon in the past.

We ourselves who receive this Word should be the place like Solomon. That is, we should be the bride of the Christ. The one who becomes the bride of the Christ becomes the vineyard to bear the fruits living in the situation as the reality of faith, the millennial kingdom.

Do you feel that we shall live in the millennial kingdom? Is Jesus Christ full of joy to feel anything while He works to bear with the mandrakes with the bride saint? He feels to return as the king of kings and rule over the millennial kingdom and is joyful.

If so, the kings to serve Jesus Christ as the king of kings and rule over the millennial kingdom with Him also have the joy Jesus Christ enjoys; hence, Jesus Christ fills it in 8:4. For the bride saint who is filled like this, even though the millennial kingdom is not completed yet, she is the one who has the vineyard at Baalhamon of Solomon. In addition, she becomes the one who has received a thousand pieces of silver and bear the fruits.

It is written in John 15:13 that greater love hath no man than this, that a man lay down his life for his friends. The friends Jesus Christ loves most are His disciples. As the mark Jesus Christ loves them, He laid down His life for them; this is the joy of the Lord.

Because He is full of such a joy, he said 'that my joy might remain in you, and that your joy might be full'(John 15:11). The joy of Jesus Christ is to be killed on the cross.

The Lord does not feel delight because of being killed itself, but the life being saved and revived. It is said that He wanted to give His disciples the same joy in the 16 and 17 chapters.

It means that the disciples, the friends of Jesus Christ, are going to be martyred. When the disciples of the Lord are martyred, He wants them to have the joy of the Lord as their joy rather than the pain of the death of martyrdom.

According to what Jesus Christ wanted and prayed, finally the disciples of the Lord were offered as the sacrifice of martyrdom united with the joy of Jesus Christ. In order to fill the bride saint in 8:4 with such a joy of Jesus Christ, He loves her.

If we become the bride saints who are full of this joy, we can already transcend the pain of martyrdom, the affliction of the day of tribulation and so on. Moreover, we can be those who feel delight because of a thousand pieces of silver of the vineyard at Baalhamon on the other side of martyrdom.

(2) The Woman Coming Up from the Wilderness Leaning upon Her Bridegroom

8:5 Who is this that cometh up from the wilderness, leaning

upon her beloved? I raised thee up under the apple tree: there thy mother brought thee forth: there she brought thee forth that bare thee.

Her 'beloved' means Jesus Christ. This woman leaning upon Him, relying on Jesus Christ, who comes up from the wilderness is the bride saint. That she came up from the wilderness(the rough field) means that she overcame relying on her beloved, although she went through many afflictions, pains and all kinds of troubles.

The wilderness she went through is the highest place, the top of Mt. Hermon, the Lord led her in Song of Songs 4:8 saying 'my spouse, come with me.' After showing the lions' dens and the mountains of the leopards at the mountaintop, she in person came up passing the lions' dens and the mountains of the leopards.

In addition, she passed the mountains of frankincense and myrrh. The lions' den symbolizes the prostitute Babylon. Although she went through the work of the prostitute church to kill the soul by selling the fidelity of faith, temptation through the false prophet and a variety of afflictions, she overcame that because she became the woman who came up from the wilderness. Furthermore, she won the victory in the mountains of the leopards.

Although the Antichrist tempted with the good saying like the colorful leopards, she won the victory by relying on the bridegroom Jesus Christ. On the day of the tribulation, those who are not tempted when the Antichrist tempted shall be suffered torments and be in torture and be killed. Accordingly, how precious and blessed the woman who was martyred as the victory of faith through all kinds of hardships and the best warrior of the victory!

It is written that 'I raised thee up under the apple tree.' 'The apple tree' means the apple tree in Song of Songs 2:3. That is, my beloved Lord is like the apple tree that is the most special tree among all trees in the forest.

Even though there are many people who are admirable or excellent people like the trees of the forest, among them, the most outstanding and excellent one is my beloved and He is like to the apple tree.

There is no seed in the trees that belong to the forest, but the fruits of the apple tree have the seeds. The seeds mean something to belong to the eternal life. In order to give me the eternal life, Jesus Christ came into the earth and was killed as the sacrifice of redemption on the cross. This is the apple tree.

The bride saint led to Song of Songs 8:5 is not the bride from the beginning. The first start was to be raised up under the apple tree. Jesus Christ, the apple tree, raised me up by continuously making me come to consciousness. Not only did He make me believe in the Savior of redemption under the apple tree, but also made me receive even the gospel of the glory that the Lord becomes my bridegroom who makes me the bride.

That is to say, He made me realize that the Lord who prepares the affliction in order to give me the glory prepared in the heaven and makes me be martyred is my husband.

That 'there thy mother brought thee forth' means that your mother gave birth to you, the bride, after undergoing childbirth. In addition, that 'there she brought thee forth that bare thee' means that the mother even after undergoing childbirth continuously took care of the baby and brought up in many troubles and pains to become the woman who comes up from the wilderness.

In this context, the mother indicates the Holy Spirit. The Holy Spirit has made many efforts to show me that there is the glory of the first resurrection in the kingdom of heaven prepared for me and make me believe it through hard work, although I believe in Jesus Christ.

That is, the Holy Spirit has undergone childbirth until I firmly believe that there is the glory of the first resurrection in the kingdom of heaven as my own share. If it is believed, we can transcend everything and stand firm as the faith to be gladly martyred. So the mother underwent childbirth and made us see the glory of the first resurrection and believe it. Who is the woman coming up from the wilderness?

She is the very woman Jesus Christ, the apple tree, saved her soul, gave her the eternal life and made her realize herself as the one who shall receive the glory of the first resurrection. Finally, the Lord made her the woman to come up from the wilderness.

(3) The Bride Should Set the Bridegroom As a Seal upon Her Heart And Arm(Revelation of the Love of the Bridegroom Jesus Christ Not to Lose Eternally)

8:6 Set me as a seal upon thine heart, as a seal upon thine arm: for love is strong as death; jealousy is cruel as the grave: the coals thereof are coals of fire, which hath a most vehement flame.

It is written that set the bridegroom Jesus Christ as a seal upon the heart and arm of the bride saint. As we write up a contract, if we set a seal, the contract is surely valid; in the same way, if we set Jesus Christ as a seal upon our heart and arm, we will be certainly the brides. The first stage to set the bridegroom Jesus Christ as a seal upon my heart is to have confidence that Jesus Christ is the one who showed me the glory with the gospel of the glory in order to give me the glory of the first resurrection. The second stage is to have confidence that the one who showed me the glory of the first resurrection taught me also the way of martyrdom. The third stage is to have confidence that the one who showed me the way of martyrdom will fulfill what He showed me. If it is fulfilled, it is that we set Jesus Christ as a seal upon our hearts. If the bridegroom Jesus Christ is set in my heart as a seal, He is always with me. In addition, since Jesus Christ became my bridegroom, when He returns, He will have the glory of the first resurrection to give me. My heart is overflowing with joy, because Jesus Christ who showed me the glory of the first resurrection prepared the way of martyrdom in order to give me the glory and the Lord who surely leads me to be the bride is with me set as a seal.

But we do not set the bridegroom Jesus Christ in our heart, but on our heads; therefore, we have no joy and cannot witness it.

Furthermore, that 'set me as a seal upon thine arm' means the confidence of faith that the bridegroom Jesus Christ makes the bride saint be joyfully martyred with her arms outspread. Jesus Christ says to Peter in John 21:18, "Verily, verily, I say unto thee, When thou wast young, thou girdest thyself, and walkedst whither thou wouldest: but when thou shalt be old, thou shalt stretch forth thy hands, and another shall gird thee, and carry thee whither thou wouldest not."

It is said that this spake he, signifying by what death he should glorify God. Accordingly, it means that "Are you in the place of the bride saint?" then, you should set Me as a seal upon your arm.

The reason why the Lord is on my arm is that the Lord makes my arms outspread and embraces me to make me lead to the place to be beheaded and martyred in person. If we have confidence like this, it is to set the Lord as a seal upon our arms.

If we set the bridegroom Jesus Christ as a seal upon our hearts and arms, the Lord will fulfill three things. The first thing is that love is strong as death; the second, jealousy is cruel as the grave; and the third, the fire which hath a most vehement flame.

That the love of the Lord is strong as death means that the Lord, Jesus Christ set as a seal, is to take me out of the fire, even if I jump into the fire to try to die, not to leave me die, but to come into the fire with me.

Although Peter denied the Lord even three times, the Lord did not destroy him, but made him return and be martyred for Him. Likewise, although I denied the Lord and committed many sins and crimes fallen into the fruitless death, the Lord is always with me and will take me out of the place and surely set me up on the position of the bride.

That 'jealousy is cruel as the grave' means the holy jealousy that the bridegroom Jesus Christ loves the bride saint. In the love relationship between man and woman, when a partner cheats the other one, there should be jealousy. In the same way, if the bride saint cheats Him, the bridegroom Jesus Christ gets jealous. When the bride saint went out to the world or fell in the thing her physical desire likes, the bridegroom Jesus Christ does not leave her still, but is jealous of her as cruel as the grave. In order to take out the part of what the bride saint is falling in the worldly good thing, the Lord works to burn with the vehement flame like the flame of the grave.

That the work to cruelly burn what she likes, when the bride saint does not go to the right road, but to the other things she likes, although on the standpoint of the Lord it is the true love, but it is so much painful for her on the standpoint of the bride saint. However, it is the work to rightly set up as the place of the bride at last.

That 'the coals thereof are coals of fire, which hath a most vehement flame' means that the love of the bridegroom Jesus Christ towards the bride saint is like a most vehement flame. Coals means the coals of fire of love. The love the bridegroom Jesus Christ loves me and pours out is like a most vehement flame. This flame is said in Hebrews 12:29, 'for our God is a consuming fire.'

Although the bride saint has already set the bridegroom Jesus Christ as a seal upon her heart and arm, the Lord knows well her lingering desire not cutting off and burns it up. The force of the fire is like the fire of the LORD; therefore, it completely burns the lingering desire of the bride saint and the force of the fire of the love of the Lord will be continued and nobody can block the force of the flame.

8:7 Many waters cannot quench love, neither can the floods drown it: if a man would give all the substance of his house for love, it would utterly be contemned.

That 'many waters cannot quench love' means that the flame of the love of the Lord is so vehement that many waters cannot quench the flame of the love. In addition, the love of the Lord will be fulfilled to the end.

In this context, 'love' means the love the bridegroom Jesus Christ works. That is, the processes of making me offer as the sacrifice of martyrdom and wearing the glory of the first resurrection and making me the king of the millennial kingdom are the love of the bridegroom Jesus Christ, my husband. Many waters cannot quench this love, neither can the floods drown it. The thing which has the greater power than many waters is the floods. There is the great power to make nothing without the trace in the floods to sweep both the mountain away and houses. Although everything the bride saint has was broken by the work of the floods and her fortune began to ebb, the Lord set on my heart does not sweep away. It means that the love of the Lord does not disturbed by the water of the floods, even if everything became useless by being flooded and the love of the bridegroom set upon my heart and arms should not be cut.

Rather, the Lord is the one who makes me accept it as what His love make me like this and win the victory with praising Him. Nothing can affect the love of the Lord. By the way, if a man would give all the substance of his house for love, it would utterly be contemned. It means never to exchange. That is, even though a man loses all the substance he saved during all his life, he will never lose the glory of the first resurrection to welcome the bridegroom Jesus Christ and the blessing to be the king of the millennial kingdom He will give.

Although anyone says to me that you should happily live with all the substance you saved during all your life on the earth, giving up the blessing, love and glory the bridegroom Jesus Christ will give me, when He returns, I won't do that.

But Esau sold his birthright unto Jacob at a bowl of pottage of lentiles. We have the same factor like this. If an opportunity to catch the wealth and honor arises for the people who like them, they follow them and the glory of the first resurrection the bridegroom Jesus Christ has tended to be put in the background. Such a person is the man of no faith. However, there is also the faith that is strong and never shaking like the huge mountain.

(4) There Is a Little Sister Who Has No Breasts

8:8 We have a little sister, and she hath no breasts: what shall we do for our sister in the day when she shall be spoken for?

'We' means Jesus Christ, the bridegroom and the bride saint. Especially, in this context, the bride saint is the one who passed the verse 4 and is full of the joy to save the souls like the Lord.

The one who witnesses the Word like the hundred and forty and four thousand and feeds the milk of the Word because of having breasts is the bride saint in verse 8. Thus, the result of witnessing the Word by being united between the bride saint who works to set up the same bride as her and Jesus Christ gave birth to the little sister. That is, the bride saint who is in the place to witness united with Jesus Christ as the oneness is the big sister. For the newly born little sister, there are many immature things in all aspects.

However, the bride saint, the big sister is the one who says as the lips of those that are asleep to speak(Song of Songs 7:9). That is to say, the bride saint who does not witness the gospel of the glory alone, but is used as the tool the Lord witnesses, being united with the Lord is 'we.'

It is written that the little sister has no breasts. Marriage proposal means to be called unto the marriage supper of the Lamb in Revelation 19:9. Although the bridegroom Jesus Christ wants to take her as the bride, if the little sister has no breasts, it is impossible. Even though the little sister believes the glory of the first resurrection and longs for it, she has no joy because she has no experience of the bridegroom Jesus Christ to wear the glory. Since she does not have such a joy, she has no breasts. If I have the bridegroom, I have a joy because of him. But the little sister has no experience that the Lord said to her, "My Spouse!" although she considers the glory of the first resurrection as the good thing.

Therefore, the little sister who has no breasts is afraid of the day of tribulation in the future and has anxiety about it. In addition, such a person cannot witness the truth of the first resurrection because there is no evidence secondarily fulfilled according to the Word.

What shall Jesus Christ and the bride saint who is standing on the place of the hundred and forty and four thousand do for the little sister in order to be called as the bride on the day when Jesus Christ comes as the bridegroom? We should make her the mature bride who has breasts, the beautiful figure of the perfect bride.

8:9 If she be a wall, we will build upon her a palace of silver: and if she be a door, we will inclose her with boards of cedar.

What shall we do for the little sister who has no breasts? It is first of all to try to make the little sister who has no breasts be a wall.

'The wall' means the rampart like an impregnable fortress; that is, the little sister should build the wall of faith. It is said in Psalms 127:1 that except the LORD build the house, they labour in vain that build it: except the LORD keep the city, the watchman waketh but in vain.

To build the wall of faith as the rampart like an impregnable fortress is done by the Lord.

Accordingly, if we want to be the wall of faith, we should listen to the voice of Jesus Christ to return, that is the Word of prophecy through the ears of the Holy Spirit.

Once we become the listeners, we should listen to the Word and believe what the Word shall be fulfilled according to the

Word. If so, the work to be fulfilled according to the Word for the believers and we become the one who rest in the work of the Lord; therefore, it is to build the wall of faith. Thus, if the little sister wants to be the perfect and mature bride, first of all, the wall of faith should be built in her.

Like this, when the little sister builds the wall of faith, it is written that 'we will build upon her a palace of silver.' Silver is white; therefore, it means that those who are first standing upon the place of the hundred and forty and four thousand help and guide her until she wears the fine linen, white and clean.

Since the bride of the Lamb should dress up in fine linen, white and clean, to build a palace of silver upon the little sister making her wear the white dress means to build the palace the little sister lives, that is, to make her wear the glory. The palace is the house in which the king and the queen live. To build such a palace means that 'we' make it until the little sister who has no breasts wears the glory.

Moreover, the expression 'if she be a door' means the gates of pearls in the city of New Jerusalem. That the little sister became the gate of the city of New Jerusalem means that she is set up as the mature bride to be called to the place of the wedding banquet of the Lamb.

How can we enter the city of New Jerusalem? We should enter through the gate of the city. It is written in Revelation 21:21 that there are the twelve gates, three gates on each direction and every several gate is of one pearl.

We can enter the city of New Jerusalem through the pearl gate. The meaning of the pearl gate is that we shall be martyred through the sanctification like a pearl. Accordingly, the martyrs who entered the pearl gate become the palace of jewelry of New Jerusalem to receive the glory of the bride of the Lamb.

It is said that if she be a door, if the little sister will be mature and become the pearl gate of the city of New Jerusalem, we will inclose her with boards of cedar. The lifespan of a cedar is thousand years and the cedar has the characteristic to emit the fragrance. And the color of cedar is white, suffered from the wind, because it lives the high mountain areas like Lebanon.

Likewise, such a characteristic of cedar has the spiritual meaning. If we inclose the little sister with boards of cedar, the fragrance of the tree lasts for about thousand years. It symbolizes to praise the Lord, enjoying the glory to be the king of the millennial kingdom the Lord will establish when He returns in advance by faith

By the way, if the little sister became the pearl gate as the wife of the Lamb who is perfect, it is OK; why did they say to inclose the pearl gate with boards of cedar? The reason why they said that is that there is the evil one to harass and stick violently from every direction.

Although we are suffered from not only the one who resists us, but also the Antichrist and his army, through it we can be the king of the millennial kingdom as the work to add up the best glory. After realizing it, rather to praise and give the glory to the Lord is to be the gate inclosed with boards of cedar.

'We' build up the little sister who has no breasts with great efforts; first of all, to make her the wall of the big faith, next to build the palace of silver, and then to inclose with the boards of cedar, the martyrdom as to be the pearl gate of the New Jerusalem.

(5) The Breasts of the Perfect Bride Is like Towers

8:10 I am a wall, and my breasts like towers: then was I in his eyes as one that found favour.

'I' who belong to 'we' in verse 8, am the one who are firstly standing on the place of the hundred and forty and four thousand to play the role to bear the little sister and bring her up with the bridegroom Jesus Christ. Verses 8-9 are mentioned about the faith of the little sister and then verse 10 is the content to confess what the faith of the servant who belongs to the hundred and forty and four thousand is.

That 'I am a wall' indicates the wall of the city of New Jerusalem in Revelation 21:10 and below; it means the glorious figure of the bride of the Lamb the Lord made her completed.

The servants of the hundred and forty and four thousand are those who already have the glory of the first resurrection the Lord will give when He returns, after their martyrdom and have the transfigured body as the glorious body like the Lord. In faith, to confess their faith completed as the city of New Jerusalem is that 'I am a wall.'

In verse 9, that the little sister became the wall means to build the wall of strong faith that is not completed as the wall of the city of New Jerusalem. That is to say, she heard the Word of the Lord with her spirit and believed the fact to be fulfilled according to the Word and built the wall of faith that rests in Him.

In addition, it is written that 'my breasts like towers.' Towers are the bartizan to watch the situation of the enemies and inform it. Likewise, the breasts of the servants of the hundred and forty and four thousand are like towers that know the time of the Lord's return and have a lot of Word to abundantly prepare for the day of tribulation before the Lord's return and bear the fruits through preaching the Word. Furthermore, they have the Word to bear the fruits once again for a thousand years as the resurrected body in the millennial kingdom and witness it in order to bear the fruits. Therefore, they are the breasts like towers.

Those who heard of the servants of the hundred and forty and four thousand in the right time prepare the time when the Lord comes again and become the overcomers in the spiritual battle of the day of tribulation; it becomes the fruit of the witness.

That 'I was in his eyes as one that found favour' means that I become the one who wear the grace of salvation in the eyes of the bridegroom Jesus Christ. The first beginning of the grace of salvation is that we ourselves have received the grace of salvation by Melchizedek. In the 3rd chapter of Genesis, God made the souls of the sons of God with Adam be under the judgement of the hell for a while and then saved them by the prepared Melchizedek not to eternally go to the hell.

After that, I have guaranteed that I can be the one who never fall into the hell because of deprivation, although I enjoy the superior glory in the general assembly of the firstborn. This is that I become in his eyes as one that found favour.

Furthermore, the Lord made us be saved from this world, but laid us the original sin to bear the fruits of thorns and thistles only. By bearing the fruits by the Holy Spirit only, the Lord makes them the eternal life. My old self, that is, my body and emotion an desire that is given from my parents, was crucified with the Lord and dead on the cross.

And then, now I became the one who is united with the resurrected Jesus Christ in resurrection and considered as the living one to God; therefore, the Lord made me live only by faith. It is that we wear the grace of salvation of our daily living situation while we live in this world.

Nevertheless, the bridegroom Jesus Christ forgives me that

continuously committed sins and crimes and loves me to the end and makes me be martyred in order to enter the glory of the first resurrection.

Besides, I become the one who wear the grace of the Lord beyond all description. When the Lord taught Daniel seventy weeks, the Lord said to him that thou art greatly beloved(Daniel 9:23). However, nowadays, we are much more beloved.

(6) See a Thousand Pieces of Silver of the Millennial Kingdom as the Vineyard of the Bridegroom Jesus Christ Who Returned

8:11 Solomon had a vineyard at Baalhamon; he let out the vineyard unto keepers; every one for the fruit thereof was to bring a thousand pieces of silver.

There was no place called Baalhamon both in the time of the king Solomon and in Israel today. It is that Solomon who received the wisdom of God according to what God showed wrote the event in the future.

When we see it from the point of sight Solomon stood, the place name in the millennial kingdom the Christ(Messiah) will return and set up far into the future is 'Baalhamon.'

That is, the church of the millennial kingdom of the Christ is expressed as 'the vineyard of Baalhamon of Solomon.' We should be able to see it with the spirit and the eyes of faith. In the same context, we can see the Solomon's carriage in the 3rd chapter of Song of Songs.

In Song of Songs 3:7, there is the Solomon's carriage; it is figuratively described as Jesus Christ to come again. Those who ride on the carriage of Jesus Christ to come again mean the daughters of Zion in Song of Songs 3:11, the wives of the Lamb.

In addition, it is written that 'he let out the vineyard unto keepers.' In this context, the Christ will come again and rule over the whole millennial kingdom He will set up, the vineyard, and there will be those who rule it entrusted by Him for a thousand years like a tetrarch; they are the keepers of the vineyard.

The keepers of the vineyard are those who were the martyrs beheaded and killed in the day of tribulation, but those who are firstly resurrected when the Lord returns and wear the same spiritual body like the glorious Lord.

They are the keepers to protect the vineyard, the church of the millennial kingdom. The fruit of a thousand pieces of silver does not mean the rental fee of the vineyard. The meaning of 'a thousand pieces of silver' is symbolic; silver means the thing which is clean.

Do the keepers of the vineyard of the millennial kingdom live with the physical body as the descendants of Adam or with the resurrected body? They live with the resurrected body.

Those who live with the resurrected body are not the descendants of Adam. The body that the martyrs wear through the first resurrection is not the body of the original sin, the spiritual body that belongs to the heaven.

That is, the body is not the body that belongs to the physical world. That they bear the fruits in the millennial kingdom for a thousand years as the kings and the priests is a thousand pieces of silver.

Nowadays, we live with the sinful body born as the descendant of Adam. But we became the new existences that live by faith to believe in Jesus Christ through the processes we believed in Jesus Christ and our sinful bodies were dead on the cross by faith.

Therefore, our bodies are the bodies the Holy Spirit makes us bear the fruits in us, that is, to bear the fruits by faith and ultimately waif for the redemption of our bodies.

> 8:12 My vineyard, which is mine, is before me: thou, O Solomon, must have a thousand, and those that keep the fruit thereof two hundred.

In this text, 'my' and'Solomon' are the antitype of the Christ to come again. The LORD gave Solomon wisdom to see the Christ to return. Therefore, 'my vineyard, which is mine' is also the antitype of the church of the millennial kingdom that the Christ will come again and set up. Whose song is the whole book of the Song of Songs? It is the song of Solomon. Does Solomon mean anyone? He is the antitype of the people who will be the brides of the Christ to come again. Since the Christ to come again is the king of kings and the Lord of lords to rule over the whole millennial kingdom, He is the one who has the whole things about a thousand. And the firstly resurrected rule over the part of the whole kingdom entrusted by Him like a tetrarch; therefore, they keep two hundred in symbolic meaning.

8:13 Thou that dwellest in the gardens, the companions hearken to thy voice: cause me to hear it.

That 'thou that dwellest in the gardens' indicates the bride saint and the gardens mean the millennial kingdom that the Lord returns. By the way, which is bigger, the garden of Eden in the 2nd chapter of Genesis or the millennial kingdom that the Lord will return and set up? The garden of Eden is an area centered in Turkey and the millennial kingdom is to make the world the nation of the Christ; therefore, the millennial kingdom is bigger than the garden of Eden.

There is no sin both in the garden of Eden and the millennial kingdom. The millennial kingdom is like the recovered garden of Eden. Therefore, that 'thou that dwellest in the gardens' means the bride saint who lives in the garden of the millennial kingdom as the recovered garden of Eden.

'The companions' are the servants of the hundred and forty and four thousand who have the best faith among the people who live in the garden. They listen to the voice of the bride saints. That is, the companions listen to that the bride saints joyfully praise and give thanks with the Christ in the millennial kingdom for a thousand years.

As the glory of the terrestrial bodies is different, the glory of the celestial bodies is different, too(1 Corinthians 15:40-41). The glory of the people who are firstly resurrected is different from one another and that of the servants of the hundred and forty and four thousand is different from one another, too.

That 'cause me to hear it' means that Jesus Christ as the king of kings wants to hear the voices of the bride saint and their companions who praise and feel delight with their own glory and the Lord feels delight with them.

(7) Make Haste, My Beloved Bridegroom, the Lord of Return

8:14 Make haste, my beloved, and be thou like to a roe or to a young hart upon the mountains of spices.

The conclusion of the book of Song of Songs is verse 14. 'My beloved' indicates the bridegroom Jesus Christ. In this context, 'make haste, my loved' is the same meaning of the phrase in Revelation 22:20 that 'come, Lord Jesus.'

Since the bride has been completely prepared, she confesses and hopes for that the bridegroom Jesus Christ quickly comes again. As a roe or a young hart symbolizes to run swiftly very much, it is to long for that the bridegroom Jesus Christ quickly comes like a roe or a young hart.

A lot of mountains appeared in the book of Song of Songs and the mountains of spices are the final mountains of the book of Song of Songs that mean the one who received the glory of the first resurrection in figurative meaning. If we receive the glory of the first resurrection, we have a smell.

That is, the overflowing admiration and thanks of the one who receive the glory is fragrance. The mountain that after six days Jesus Christ showed to Peter at the high mountain apart in Matthew 17:1 is that the Lord showed in advance the mountains of spices. The confession of the bride saint to long for wearing the glory of the first resurrection as soon as possible is the Word of the 14th verse.

Until reaching this mountains of spices, there were many mountains the bride saint passed. It is expressed that in chapter 2, when the bride saint did not wake up(Song of Songs 2:8), Jesus Christ came leaping upon the mountains, skipping upon the hills. And it is said also in Song of Songs 4:6 that until the day break, and the shadows flee away, I will get me to the mountain of myrrh, and to the hill of frankincense.

The time when the day breaks, and the shadows flee away reveals the time of the 7-year tribulation the dark power Antichrist appears. When the 7-year tribulation is completed for us, also the bride saint will be led to the mountain of myrrh through the hill of frankincense to follow the trace of Jesus Christ and be martyred. Through such mountains, it is linked to the mountains of spices in Song of Songs 8:14.

Jesus Christ makes us bring the work of salvation to make the bride from the beginning of Song of Songs 1:1 to a conclusion that is set up the bride in Song of Songs 8:14. Therefore, we finish up with this confession of the bride saint.

"Make haste, my beloved, I am your house, so my bridegroom Jesus Christ, enter me. I have a longing to become the mountains of spices."

솔로몬의 노래, 아가서 한·영판
THE EXEGESIS OF SONG OF SONGS

초판 발행일 2025년 12월 16일

지은이 장한국
펴낸이 임만호
펴낸곳 도서출판 **크리스챤서적**
등 록 제10-22호(1979. 9. 13)
주 소 서울 강남구 압구정로 404, 2층(청담동) (우: 06014)
전 화 02)544-3468~9
F A X 02)511-3920
e-mail holybooks@naver.com

책임편집 김종욱
디자인 이선애
제 작 임성암
관 리 양영주

Printed in Korea
ISBN 978-89-478-9997-0 03230
정 가 30,000원